本书的出版得到北京外国语大学“双一流”建设重大标志性项目经费资助

“十三五”国家重点出版物出版规划项目

应用语言学
核心话题系列丛书
Key Topics in
Applied Linguistics

KEY TOPICS
外语学科核心话题
前沿研究文库

◆ 社会语言学
Sociolinguistics

社会语言学视角下的共同体

Sociolinguistic Studies of Communities

董 洁 左茹嫣 贺 蕾
沈 秀 邹小英 杨端端 著

外语教学与研究出版社
FOREIGN LANGUAGE TEACHING AND RESEARCH PRESS
北京 BEIJING

图书在版编目（CIP）数据

社会语言学视角下的共同体 / 董洁等著．—— 北京 ：外语教学与研究出版社，2020.12（2022.12 重印）
（外语学科核心话题前沿研究文库．应用语言学核心话题系列丛书．社会语言学）
ISBN 978-7-5213-2280-4

Ⅰ．①社… Ⅱ．①董… Ⅲ．①社会语言学－研究 Ⅳ．①H0-05

中国版本图书馆 CIP 数据核字（2020）第 261375 号

出 版 人　王　芳
选题策划　常小玲　李会钦　段长城
项目负责　解碧琰
责任编辑　毕　争
责任校对　李海萍
装帧设计　杨林青工作室
出版发行　外语教学与研究出版社
社　　址　北京市西三环北路 19 号（100089）
网　　址　http://www.fltrp.com
印　　刷　北京九州迅驰传媒文化有限公司
开　　本　650×980　1/16
印　　张　16.5
版　　次　2021 年 1 月第 1 版　2022 年 12 月第 4 次印刷
书　　号　ISBN 978-7-5213-2280-4
定　　价　62.90 元

购书咨询：（010）88819926　电子邮箱：club@fltrp.com
外研书店：https://waiyants.tmall.com
凡印刷、装订质量问题，请联系我社印制部
联系电话：（010）61207896　电子邮箱：zhijian@fltrp.com
凡侵权、盗版书籍线索，请联系我社法律事务部
举报电话：（010）88817519　电子邮箱：banquan@fltrp.com
物料号：322800001

出版前言

随着中国特色社会主义进入新时代，国家对外开放、信息技术发展、语言产业繁荣与教育领域改革等对我国外语教育发展和外语学科建设产生了深远影响，也有力推动了我国外语学术出版事业的发展。为梳理学科发展脉络，展现前沿研究成果，外语教学与研究出版社汇聚国内外语学界各相关领域专家学者，精心策划了“外语学科核心话题前沿研究文库”(下文简称“文库”)。

“文库”精选语言学、应用语言学、翻译学、外国文学研究和跨文化研究五大方向共25个重要领域100余个核心话题，按一个话题一本书撰写。每本书深入探讨该话题在国内外的研究脉络、研究方法和前沿成果，精选经典研究及原创研究案例，并对未来研究趋势进行展望。“文库”在整体上具有学术性、体系性、前沿性与引领性，力求做到点面结合、经典与创新结合、国外与国内结合，既有全面的宏观视野，又有深入、细致的分析。

“文库”项目邀请国内外语学科各方向的众多专家学者担任总主编、子系列主编和作者，经三年协力组织与精心写作，自2018年底陆续推出。“文库”已获批“十三五”国家重点出版物出版规划项目，作为一个开放性大型书系，将在未来数年内持续出版。我们计划对这套书目进行不定期修订，使之成为外语学科的经典著作。

我们希望“文库”能够为外语学科及其他相关学科的研究生、教师及研究者提供有益参考，帮助读者清晰、全面地了解各核心话题的发展脉络，并有望开展更深入的研究。期待“文库”为我国外语学科研究的创新发展与成果传播作出更多积极贡献。

外语教学与研究出版社

2018年11月

目录

总序 ……………………………… “应用语言学核心话题系列丛书”编委会 x

前言 ……………………………………………………………………………董 洁 xvii

第一章 概述 1

1.1 社会语言学视角下的共同体 …………………………………………1

1.2 言语共同体 ……………………………………………………………2

1.2.1 言语共同体概念的发展渊源 …………………………………2

1.2.2 不同流派中的言语共同体 ……………………………………4

1.3 社会网络共同体 ………………………………………………………8

1.3.1 社会网络概念的发展渊源 ……………………………………8

1.3.2 不同流派中的社会网络 ………………………………………9

1.4 实践共同体 ……………………………………………………………10

1.4.1 实践共同体概念的发展渊源 …………………………………10

1.4.2 不同流派中的实践共同体概念 ………………………………11

1.5 全球共同体 ……………………………………………………………12

1.5.1 全球化理论的发展渊源 ………………………………………12

1.5.2 不同流派中的全球化理论 ……………………………………13

1.6 小结 ……………………………………………………………………15

第二章 言语共同体Ⅰ：交际互动中的共同体 16

2.1 交际民族志概况 ………………………………………………………16

2.1.1 交际民族志的内涵 ……17
2.1.2 交际民族志的研究方法 ……21
2.1.3 交际视角下的言语共同体定义 ……22
2.2 互动社会语言学概况 ……23
2.2.1 互动社会语言学的内涵 ……25
2.2.2 互动社会语言学的研究方法 ……28
2.2.3 互动语言学视角下的言语共同体定义 ……29
2.3 交际互动共同体代表性研究 ……31
2.3.1 Hymes的美洲原住民研究 ……31
2.3.2 Jackson、Keenan、Irvine的美洲和非洲原住民研究 ……33
2.3.3 Gumperz的印度研究及挪威研究 ……38
2.3.4 Tannen的纽约犹太人社区研究 ……45
2.3.5 交际民族志研究与互动研究的融合 ……48
2.3.6 交际互动视角下的言语共同体实证研究 ……52
2.4 小结 ……56

第三章 言语共同体II：语言变异中的共同体 58

3.1 语言变异理论概况 ……58
3.1.1 语言变异理论的内涵 ……60
3.1.2 语言变异研究方法 ……62
3.1.3 变异视角下的言语共同体定义 ……68
3.2 语言变异共同体代表性研究 ……71
3.2.1 Labov的早期研究 ……72
3.2.2 底特律城区语言变异研究 ……76
3.2.3 Trudgill的方言变异研究 ……78

3.2.4 英语社会方言研究……81
3.2.5 徐大明等的城市语言变异研究……83
3.2.6 变异视角下的言语共同体实证研究……87
3.3 小结……91

第四章 语言与社会网络共同体 93

4.1 社会网络研究概况……93
4.2 社会网络理论的内涵……94
4.2.1 社会网络理论……94
4.2.2 社会网络研究方法……98
4.2.3 语言、社会网络与共同体……105
4.3 语言与社会网络代表性研究……107
4.3.1 Milroy & Milroy的贝尔法斯特研究……108
4.3.2 社会网络和双语社区的语言转移研究……110
4.3.3 语言、族群和社会网络研究……114
4.3.4 语言、社会网络和流动性研究……121
4.3.5 我国社会网络研究……126
4.4 小结……127

第五章 语言实践共同体 130

5.1 实践共同体研究概况……130
5.1.1 实践共同体理论内涵……131
5.1.2 实践共同体的理论基础……144
5.1.3 语言与实践共同体……149
5.2 语言实践共同体代表性研究……154

5.2.1 Eckert、McConnell-Ginet和Bucholtz的共同体语言身份认同研究……155
5.2.2 Norton、Pavlenko的二语学习想象的共同体研究……159
5.2.3 国内实践共同体研究现状及进展……163
5.3 小结……167

第六章 语言全球共同体 170

6.1 全球化理论概况……170
6.1.1 全球化理论的内涵……171
6.1.2 语言全球化理论……180
6.1.3 语言全球化理论中的共同体……185
6.2 语言全球化代表性研究……190
6.2.1 Blommaert与全球化语境下的交际互动研究……190
6.2.2 海外华人学者的语言全球化实证研究……196
6.2.3 我国语言全球化代表性研究……200
6.3 小结……208

第七章 共同体研究趋势与展望 211

7.1 共同体概念之间的关系……212
7.1.1 言语共同体与社会网络共同体……212
7.1.2 言语共同体与实践共同体……213
7.1.3 言语共同体与全球共同体……214
7.2 共同体研究趋势与展望……215
7.2.1 概念之间的融合……215

7.2.2 动态特征 …… 215
7.2.3 共同体边界 …… 216
7.2.4 符号资源库 …… 217
7.2.5 全球共同体视角下的新媒体研究 …… 218

参考文献 …… 220
推荐文献 …… 239
索引 …… 241

总序

当前国际范围内对应用语言学的认识以“国际应用语言学协会”(Association Internationale de Linguistique Appliquée，AILA)给出的定义最具代表性(De Bot 2015：26-31)。该协会认为：应用语言学是研究现实语言问题的交叉学科。相关语言问题可借助既有语言学理论和方法，也可采用新创的理论思路或手段加以解决。语言教学、社会语言学、语料库语言学、跨文化交际、语言政策与规划等是应用语言学的常见领域。上述理解已渐成共识，主流期刊(如*Applied Linguistics*)与最新出版的《应用语言学手册》和《语言学与应用语言学百科全书》涵盖范围也大致如此。

虽说应用语言学学科分支广泛而多元，但不难看出所谓的狭义应用语言学，即语言的教与学，仍是热门的话题，相关成果也令人瞩目。究其原因，早在1964年召开的第一届国际应用语言学大会(AILA World Congress)上，语言教学便是首要议题。其后几十年来，应用语言学的疆域不断延展，而语言教学研究的热度则长盛不衰。在这一进程中，语言教学领域不断分化，譬如按语言构成、语言技能、语言教学环节、语言教学主体、语言教学机制等，衍生出语音、词汇、语法、语篇、语用教学，听说读写译教学，课堂教学与语言测评，学习者及教师、中介语和语言习得的社会和心理机制等相关教学及研究。此次“应用语言学核心话题系列丛书”设立的语言习得、社会语言学、心理语言学、语料库语言学、语言测评、二语写作、外语教师教育等子系列，正是我国发展较快的几大核心领域。

现代意义上的语言教学理论探讨，可追溯到20世纪20、30年代英美学者在中国(以Lawrence Faucett为代表)、日本(以Harold Palmer为代表)、印度(以Michael West为代表)开展的英语教学实践和理论总结(Howatt & Smith 2014：85)。随着1941年密歇根大学“英语研究所”(English Language Institute)的成立以及Charles Fries(1945)*Teaching and Learning English as a Foreign Language*一书的出版，语言教学研究大势渐成。其后，各类应用语言学组织、会议、专论和学刊如雨后春笋般涌现。

我国应用语言学的发展历程与改革开放同步。在桂诗春先生等先驱开辟的广阔天地里，从引介到创新(何莲珍 2018；王初明 2018)，应用语言学走过了锐意进取、成果丰硕的四十年。在研究领域方面，我国应用语言学研究的主体也是语言教学，尤其是英语教学和对外汉语教学。即便是我国的语料库语言学研究，也以英汉中介语分析为最盛，意在解决语言学习问题。在研究成果方面，中国大陆学者在过去十余年里产出的高水平应用语言学研究成果令人瞩目，高影响因子英文论文数量激增(Lei & Liu 2018)。我国应用语言学学者正以实际行动赢得国际学术话语权，提升国家文化软实力。

更令人欣喜的是，以文秋芳“产出导向法”、王初明“续理论”等为代表的中国特色理论探索与实践创新，均表明我国应用语言学学者正从西方思想搬运工向中国理念设计师转变。在此过程中，理论本身的完善和学界思想的碰撞在所难免。但不可否认，聚焦语言运用与语言教学中的真问题，有意识地建构本土特色应用语言学理论(另见崔希亮 2007：8)，是我国学者责无旁贷的使命。

本系列丛书正是坚守传承与创新的使命，本着梳理学科发展脉络，展现前沿研究成果的宗旨，从应用语言学不同领域的核心话题入手，评述相关理论与实践的沿承、探索与发展，力求体现学术性、系统性、前沿性与引领性。下面对各子系列作一简介。

语言习得系列

主编为蔡金亭教授。该系列从语言本体、认知、社会等多视角考察语言习得的影响因素、过程与结果。该系列有三个特点。第一，专家写专题。该系列首批包括四本书:《二语词汇习得研究》《语言迁移研究》《二语学习同伴互动研究》和《二语的外显学习和内隐学习》。因其独特的重要性，这些专题几十年来一直备受关注，佳作纷呈，亟须我国外语教师和研究人员了解其历史和现状。四位作者均在各自领域深耕多年，具有丰富的经验与独特的视角。第二，理论、实证、方法有机结合。所有专著都在介绍相关概念理论的基础上，系统梳理了国际及国内的实证研究，并对相关研究方法进行了专门归纳。第三，客观梳理与主观评论兼顾。作者在综述各领域的研究时，一方面以具体研究问题为主线对前人研究进行系统梳理，另一方面从研究内容、研究方法、结果与讨论等方面进行有针对性的评论，既帮助读者了解现状，又激发读者对未来研究进行思考。

社会语言学系列

主编为高一虹教授。社会语言学是研究语言与社会关系的交叉学科，大致可分为较为宏观的部分(如语言政策与规划)和较为微观的部分(如语言变异)。社会语言学描述现实情境中的语言现象，并对其进行解释。就对材料解释的理论视角而言，社会结构与个人主体能动性构成主要的关系，强调社会结构对语言行为影响的称为“社会结构主义”，强调个体在与环境互动中之能动性的称为“社会建构主义”。从半个世纪本学科的发展来看，有一个从社会结构主义向社会建构主义逐渐发展的过程。这一发展体现在子领域内部的研究取向、解释视角以及研究话题的转向、新概念和子领域的兴起等。“社会语言学系列”首批包括四本书。第一本是《社会语言学视角下的共同体》。这是社会语言学兴起时的原始核心话题，关注社会结构因素对语言的影响。后来变异研究和共同体研究经历了从结构观向建构观的发展过程。因此这是一个经典而又崭新的领域。第二本是《社会语言学视角下的言语交际》。它聚焦个体的交际过程，包括称谓语、礼貌、交际策略等多个方面，与语用学、修辞学等有交叉。在这个子领域，建构观的影响更加突出。第三本是《从世界英语到国际通用英语》。该话题可以说是语言变异研究的延伸，能为传统上以“本族语”为样板的外语教学提供较开阔的社会视角。第四本是《语言态度与语言认同》。这实际是两个相互关联的话题，其中语言态度受到持续关注，而语言认同近一二十年来才成为社会语言学中的显性和热门话题。这四本书只涉及了社会语言学的一部分内容，较偏向微观。我们期待以后将更多的话题介绍给国内读者，以促成更多本土的创新性研究。

心理语言学系列

主编为董燕萍教授。心理语言学研究语言使用和习得的心理机制。语言使用包括语言的理解和产出；语言习得包括母语、二语、三语、双语及多语的习得，但一般侧重母语的习得，因为这是语言习得研究的根本；心理机制常常指加工某一问题时的心理过程及在这个过程中呈现的规律，还可能因为研究方法及视角的不同而被称为认知机制或者神经机制。心理语言学一般采取实验方法，通过操纵变量从而更好地研究某些变量的作用。在充分考虑已出版以及即将出版的同类图书基础上，基于话题的重要性和前沿性以及避免重复出版的原则，本系列首批包括三本书：《词汇加工研究》《句子加工研究》和《口译加工研究》。前两本书探讨心理语言学最根本、最传统、最核心的话题，最能体现心理语言学研究的精髓，是语篇加工研究及语言产出研究的基础。第三本在口译这项极具挑战性的语言任务中综合探讨语言理解和产出以及两者之间的协调关系。该话题最能体现心理语言学的学科交叉性和前沿性。三本专著从不同层面阐述语言加工的心理机制，并介绍具体研究方法，包括行为的方法（收集眼动数据、按键或者说话的反应时长、产出的语料等）和神经科学的方法（收集脑电数据、磁共振数据等）。

语料库语言学系列

主编为许家金教授。语料库语言学立足语用，突出概率，讲求方法，重视语境，既可构建语言理论，也可指导语言运用。语料库语言学作为以方法论见长的语言学分支，已广为语言学界接纳。其应用甚至扩展到传播学、文学、政治学、社会学和法学等人文社科领域。在国际范围内，基于语料库的话语研究成果尤其丰硕。因此，本系列第一本书便以《语料库与话语研究》为题展开讨论。该书不仅介绍了语料库语言学在话语组织方面的研究思路，还着重探讨了如何借助语料库考察话语中的身份或形象建构。在我国，语料库语言学选题集中于中介语及翻译语言研究，相关成果数以百计。本系列第二本书《语料库与双语对比研究》在对英汉语宏观特征量化描写的基础上，围绕英汉语介词、指称范畴、句段内部构成、事件编码方式、话语功能等议题作了深入对比。此外，为进一步拓展我国语料库语言学的选题视野，本系列还特别推出《语料库与学术英语研究》一书。该书着眼于学术英语的词汇、语法、话语特色及学科差异等，旨在通过语料库方法对学术英语进行精细描写，挖掘其典型特征，从而助力我国学者在国际上发表论文。

语言测评系列

主编为韩宝成教授。本系列首批将出版三本书:《语言测评效度验证研究》《语言测评反拨效应研究》和《Rasch测量理论在语言测评中的应用研究》。《语言测评效度验证研究》对语言测试学科出现的四种效度验证模式进行深度剖析，分析经典效度研究案例，阐释如何收集效度证据并构建效度论证框架。《语言测评反拨效应研究》基于实证研究，重点介绍反拨效应的成因与本质，分析如何通过实施有效测试促教促学。近年来，Rasch模型在语言测评研究中受到广泛重视，《Rasch测量理论在语言测评中的应用研究》将结合Rasch模型在测评研究以及测评开发中的应用研究，系统介绍和分析该模型的原理、使用方法和相关研究进展。本系列的出版将有力推动我国语言测评研究的发展。

二语写作系列

主编为王立非教授。本系列首批将出版五本专著:《二语写作课堂教学研究》《二语写作认知心理研究方法与趋势》《二语写作测评方式研究》《二语写作身份认同研究》和《体裁与二语写作研究》。本系列有以下三个特色:第一,从社会文化的宏观视角和心理认知的微观视角,聚焦二语写作领域的前沿问题,对国内外二语写作研究现状、研究热点进行深度剖析,对本领域的未来发展趋势作出预测;第二,以中国大学生和学生写作文本为研究对象和语料,分析中国人学习英语写作的重点和难点,寻求适合提高中国学习者二语写作能力的路径和方法;第三,选择的话题具有代表性和跨学科性,都是当前高校英语写作教学改革的热点问题,有助于加深我们对二语写作的特点与规律的认识,探讨二语写作教学改革的新模式和路径。

外语教师教育系列

主编为徐浩副教授。本系列聚焦外语教师学习与发展的核心话题,既突出教师学习的动态过程,又关注教师发展的影响因素,同时致力于采用更具综合性、整合性的视角来描述、分析、建构教师学习与发展的历程和规律。本系列在重点综述经典文献和前沿文献的同时,将着重对核心概念进行梳理和辨析,并通过综述框架的创新,展示核心话题的新维度与新视角。本系列首批涵盖外语教师学习、外语教师能力、外语教师共同体等核心话题。《外语教师学习》基于三大学习理论分别从外语教师学习的结果、过程、途径和环境展开讨论;《外语教师能力》从教育心理学的视角,分别对外语教师能力的行为维度、认知维度和社会建构维度进行探讨,并提出一个整合性的研究框架;《外语教师共同体》则从实然而非应然的角度,对外语教师所置身参与的各类共同体展开剖析,尤其关注我国外语教师共同体活动的实践及其特点,并对相关研究进行综述。

从上述介绍可以看出,我国已出现一批学养深厚、术有专攻的应用语言学中坚力量。他们将聚焦应用语言学领域的核心话题，引领我们解决本土语言运用难题，并不断走向国际学术前沿。希望更多的同行和年轻学子加入这一学术共同体，研读经典，探讨新知，让我国应用语言学绽放出实践智慧和理论光彩，而不再只是语言学理论的应用。本丛书还将根据国内外应用语言学研究进展适时再版，并不断扩充话题。希望本丛书能为同行学者和青年学子拓展科研视野，丰富研究方法作出积极贡献。

"应用语言学核心话题系列丛书"编委会

2018年12月

参考文献

De Bot, K. 2015. *A History of Applied Linguistics: From 1980 to the Present*. London: Routledge.

Fries, C. 1945. *Teaching and Learning English as a Foreign Language*. Ann Arbor: The University of Michigan Press.

Howatt, A. & R. Smith. 2014. The history of teaching English as a foreign language from a British and European perspective. *Language and History* 57 (1): 75-95.

Lei, L. & D. Liu. 2018. Research trends in Applied Linguistics from 2005 to 2016: A bibliometric analysis and its implications. *Applied Linguistics* 40 (3) : 540-561.

崔希亮，2007，谈汉语二语教学的学科建设，《世界汉语教学》(3)：6-8。

何莲珍，2018，从引介到创新：中国应用语言学研究四十年，《外语教学与研究》(6)：823-829。

王初明，2018，我国应用语言学研究在解决问题中前行，《外语教学与研究》(6)：813-816。

前言

语言是人类区别于动物的本质属性之一，是人们实现其社会功能的重要工具。语言在交际互动中的使用以及由此产生的变异、变化和发展，是社会语言学研究的一个基本视角。言语共同体是社会语言学的核心概念之一，多个理论流派和研究范式都交汇于此。社会语言学从社会学和人类学汲取理论精华，并结合社会网络理论、实践共同体概念和语言全球化理论等前沿发展，将语言在社会中的使用研究推入了一个新境界。随着全球化进程和互联网技术的不断发展，人们不再局限于传统的熟人社会和本土社区，而是在一定程度上打破时空限制，与远隔万里的人们进行沟通、获取资讯。因此社区和共同体概念在全球化语境中遇到一定挑战，也得到相应的拓展。本书从社会语言学视角出发探讨共同体概念，回顾和梳理共同体经典理论和实证研究，通过与社会网络、实践共同体、语言全球化理论之间的对话与碰撞，构建更符合时代特征、更具有解释力的共同体概念。

第一章总体介绍社会语言学视角下的共同体概念，概述这一概念的诞生和发展历程，呈现不同流派学者对这一概念的多维度、多层次拓展。我们从经典言语共同体概念入手，关注社会网络中的共同体，进而探讨相对晚近的实践共同体以及处于国际学术前沿的语言全球化进程。沿着这一从经典到前沿的脉络框架，我们探讨共同体概念为社会语言学研究带来的理论贡献及其面临的问题，将这一概念与学术界最新理论进行勾连，拓宽共同体概念的应用空间，使这一理论能够发挥引领学科发展的作用。

由于言语共同体概念内涵丰富，发展进程复杂，所以本书使用两章篇幅，从不同角度探讨言语共同体概念。第二章从Hymes的交际民族志和Gumperz的互动语言学两个方面讨论言语共同体概念。Hymes和Gumperz对言语共同体的讨论始于20世纪60年代，他们的研究成果对言语共同体理论的形成和发展起到重要的推动作用。这一章回顾交际民族志和互动语言学的理论框架、二者的主要研究方法和经典研究，并探讨在这两种理论框架下言语共同体概念的定义和运用。研究显示，在面对面交际互动中，共同体成员的主体能动性会对共同体的构建起到很大作用，因此以社区和个体之间互动为研究重点的交际民族志和互动语言学就凸显出其重要性和实用性。本章还力求破除言语共同体已经“过时”的理论偏见，展现言语共同体在当前交际互动研究的进步中取得的重要理论突破。

第三章从语言变异角度探讨言语共同体。这一章回顾国内外语言变异研究概况，追溯变异语言学者自20世纪70年代以来对言语共同体的研究，通过Labov的早期研究、美国底特律方言调查、青少年社会群体、英国诺维奇地区方言变体研究探讨言语共同体概念的确立和发展。在言语共同体这一框架内，研究者能够更加准确地衡量某一特定群体中语言变异的社会因素。将变异研究放在第三章，主要是因为变异社会语言学和第四章的社会网络研究，尤其是Milroy的研究关系更为紧密，将这两章作为前后章节使本书更有连续性，也更合理。

第四章探讨社会网络中的共同体。社会网络既可以作为一种方法论，也可以作为一种分析工具；既可以作定量或融合性测度，也可以作定性或解释性测度；既可以用于阐释单语社区的语言变异和变化现象，也可以用于研究双语社区的语言保持和语言转移，还可以解释地理或社会流动所造成的方言接触现象。社会网络与言语共同体概念有许多共通之处，它综合了Labov及其他社会语言学者的研究，并在调查方法和统计检验上都有所发展。同时，社会网络与变异语言学中的共同体也有重要区别。这些异同都促进共同体概念的进一步完善和发展。

第五章从社会语言学角度讨论实践共同体。近年来，实践共同体概念发展势头强劲，在教育学、管理学和社会科学领域都有涉及。语言是实践的一种，其使用者构成言语共同体。实践共同体概念弥补了言语共同体的不足，同时也为语言变异、身份构建等研究提供了新的角度。这一章探讨实践共同体的内涵与外延，回顾实践共同体的经典研究，并深入探究实践共同体与学习理论、与身份理论以及与性别研究的关系，为丰富共同体研究起到了重要作用。

第六章从语言全球化进程视角讨论共同体概念。全球化虽然看似与共同体概念没有很多交集，但是纵观近代社会，全球化进程深刻影响着每一个群体及个体，人们的语言、文化、政治、经济活动都和全球层面的因素息息相关。语言全球化研究将本土社区和全球共同体有机结合起来，使得言语共同体突破了传统的地域限制，成为一个可大可小、可本地可全球、可即时存在也可长期存在、且非常具有可塑性的概念。

第七章从共同体概念的发展和演进、概念之间的相互关系等方面总结全书，并展望未来趋势。

各章的主要撰稿人为：

第一章　董洁

第二章　左茹嫣

第三章　贺蕾

第四章　沈秀

第五章　邹小英

第六章　杨端端

第七章　董洁

承蒙北京大学高一虹教授推荐、约稿并提出非常宝贵的修改意见，外研社段长城老师、解碧琰编辑的理解与支持，以及作者们的通力合作，这本《社会语言学视角下的共同体》才得以成书，我们在此深表感谢。感谢王硕对本书第二章的贡献。本书术语的翻译尽量做到全书一致，同时兼顾习惯用法；除了极少数情况外，非中文人名使用英文拼写。

董 洁

清华园

2020年8月

第一章 概述

1.1 社会语言学视角下的共同体

早在古希腊时期，柏拉图、亚里士多德等思想家就提出了朴素的共同体概念。柏拉图在《理想国》中认为城邦即为共同体，城邦成员是共同体的组成部分。亚里士多德对于城邦共同体的看法虽然和柏拉图有所不同，但同样强调共同体是城邦的基础，共同体的整体性超越成员的个体性。时至启蒙时代，卢梭（2011）在《社会契约论》中提出契约精神中的共同体，认为共同体是社会中每个成员自愿让渡一部分权利而组成的，共同体为其成员提供生存和发展的保障。工业革命以来，西方思想家如马克思、韦伯、涂尔干等都使用共同体概念对工业社会进行分析。德国社会学家Tonnies（1887）认为共同体是基于成员持久的共同生活而形成的，应该被理解为一种生机勃勃的有机体（王利敏 2016）。他将共同体分为三种类型：血缘共同体、地缘共同体和精神共同体。这三种类型的共同体之间有相关性，比如血缘上的亲近能够带来空间上的接近和精神上的亲近，空间上的接近也可以带来血缘的融合和精神上的亲近。当代共同体学者（如Etzioni 1995；Polanyi 1951；Poplin 1979）普遍认为，共同体是拥有共同价值、规范和目标的整体，共同体反映成员的主体间性（intersubjectivity）。以Polanyi、Merton和Kuhn的研究为代表的科学共同体理论认为科学家们拥有接近的科学信仰、实践规范以及话语表达系统，由此突破了地域限制，成为一种关系共同体（Polanyi 1951）。

语言在共同体概念中占据重要位置。正如当代科学共同体研究所显示的，科学家在学术交流和成果评价过程中，既相互协调合作，又存在一定的分歧和争论，因此形成了一套约定俗成的话语系统。科学家们通过使用特定的术语和表达方式构建共同体成员身份，这些术语和特定的表达方式也为共同体设定了一条无形的边界。语言不仅在科学共同体中发挥重要作用，在其他种类的共同体中也具有同样重要的功能。共同体一直是语言学研究的重要对象之一。美国历史语言学家Whitney（1875/1979：149-150）认为，个人能够对语言进行创新，但是只有共同体在创新时作出的选择才能改变语言。本书从社会语言学视角出发，对共同体相关概念进行系统性讨论，其中既包括社会语言学的重要概念“言语共同体”（或“言语社区”），也包括“社会网络”理论，以及相对晚近的“实践共同体”和语言全球化理论，从广阔的学科领域汲取理论精华，拓展其构建、分析和解释共同体方面的理论内涵，将它们运用于语言与社会的研究之中。

1.2 言语共同体

1.2.1 言语共同体概念的发展渊源

言语共同体概念（speech community）来源于多个学科，包括早期结构主义语言学、历史语言学、语言哲学、人类学和方言学。De Saussure认为语言不是个人所有物，而是社会所有物。他提出，“言语活动（speech）具有个人和社会两个层面，我们不能从其中任何单一的角度来理解它”（1916/2011：30-31）。De Saussure明确区分了语言（langue）与言语（parole），认为语言是关于语言符号的具有抽象性和系统性的原则和惯例，是先于语言使用者而存在的语法系统，是言语的基础。而言语则是关于语言在社会层面上的具体应用。Chomsky对De Saussure的语言和言语的区分进行发展，体现在其对语言能力（competence）和语言表现（performance）的划分上。他认为，语言学的主要研究对象应该是抽象的语言能力，表现为同一性的言语共同体和语言本身（language faculty），而不应该是个体语言的表达（Chomsky 1965）。简单地说，他认为语言学的研究对象应具有同一性，而社会中的语言变异应该属于个体风格（idiolect）和自由变异（free variation）。这些风格和变异超出了语言本身，因此不应该作为语言研究的对象。社会语言学的出现和蓬勃发展正是语言学者们对Chomsky这一论点的反驳，他们认为人类在社会生活中实际使用的自然语言才是语言学应该分析和理解的研究对象。

对言语共同体概念的定义可以追溯到美国描写语言学家Bloomfield（1933）。他认为言语行为即为话语；在某些共同体中，人们的话语或多或少有些相似之处；凡是这样的共同体便是言语共同体。这一定义强调语言的同质性，但是话语要相似到何种程度才能将其使用者看作是言语共同体？为了回答这个问题，Bloomfield阐释了言语共同体的边界，并认为言语共同体是一群用言语进行互动的人，是个连续统一体，共同体内部的言语差异是由于交流密度的不同导致的（1933：42-54）。Bloomfield的言语共同体定义来源于方言地理学中的结构主义理论，并认为语言变化是说话人言语互动的数量与密度的直接结果。Bloomfield的定义虽然相对笼统，但是他强调互动，并提出应将言语互动进行量化，这对社会语言学者，尤其是Gumperz和Milroy的言语共同体理论，产生了重要影响（Gumperz 1982；Milroy 1980）。

20世纪五六十年代以来，社会语言学者们不断发展言语共同体概念，提出更加全面准确的定义。比如，Weinreich（1953）在结构研究与功能研究之间构建桥梁，引入了“双语言语共同体”概念。Lyons提出“(言语共同体) 是使用一门指定语言 (或方言) 的所有人”（1970：326）。Fishman认为言语共同体一词可能是从德语单词*Sprachgemeinschaft*翻译而来，并提出言语共同体是一种共同体的子类型，这种共同体中所有成员都共享至少一种言语变体(1971：28)。言语共同体概念逐渐确立，Hymes、Gumperz和Labov都对其进行定义，他们的著述成为言语共同体领域的经典研究，为年轻一代社会语言学者对言语共同体概念的创新和发展奠定了基础。

1.2.2 不同流派中的言语共同体

言语共同体概念在不同社会语言学流派中有不同定义，多个流派都对它进行了定义。Hymes(1962)从言谈民族志(ethnography of speaking)角度提出言语共同体是由共享言语规范，并且共享解释言语行为所遵循准则的人们所组成的。他认为使用同一种语言并不能作为界定一个言语共同体的标准。对于共同体外部人员来说，要成为一个言语共同体中合格的个体，仅仅依靠词汇和语法知识是不够的。为了采取合适的方式有效地参与到共同体的交际中去，人们需要掌握这个群体中语言的使用场景、模式、功能等一系列规范。也就是说，“言语行为的规范”和“解释言语行为所遵循的准则”才是界定言语共同体的标准，这样的标准将言语事件置于言语共同体的框架下进行分析。

Gumperz(1964)从互动语言学视角出发，认为言语共同体是有频繁互动、共享话语符号，并且可以根据语言使用进行显著区分的人群。他认为人类学家的描述通常涉及具体的共同体，而语言分析则关注单个语言或方言，从总体交际行为中抽象出来大量言语符号，并将言语共同体表述为既可能是单语又可能是多语的社会集团(1972：460)。在这一时期，Gumperz曾采用术语“语言共同体”(linguistic community)，不过之后他修正了这一用法，重拾了“言语共同体”概念。总体来看，Gumperz对言语共同体的定义与Hymes比较接近，其相似之处主要体现在以下四个方面。第一，他们在言语共同体的定义中都把关注点从语言变体转移到语言使用者之间的关系上。第二，他们都摈弃了对单语的限制，支持多种语言变体，提倡运用社会语言学方法对语言变体进行分类。第三，他们都注重语言功能，坚持言语规范的同一性，认为语言使用者共享的语法与共享的规范是言语共同体的基础。第四，他们都倡导民族志研究。但是，他们对言语共同体的定义也存在明显的区别。比如Gumperz主张互动频率是言语共同体的核心要素，而Hymes则认为互动频率不是构成言语共同体的唯一核心要素。他主张互动场景和互动者身份是言语共同体的决定因素（Hymes 1974a：47）。Hymes对言语共同体的定义并不以说话人个体为出发点，而是从群体出发，主张将共同体看成是一个整体，优先考虑共同体的结构，而社会单元则作为研究的基本单位，关注言语和交际的社会意义。Gumperz的研究则多以语言使用者个体为起点，强调话语使用者的能动性，探究共同体不断变化中的边界，以及言语行为不断构建和呈现的意义。可以说Gumperz的言语共同体概念的本质是话语使用者的集合，而Hymes的言语共同体概念的本质是话语使用方式的集合，是由语法规则与使用规则共同定义的（1974a：120）。

Labov（1972）对言语共同体的定义集中体现在语言变异研究中“有序的异质体”的观点，即“判定一个言语共同体的最主要依据是共同体成员共同遵守一套规范，这不仅表现为成员间在语言要素的使用上存在明显的共识；这些规范还能从公开的语言评价中观察到，并且表现为具有一致性的抽象的变异模式，这些模式在一些特定的运用层面上是保持不变的”（Labov 1972：120-21）。由此可见，Labov认为言语共同体主要有两个标准：其一，共有的规范（shared norms）；其二，在结构化的语言变异中体现语言的一致性（linguistic uniformity）。在这一定义中，共有的规范在先，语言内部一致性在后。Labov也认为互动对言语共同体至关重要，但是他不像Gumperz那样注重个体互动和语言多样性，而是关注语言内部一致性。此外Labov提出必须从实证研究中发现言语共同体，它是结果，而非假设；是实证，而非理论（1994：4-5）。Labov的言语共同体模型也受到许多质疑，这些质疑主要聚焦在这一模型要求共同体成员对言语规范的服从。虽然Labov强调共同体成员参考一套共有的规范，而并非顺从或简单地遵守言语规范，但是多位社会语言学者（如Bucholtz 1999：209；Kerswill 1994：27；Milroy 1982：38-46）仍然指出Labov的言语共同体模型中隐含同质性假设。

自20世纪80年代以来，学者们对言语共同体的认识不断推进，不同流派之间的定义也产生碰撞，相互融合。以Gumperz对言语共同体的研究为例，他在1982年的修订版中从功能主义视角出发，提出言语共同体可以被定义为通过共有的规范联系在一起的一套有序多样系统，共同体的成员之间往往在某些观念与行为方面有所差异；从个体层面看，这种变异似乎是不规则的，但从统计学层面看，却能发现系统的规律性（1982：24）。这与Labov和Hymes的观点相近。在论及言语共同体与社会网络时，Gumperz认为从广义角度来说，言语共同体可以看作是社会网络的集合，是由网络结构单元组成的（1996：362-363）。承载文化或是语言的单元，通常不是国家或民族，而是互动的个体所构成的网络。这样的网络贯穿语言边界与社会边界，创造出共享交际策略的区域模式，乃至全球模式（Gumperz & Levinson 1996：11-12）。不仅Gumperz通过吸取多位学者的理论精华，使言语共同体定义更加清晰、更加便于运用，Hymes和Labov也同样不断借鉴相关理论，修正言语共同体概念，同时激励了年轻一代社会语言学者对这一概念的持续关注、反思和拓展。这些内容在本书第二、三章具体讨论。

言语共同体在不同社会语言学流派中的研究方法也不同。言语共同体研究反映出社会语言学研究方法的多样性。在言语共同体的经典研究中，Hymes和Gumperz都注重民族志研究，而Labov则以量化研究为主。在言谈民族志之后，Hymes进一步提出交际民族志（ethnography of communication），注重田野调查，掌握一手资料，并设计了一套收集和保存语料的方法。在田野的选择方面，Hymes并不像早期人类学家那样追求陌生田野，而是认为熟悉的城市和社区同样可以成为良好的民族志研究田野。但是在熟悉的城市和社区中，研究者已经内化的、习以为常的思维模式和行为模式对他们提出研究问题、进行严谨的调查、作出科学判断往往会产生干扰。所以对熟悉的城市和社区进行田野调查对研究者的客观性提出了更高的要求。同时，交际民族志研究要求研究者深入田野，通过参与式观察，对研究对象形成全面了解，以此作为语料分析的根据。在进入田野调查前和深入调研中，交际民族志都要求研究者保持开放的心态，对不符合预期的思想、行为、话语等予以承认和尊重。在语料分析过程中，民族志研究者既要将言语事件放在即时语境中，也要将其放在复杂多变的社会历史文化背景下进行多层次分析。不同层次上的分析也并非孤立的，而是紧密联系、相互影响的。这种关联性是交际民族志的一个重要特征。

Gumperz的民族志研究注重参与式观察，并结合访谈等方法进行田野调查。在深入田野的过程中，互动语言学家通常选取具有代表性的交际互动过程进行录音或录像，并对语料进行转写。转写的文本需要包括言语的、非言语的、超语言的等多种可以作为语境提示的信息。互动语言学在转写方法、分析侧重点、研究对象、田野特点、分析方法等方面与交际民族志有重要区别。Gumperz认为交际民族志主要研究有固定命名的、边界明确的集合，也就是以特定的“言语事件”为中心来进行研究，而可能忽略了对日常对话的研究。互动语言学则研究人们在多样化的文化背景和交际惯例下的日常的交际活动（Gumperz 2006）。同时，互动语言学采用阐释性研究方法，通过检查互动过程中参与者是否确立了共同话题，是否保持了话题延续性或者完成了话题转换，是否达到了信息交换和人际沟通的目的，从而衡量交际的质量和效果。

Labov的言语共同体研究承袭了变异社会语言学的理论范式和研究方法，主要从语言变项、社会变项、数据搜集和分析等几个方面展开对社会生活中语言使用的研究（Labov 1966；Shuy *et al.* 1968；Trudgill 1974）。语言变项是关于可辨认的语言变式的语言学单位，这一变项的确立通常是从语言学的角度分析社会中的语言的第一步。变异语言学着力从社会层面来解释和研究语言变异与发展，并且从中揭示出语言变异的规律性。因此通常在确定语言变项之后，语言学家需要搜集包含语言变项的语料，并且解释这些语言变项在不同社群间的使用和分布情况。而对于如何恰当地对社会群体进行有效的分类，包括性别、年龄、宗教、民族、社会阶级、社会地位等因素在内的社会变项常作为被考虑的因素。在确定语言变项、社会变项以及变项之间的关系后，变异语言学者通常对数据进行量化分析。与注重个体言语行为的质性研究相比，量化分析可以从总体上把握共同体的音系结构，揭示语言变异和变化的规律及模式。

1.3 社会网络共同体

1.3.1 社会网络概念的发展渊源

在社会学领域，德国古典社会学家Simmel（1908）提出的相互交织的社会关系一般被认为是社会网络概念（social network）的理论来源。英国人类学家Radcliffe-Brown（1940）用社会关系网络来描述社会结构。然而，他用网络来比喻社会结构，这和现在的社会网络分析方法有所不同。20世纪五六十年代，英国人类学"曼彻斯特学派"对社会网络概念进行理论化，使其成为真正可用的社会分析理论工具。20世纪70年代，社会网络理论受到了人类学家、社会学家的普遍关注。美国社会学"新哈佛学派"将社会网络分析与数学工具相结合，将人际关系网络分为强关系（strong ties）和弱关系（weak ties），使其成为有影响力的社会结构分析方法。在语言学领域，Milroy & Milroy（1985）将社会网络理论系统地应用到社会语言学领域，研究城市语言变异。自Milroy & Milroy（1985）之后，社会网络理论主要用于语言变异和语言接触研究，分析和解释语言保持、语言转移和由于语言接触而产生的语言变体等现象。

1.3.2 不同流派中的社会网络

在社会学研究中，社会网络通常指个体间构成的相对稳定的社会关系，是一群人之间的独特的联结体系。社会学研究中的社会网络理论分为结构观和工具观两种范式。结构观认为社会网络理论应被运用于分析和解释社会结构和人类的社会行为，工具观则将社会网络作为一种分析工具和研究范式加以运用。社会学中的社会网络理论包括弱关系力量论、强关系力量论、结构洞论、社会资源论等理论基础，成为对人类社会关系的规律进行探索的重要理论工具。

在社会语言学领域，网络分析与语言变异研究的结合最为紧密，同时也融入了交际互动语言学的理论视角和研究方法。Milroy & Milroy(1985)认为社会网络是人们按自己的意愿组成的社会关系，比如朋友之间有朋友网络，同事之间有同事网络，亲戚之间有家庭网络等。语言在人们建立各种社会网络时必不可少，而不同社会网络对其成员的行为，包括语言的使用起到规范作用。换句话说，一个人要想加入某一社会网络，并在该网络中占有可持续的位置，就要在语言使用上与该网络中的其他成员保持一致。因此语言和社会网络之间具有紧密关系。Milroy & Milroy运用人类学的网络分析方法，探讨“简单”关系、“复杂”关系以及关系的密切程度，并提出社会网络结构中的两个重要指标：密度(density)和复合度(multiplexity)。通过定量研究，社会网络分析不仅可以发现社会阶层之间的异同，还可以探讨同一社会阶层内部不同共同体之间的异同。语言变异视角下的言语共同体强调共识和一致，因此更关注核心成员的代表性，从而忽视了边缘成员的特征和个体间的差异。相比之下，社会网络研究更强调冲突和差异，认为核心成员与边缘成员拥有的社会网络性质不同，在语言使用上的表现也不同，但二者都是重要的研究对象。社会网络研究范式并不能取代传统的言语共同体研究范式，而是对其进行辅助和补充。

社会网络分析既是一套研究方法，也是一种分析思想。与社会学中的情况类似，社会语言学者发展了两种将社会网络分析应用于语言变异研究的方法（Villena-Ponsoda 2005）：一种是将社会网络作为语料数据收集工作的一种工具，没有将其进一步用于语料分析(如Labov 1972；Labov & Harris 1986)；另一种既将社会网络作为一种语料收集工具，也将其作为一种分析工具(如Bortoni-Ricardo 1985；Kerswill & Williams 2000；Milroy 1980，1987)。社会网络的测度方法主要分为两种：一种是定量或融合性测度（quantitative or integrative measures)，另一种是定性或解释性测度（qualitative or interpretive measures)。采用定量测度的研究说明，社会网络的结构决定了说话者的社会融合程度；在解释性测度研究中起决定作用的则是人们之间的关系类型。本书第四章进一步探讨社会网络与共同体概念在语言研究中的运用，并对社会网络共同体作进一步理论化探讨。

1.4 实践共同体

1.4.1 实践共同体概念的发展渊源

人类学、社会学和教育学对人类学习的社会属性进行研究，并与情境认知理论、社会学习理论相结合，形成了今天的实践共同体理论（community of practice)。Lave & Wenger（1991）首次提出“实践共同体”概念。Wenger（1998）对这一理论作了进一步系统阐述。尽管实践共同体理论出现时间不长，但其描述和解释的现象却由来已久。它继承并发展了美国实用主义创始人Peirce的探究共同体（community of inquiry）概念和实用主义哲学的代表学者Dewey的职业学习原理（principle of learning through occupation)（Shields 2003；Wallace 2007)。实践共同体不同于传统的以民族、社群或者居住地域定义的共同体，它是由其成员和成员所参与的实践共同定义的共同体。这一概念经历了Lave & Wenger（1991)、Brown & Duguid（1991)、Wenger（1998）以及Wenger *et al.*（2002)、

Wenger-Trayner *et al.*(2015)这几个阶段的发展，逐渐成为一个重要的社会学概念，并越来越为社会语言学者所重视。

1.4.2 不同流派中的实践共同体概念

在社会学领域，实践共同体具有深厚的理论基础。社会是由实践组成的，实践论是马克思主义的基本观点。Giddens(1979)进一步阐释实践理论，认为实践一方面受到社会结构的影响，另一方面是由个人能动性(personal agency)创造的。法国社会学家Bourdieu(1977，1991)的实践理论从惯习(habitus)概念出发，并与人们的素养(hexis)密切结合。惯习这种行为倾向是在个人的社会化过程中被重复实践而形成的，并能够反映出人们的家庭背景、教育程度、社会阶层等。Certeau(1984)对于语言和其他社会实践之间的关系非常重视，认为语言实践和非语言实践具有同等社会效果，并认为实践是对个体行为进行合宜调节后的结果。在人类学领域，Ortner(1996)将女性个体作为实践理论的核心对象，构建了一个既包括社会结构也包括个人动因的理论框架。

综合社会学有关实践的理论精华，Wenger(1998)提出实践共同体概念的研究重点是人们的社会实践。他为实践共同体定义了三个维度：共同参与、实践场所和共享知识库。共同参与维度涉及人们的定期交往，是让实践共同体存在的关系基础。实践场所维度涉及共同体成员通过责任感构成的复杂关系。共享知识库维度指一个场所内人们的共同追求会创造出一个共享知识库，这个知识库中是共享资源，其中也包括了语言学的资源，如专用术语和语言习惯等。实践共同体研究并不拘泥于哪种研究范式，但是在具体的研究实践中，实践共同体研究常常采用人类学的研究方法对共同体进行分析。

在社会语言学中，研究者通常将语言作为一种实践，对研究对象的语言进行不同层面上的语言学分析并结合其他社会实践因素，将其归为不同的共同体。如Eckert(1989a，b；Eckert & McConnell-Ginet 2003)将美国郊区高中生群体的语言特征作为一种社会实践进行研究。她对学生们进行长期观察，将研究对象分为三个群体：优秀学生（Jocks）、非优等生（Burnouts）和学呆（nerds）。Eckert & McConnell-Ginet（1992）通过语言学分析发现，不同的学生共同体对元音的转换参与度不同，这种语言实践上的不同反映研究对象在社会身份认同上的不同。Bucholtz（1999）进一步描述了学呆的语音、句法、词汇以及话语的实践，对学呆们的身份进行语言学层面上的分析。此外，Norton、Pavlenko等社会语言学者将共同体概念引入二语习得研究中，结合“想象身份”（imagined identity）和“投资”（investment）概念，分析二语学习者的学习实践、身份认同以及共同体构建问题。实践共同体理论中的共同参与、实践场所，尤其是共享知识库都与社会语言学研究中人们的语言使用有密切关系，因此有潜力成为重要的社会语言学研究工具。

1.5 全球共同体

1.5.1 全球化理论的发展渊源

全球化理论来源于社会学、人类学、经济学以及文化研究等多个学科领域，在语言人类学和社会语言学中都有不同程度的探讨，具有明显的跨学科属性。虽然全球化这一术语一般用于描述我们目前所经历的全球范围内人口流动、货物流动、资金流动、技术流动以及信息流动，但是全球化却是早已存在的现象（Blommaert 2010）。从秦汉以来我国通往中亚、欧洲和非洲的丝绸之路，到17—18世纪的“欧洲—非洲—美洲新大陆”三角交易（the Triangle Trade）[1]；从科技进步如印刷术的发明和普及，到由于电报和电话的发明而带来的信息快速传播，都是人类历史上不同阶段、

1 丝绸之路和三角交易虽然同属于全球化范畴，但其性质完全不同。丝绸之路的本质是商贸和文化往来，三角交易则以其恶名昭彰的奴隶贸易而闻名。

不同程度的全球化进程。不过，我们目前所经历的全球化在规模、深度、广度和速度上都是史无前例的。随着互联网技术的发展和广泛应用，世界范围内的信息、资金、货物、人口频繁快速流动，使得国家间、地区间的交流交往频繁，相互影响加剧，相互依存程度有很大提高。可以说，全球化在世界范围内构建起大大小小的共同体，全球化研究已经成为国际学术界最为关注的研究热点之一。由于全球化研究关注的许多对象都是正在发生的事和正在变化中的人，研究对象的不可预测性强，因此对理论发展和研究方法的挑战大，研究热度也持续升温。传统全球化研究主要指经济全球化和文化全球化研究。但是随着全球化进程的不断深化，全球化中的语言现象越来越受到学者们的关注，并成为全球化理论中一个重要部分。全球化理论，尤其是语言全球化理论研究，呈现出一种从结构向解构、从现代向后现代、从同质向多元的研究趋势变化。

1.5.2 不同流派中的全球化理论

在社会学领域，全球化理论研究取得了重要成果，其中以Wallerstein（1974，1980，1989，2011）的世界体系分析（world-systems analysis）最具代表性。从历史来源上看，世界体系分析是对马克思理论的继承和发展，批判了传统的“依附论”，认为发展中国家面临一系列不平等，因此在以发达资本主义国家为主导的世界体系中处于劣势。世界体系分析理论主要包括三个维度，即世界经济、国家政治和世界文明。在这三个维度上都存在以西欧和北美为中心的“核心”地带，以亚非拉为主的“边缘”地带，以及在中间起到过渡作用的“半边缘”地带，即“核心—半边缘—边缘”结构。在这一结构中，核心国家对边缘、半边缘国家和地区在经济上进行不平等交换，将其变成自己的原料产地和商品销售市场；在政治上进行压迫，使其难以发出自己的声音；在文化上进行同化，使其发展长期受阻，遇到诸多困境。

在文化研究中，Appadurai（1996）的全球文化景观理论和Castells

(1996, 1997, 1998)的网络流动空间理论是研究全球化现象的代表性著作。Appadurai认为流动性(flow)是全球文化形态的主要特征。在信息技术普遍应用和人口大规模流动的全球化进程中，全球文化趋同和全球文化异质性同时存在。Castells(1996, 1997, 1998)的网络流动空间理论认为信息技术革命带来了人类生产方式、生活方式和组织方式的重组，因此打破了原有标准化生产和集中化管理的组织模式，重新构建了以互联网为基础的网络空间。网络空间是对原有固定城市社会活动空间的拓宽和延伸。社会学和文化研究中的全球化理论为语言全球化研究奠定了基础。

随着全球化的发展，尤其是网络的普及，语言使用呈现出了更为复杂的特点。在语言人类学和社会语言学中，语言全球化研究成为重要的研究方向。Chouliaraki & Fairclough(1999)将批评性话语分析放在全球化背景下进行讨论，使之成为一种语言全球化理论；Heller(1999)通过加拿大一所法语学校的民族志研究讨论了语言的商品化问题(commodification)；Coupland(2003)在社会语言学视角下对相关语言全球化现象进行了实证研究；Kress(2003)讨论了新媒体时代不同的读写方式(literacy)对语言、语言使用者以及社会的影响，并提出了全球视角下的多模态研究(multimodality)；De Swaan(2001)构建了一个语言研究的全球化理论框架，即全球语言体系(global language system)。

Blommaert(2005, 2010)等认为在全球化进程中，语言的接触、碰撞和变化使得人们在世界体系中的不同层级(scale)上形成不同的共同体。在这些层级上，人们共享的语言规范是多样的，他们发出的话语所指向(index)的社会意义也有所不同。同时，他们在不同层级上所处的中心—半边缘—边缘的位置也不断变化。因此全球共同体在形态上可大可小，在可持续性上可长期存在，也可短暂存在；在空间上由于网络技术的普及，共同体可以是本地的(local)，也可以超越地域限制(translocal)。这一理论在很大程度上推进和拓展了传统的言语共同体概念，使其在全球化时代得到理论上的发展和升华，重新解释和分析当前我们所经历的全球化以及语言在全球化进程中发生的新变化、面临的新挑战。这一理论在本书第六章有更加详细的论述。

1.6 小结

本章概述社会语言学视角下的多个共同体概念，它们的发展渊源，以及它们在不同学术流派和传统中的理论构建。全书立足社会语言学，各章节的安排体现出从经典到前沿的发展轨迹：从经典的言语共同体概念出发，进而探讨社会网络与共同体，以及实践共同体概念和全球化理论对共同体理论的拓展和创新。本书的主体内容中，每章都遵循先理论探讨、再介绍代表性研究这一框架，厘清理论发展脉络，展现各理论概念迂回曲折的发展路径，以及不同学术传统之间的相互碰撞和影响，进而有选择地介绍国内外代表性研究成果，做到理论发展与实证成果相结合，理论有根基、实证有方向。各部分内容之间的关系也比较清晰。由于言语共同体概念比较复杂，本书用两章篇幅分别讨论交际互动和变异研究中的言语共同体。变异研究和社会网络共同体有比较密切的联系，因此放在前后两章进行呈现。实践共同体相对独立，不过在研究方法上与交际互动比较接近。全球共同体在理论渊源和研究方法上都和交际互动有比较密切的联系，把它们放在主体内容的首尾两部分，形成从经典到前沿的呼应，并反映出共同体研究的未来趋势。

第二章　言语共同体I：交际互动中的共同体

2.1　交际民族志概况

交际互动研究是社会语言学中的重要组成部分。Hymes开创的交际民族志（ethnography of communication）和Gumperz开创的的互动社会语言学是交际互动领域中的经典研究范式，在理论构建和实证研究方面都为社会语言学的发展作出了巨大贡献。在他们构建的理论体系中，言语共同体被赋予了新的内涵，并且在实证研究中发挥重要作用。这一时期言语共同体概念快速发展，相继涌现出多个新定义、新方法，是研究言语共同体概念的重要阶段。本章首先对交际民族志和互动语言学的理论框架、主要研究方法和这两种研究范式的言语共同体进行简要回顾，之后讨论在交际互动框架下的言语共同体实证研究。

在《社会语言学的基础：民族志方法》（*Foundations in Sociolinguistics: An Ethnographic Approach*）一书中，Hymes（2003：vii & viii）提出了三点对社会语言学的基本认识：第一，语言是按照一定的条理和规律组织的，这不仅体现在语法上，也体现在社会交际活动中，而对这种组织形式，语言学家们需要一种全新的模式进行充分描述；第二，语言研究是一个多学科交叉领域，除了语言学以外，社会学、社会人类学、教育学、民俗学和诗学等学科在语言研究中也是不可或缺的；第三，在研究新的语言组织形式、寻求新的语言描述的过程中，语言学中一些曾经广为接受的认知变得值得推敲、亟待检验。

Chomsky所提出的语言能力（linguistics competence）与语言运用（linguistic performance）的二分法是Hymes批判的对象之一。Chomsky（1965：3）认为语言应该研究理想个体在理想状态下的语言知识，所谓的理想状态应符合以下条件：(1) 在完全同质化的语言共同体中；(2) 完美掌握语言的个体；(3) 个体不受诸如记忆局限和外界干扰等与语法无关的外界情境的影响。在此他区分了语言能力与语言运用这两个概念。语言能力是一个母语使用者所拥有的关于母语的全部语言知识的系统，而语言运用是语言系统在实际语境中的运用。Chomsky的生成语法研究完全集中在对语言能力的探索上。Hymes认为语言运用不应该在语言学研究中被边缘化，对真实语境中的具体语料的分析至关重要，于是他相应地提出了交际能力（communicative competence）和交际表现（communicative performance）的概念。交际能力即个体在特定社会情境中正确使用语言所需的知识，它既包括交流策略(即如何在特定场景下选择合适的语言与不同的对象交流)，也包括使用和理解特定情境中的语言形式所需的社会和文化背景知识（Hymes 1985）。交际能力的概念是近年来社会科学领域最有力的工具之一（Saville-Troike 2008）。在对交际能力分析的过程中，Hymes进行了大量的民族志研究以分析交际形式与功能之间的联系，而在这一系列的研究实践中，他提出了现在被称为交际民族志的研究方法。

2.1.1 交际民族志的内涵

Hyme早期使用的术语是“言谈民族志”（ethnography of speaking），而后将其修正为“交际民族志”（ethnography of communication）（Hymes 1962，1964）。通过这一术语的改变，Hyme希望将语言中文字信息和语音特征以外的交际特征纳入研究范畴。交际民族志深受人类学影响，关注交际活动本身的场景和使用情况。交际民族志研究提出的一个最基本问题是：一位语言使用者需要哪些知识以及如何获取这些知识才能够在某个特定的言语共同体中恰当交流？为了回答这一问题，Hymes（1962）提出交际民族志需要具备两个特点：其一，它不能仅仅从语言学、心理学、社会学和人类学等学科中汲取研究成果，更应该重视挖掘和记录一手资料，需要直接调查语言在具体情境中的运用以发现言语交际活动的合理模式；其二，它不能以语言、语码甚至言语本身作为孤立的考察对象，而应该以言语发生的语境作为一个整体进行考察。这并不否认语言学知识在交际民族志中的重要地位。相反，在交际民族志研究中，语言材料及对语言材料的准确分析不可或缺。但是民族志不等同于语言学，或者说交际行为不能和语言画等号，而是描述语言在文化和社会中的意义和作用。

同时，Hymes认为在交际民族志中，交际形式和交际功能是互相依存的。在很长一段时间里，对语言形式的研究在语言学中占据主导地位，其特点是将语言结构和语言意义及其社会语境分离开。然而早在20世纪初，人类学先驱如Boas、Sapir和Whorf就认识到了语言学和人类学之间跨学科研究的重要意义，并且开始将语言学研究成果引入人类学，着重探讨语言的社会功能。交际民族志研究深受人类学影响，并且注重语言的社会功能研究。一个语言形式往往具有多重社会功能。以语言选择为例，它既可以创造和强化不同群体之间的边界，团结共同体内部成员，也可以在一个共同体内部强化社会阶层，以保持内部权力关系。而同样的社会功能在交流中通过语言得到实现的形式也可能迥异。对语言形式和社会功能之间的具体联系进行分析是了解和建构一个共同体交际过程和交际成果的最基本的层面。如果不能知道人们怎样使用语言以达到预期的结果，就无法理解社会交际的意义。因此对交际的研究要求对交际功能和交际形式进行共同描述。

基于以上原则，交际民族志侧重对交际活动进行分析。由于交际活动一般具有可辨认的边界，对它的描述和分析往往需要在特定的分析单元内进行。Hymes（1962，1964）提出了三种基本的分析单元：言语行为、言语事件和言语情境。言语行为往往能单独实现不同的交际功能，如陈述、请求、提问和命令等。这些功能不一定要借助语言来实现，如沉默能起到震慑、默认和拒绝等不同的效果。言语情境是交际发生的环境，如一次派对、一次会议、一节课等。情境与场景有紧密联系，但二者并不相同，如果活动是连续的，则即便场景发生了变化也还是同一言语情境；反之，如果进行着的活动发生了重要变化，即便在同一场景也应当被视为不同的言语情境。言语事件是介于这二者之间的分析单元，它由言语行为构成，在言语情境中发生。一个独立的言语事件可以通过以下要素进行定义：在同样的场景中、一群固定的参与者、根据相同的交际目的、围绕着相同的话题、多数情况下使用同一个语言变体、保持同样的语气和基调、遵守着同样的交际规则（Saville-Troike 2008）。任何一个要素的改变都可以标志一个言语事件的结束，而在两个言语事件之间往往伴随着沉默或者体态、姿势的变化。但言语事件可以是不连续的，如双方的交谈被突然的电话短暂打断，整个对话还是被视为同一言语事件，而插入这段对话之中的电话中的谈话则是另一言语事件。

言语事件是描述和分析交际活动的基本单元。Hymes（1962，1964）提出，任何一个言语事件都包含如下八个基本因素：

1）场所和场景（Setting and Scene）

场所指言语事件发生的物理情境，其具体时间和地点。场景指代言语事件发生的心理情境和氛围，如言语事件的正式程度、是否庄重等。

2）参与者（Participants）

参与者包括说话人和听者。听者又可以进一步分为目标受众与旁听者等。

3）目的（Ends）

目的即言语事件的目的和所达到的效果。

4）行为序列（Act Sequence）

行为序列包括言语事件发生发展的顺序，即构成言语事件的具体行为有哪些，它们以怎样的顺序出现。

5）基调（Key）

基调指言语事件进行时的语气、情绪等情感和态度的氛围。如轻快、严肃、愉快、伤感、悠闲等。

6）交际工具（Instrumentalities）

交际工具指言语的媒介与渠道。如烽火、口授、书写、电视、方言、标准语，等等。

7）语用规范（Norms）

语用规范指控制事件发生和参与者行为和反应的社会规范，也是解释言语行为所遵循的准则。如在日常对话中插话行为是被允许的，但是在演讲等正式场合下，随意插话是不被允许的。

8）交际类型（Genres）

交际类型是将言语依据其形式特征进行的分类。它往往与言语事件高度重合，但是却必须独立于言语事件进行分析：祈祷作为一种类型往往是在礼拜仪式中被使用，但说话者也可以选择在别的场合使用这一类型的形式特征以达到严肃或者幽默的效果。其他常见的类型还有访谈、讲课、演讲等。

这八个要素的英文首字母可以形成缩略词SPEAKING，因而这种分析模式被称为SPEAKING模式。SPEAKING模式是交际民族志重要的理论成果，也是交际民族志中常用的描述性框架。

利用这一框架，研究者可以有效记录言语事件中涉及的各个要素，并对要素之间的关系进行分析。不同文化中同类型的言语事件可能在环境、参与者和话题等要素上存在区别。因此，对言语事件的记录和分析不仅可以区分同一共同体中的不同类型的言语事件，也可以反映不同共同体中社会结构和文化习俗等方面的差异。

在20世纪初，文化和语言之间的内在相关性就已经得到了学者们的普遍承认，但是交际模式和社会文化体系之间的相关性却仍然有待探讨，而交际民族志确立了这一联系，并进行了深入的讨论。Hymes（1985）指出，不同文化的人群不仅拥有不同的交际条件和固有习俗，也有着不同的交际体系。所以，在不同的文化中，同样的言语行为可能代表着不同的意义，同样的交际目的可能要借由不同的言语行为来实现，交际者之间同样的权力关系有时需要通过不同的方式进行体现。对交际模式与社会文化体系关系的探讨贯穿了交际民族志研究发展始终。

2.1.2 交际民族志的研究方法

交际民族志的研究方法深受人类学和社会学研究方法的影响，并且重视田野调查。在进入研究田野之前，研究者需要对田野的文化习俗等各方面进行了解，并对研究课题进行理论上的准备。前期准备过程既可以借助书面资料，也可以通过向当地居民询问，或者亲自进入田野进行试点考察。开始田野调查后，研究者通过参与性观察，需要注意反复出现的活动类型，这些活动最有可能为研究问题提供素材。研究问题既可以在进入田野之前确定，并根据研究问题选择最合适的田野，也可以在研究过程中通过观察比较田野的生活习俗、交际习惯等再确定、修改和细化。在调研过程中，研究者需要选择具有代表性的交流事件，对其进行录音，对录音的场景、参与者等要素进行速记，并记录田野日志。研究者可以对参与者进行询问，核实自己的理解方式，而后结合速记资料和田野日志对录音材料进行民族志分析并撰写民族志报告。

在交际民族志研究过程中，有以下几个方面值得关注。第一，民族志研究注重实地考察，掌握第一手的资料，并设计一套收集语料的标准和对语料进行分类、标注和保存的方法。交际民族志继承并发展了民族志的研究方法论。第二，在田野的选择方面，交际民族志并不一定局限于陌生田野，研究者熟悉的地区同样可以成为良好的田野调研目标。但是，对熟悉的田野进行调研往往意味着研究者已经内化的、习以为常的行为模式的存在，所以对研究者的“客观性”提出了更高的要求。第三，交际民族志研究要求研究者深入田野，通过参与性观察，对田野形成深入和全面的了解，以此作为分析最有力的根据。在进入田野前和深入调研中，研究者需要保持开放的心态，对不符合预期的行为、模式、思考等予以承认和尊重。第四，在分析过程中，也不可完全依赖自己的推断，而应该了解当地人对资料的看法，并将其作为分析的重要参考。最后，在分析的过程中，研究者需要着重研究言语行为的功能和意义，并且注重分析的整体性。既要将言语事件放在即时语境中，也要将其放在复杂多变的社会文化背景下进行多层次的分析。不同层次上的分析也并非孤立，而是互相紧密联系的因素，这种关联性正是交际民族志的关注点。

2.1.3 交际视角下的言语共同体定义

言语共同体是交际民族志的核心概念之一，交际和互动都在共同体中发生。正如Bloomfield（1933）指出的，没有两个人的言语会是一模一样的，而且同一个人在不同场合也会采取不同的说话方式。言语共同体的“共同”不是绝对的，相反，它是同一性与异质性共存的统一体。异质性是言语共同体内部固有的特征，也是社会语言学研究的焦点，而同一性将言语共同体内部与外部进行区分，共同的言语特征构成了言语共同体的边界。

Hymes（1962）认为言语共同体是共享言语行为的规范并且共享解释言语行为所遵循的准则的人们。他提出使用同一种语言并不能作为界定一个言语共同体的标准。对于共同体外部人员来说，要成为一个言语共同体中合格的成员仅仅依靠词汇和语法知识是不够的。为了采取合适而有效的方式参与到共同体的交际中去，他们需要掌握这个群体中与语言使用的场景、模式和功能等可以协调一致的规范，也就是说“言语行为的规范”和“解释言语行为所遵循的准则”才是界定言语共同体边界的标准。这一标准与SPEAKING模式中的“语用规范”相吻合，从而将言语事件置于言语共同体的宏观背景下进行分析。言语共同体的历史、文化、经济、社会的各个方面都是这一宏观背景的构成要素，不同言语共同体在这些要素上往往存在差异。

除此之外，不同言语共同体中交际形式和交际功能之间的关联也存在差异。也就是说，在不同共同体中，同一交际形式可能表达不同的交际功能，而同一交际功能也可能经由不同的交际形式来实现。这种差异是由言语共同体的言语行为规范（norm）差异所导致的。因此交际民族志要求结合言语共同体的社会文化背景，对交际事件中语言形式的使用以及经由语言使用实现的社会功能和产生的影响进行共同描述。

交际视角下的言语共同体定义是不断变化和发展的。Hymes（1972：274）认为言语共同体的定义是“群体成员应共享至少一种语言变体的言语行为规范以及解释这些言语行为所遵循的准则”。与1962年的定义相比，这一版本的定义添上了“至少一种语言变体”。Hymes（1996：30-34）再次强调了言语共同体在语言学研究中的重要地位，提出20世纪语言学研究的最重要成果就是以言语共同体为单位进行语言学研究。他认为只包含单一语言的言语共同体是不存在的，言语共同体内部的复杂性和多样性是揭示语言变化、分析语言形式的重要部分。Hymes对言语共同体概念的反复修正反映出这一概念的重要性，也记录了他对言语共同体的不断思考和创新。

2.2 互动社会语言学概况

“互动”这一概念来自社会学领域，Goffman、Tannen、Sacks、Schegloff和Jefferson等社会学家对语言互动进行了开创性研究。其后Gumperz（1982）在《会话策略》（*Discourse Strategies*）一书中正式将此术语引入了语言学领域。互动社会语言学是建立在20世纪60年代到70年代语言学研究的新发展基础上，口语研究、功能语言学、会话分析和语言人类学对互动社会语言学的形成发展有着重要影响（Couper-Kuhlen & Selting 2001；林大津、谢朝群 2003）。首先，对口语研究的重视和相关理论的建设是互动社会语言学发展的基础。长期以来，语言学研究局限于书面语，重心放在词和句等语法层面上。但随着录音、录像等技术的进步，语言学家建立了更完善的转写体系，对声调、韵律以及表情动作等语言附属特征的描述和研究变得充分起来，从而使研究更加贴近语言的真实使用状况。其次，互动语言学的发展深受功能语言学传统的影响。功能语言学将自然语言视为社会互动的工具，认为交际双方能够通过语言相互传递信息、相互影响。此外，功能语言学认为语言的功能与形式并非割裂的。语言形式作为意义的载体而存在，而意义的存在是为了实现信息传递等语言功能。同时，语言系统也是在人类日常交际中为了实现各式各样的语言功能而形成和调整的。所以，要研究自然语言就必须研究其结构、功能及使用目的。功能语言学将语言放在特定的使用环境中进行分析。这种把功能驱动作为语法研究中心的思想影响了互动社会语言学的发展。再次，会话分析领域的开创性工作也推动了互动语言学理论的形成和发展。20世纪70年代，Sacks等社会学家提出通过研究日常对话来增进对社会秩序的理解，并提出了“互动中的交谈”（talk-in-interaction）这一术语来强调在互动环境中分析会话行为（Sacks *et al.* 1974）。他们所建立的会话分析这一流派发展出了一套完整的工具来分析“谈话”，考察具体序列中话轮（turn）之间的关系以及交谈序列中话轮的特征。会话分析认为，虽然人们的行为受到了社会规则的制约，但是在互动过程中具体而又细微的行为会直接影响整个会话的构成和发展，使言语事件具有不可预测性。最后，语言人类学对语言交换和语篇策略的跨文化比较分析也对互动语言学的发展有积极的贡献。早在20世纪初，Boas及其学生Sapir就涉足文化人类学的研究，他们认为语言与文化习俗和社会生活有着紧密联系。文化差异导致的社会秩序和对话建构方式的差异都反映在语言之中，不同的语言会影响社会秩序和文化模式。这些理论和思想都在互动语言学中得到一定反映。

2.2.1 互动社会语言学的内涵

互动社会语言学认为语言是在互动过程中构建的，语法体现在参与者主体的相互理解中，并且随着互动情境和需求的变化而呈现变化。语言的互动性在从句的使用中得到了良好的体现。传统语法学认为从句依附于主句构成一个复杂句的成分，但是Ford（1993）的观察发现英语日常对话中的状语从句往往并非在说话人开始说话时就被计划为主句的依附成分，而是受到交谈对象反应的影响。比如说，当说话人提出疑问却没有及时收到交谈对象的回应或者在交谈对象要求对句子进行修补时，说话人往往可以选择在主句后添加一个状语从句来推进对话。也就是说，句子的语法不仅取决于说话人的规划，也受说话人和其交谈对象共同构建的互动所影响。

同时，互动社会语言学也认为互动是语言的，或者说语言是人类最主要的互动方式，对互动的研究依赖于对语言的研究。以修补系统为例，在对话中，尤其是同一话轮的自我修补与语法有着密切联系。对话分析学家以他们对句法的了解作为分析不同的修补模式的基础。而互动和语言之间的这种辩证关系是在特定的文化背景中实现的。社会文化在互动中不断构建，同时它又对互动模式和语言使用具有一定的制约作用。不同的文化背景下往往会有不同的互动模式和语言使用方式。

基于以上认识，互动社会语言学采用跨文化、跨学科视角来分析语言，并聚焦以下两个问题：第一，人们利用哪些语言资源来构建特定的会话结构、实现特定的互动功能？第二，人们通过他们的语言形式和语言使用方式可以实现哪些交际功能、构建哪些会话结构？

在对这两个问题的回答中，互动语言学家将交际意图（communicative intention）放在分析互动研究的核心位置。交际意图是说话人在一定类型的社会活动中通过语言表达出来的、可被听众辨认理解的交际意愿(Gumperz 1989；转引自郑立华 2012)。也就是说，互动语言学家所关注的不仅是说话人所传递的表面信息，也不仅是承载信息的语言形式，而是将说话人到底想说什么放在理解交际互动过程的核心位置，分析其借助怎样的形式来表达交际意图，其选择的形式又受到哪些外界因素的影响。交际参与者在具体的语境中利用词汇、句法、社会文化背景知识等来表达和理解交际意图所采取的策略被称为会话策略(discourse strategies)。

传统语言学将视角放在句子层面，通过词汇、语法等来解读句子所表达的表面信息，但是互动语言学认为理解才是互动的关键。Gumperz(1992)认为交际的意义并不是事先存在于语言中，而是存在于交际参与者的理解中。理解意味着听话人根据接收到的信息不断对说话人的交际意图作出推测，并对自己的判断进行持续修正。Gumperz将这些可以作为判断说话人交际意图的参考信息称为"语境提示"(contextualization cues)。在Gumperz看来，语境提示之所以在理解中起到重要作用，是因为语言的表意功能依赖于语境，一旦失去了语境，语义就变得难以界定(徐大明 2002)。语境提示不仅提示说话人意图，而且是语境的一部分，它在为听话人提供理解信息的线索的同时也构建语境。语境提示形式多种多样，主要包括以下几种：(1)语言韵律特征，包括语调、音量、重音、元音长度和节奏的变化等被De Saussure称为边缘性语言特征的因素；(2)语码转换，指在交谈中从使用一种语码转换到使用另一种语码的语言现象，通过语码转换，可以实现调节谈话氛围、表达立场、拉近或疏远关系等多种交际功能；(3)程式化表达，也叫"套路"，它可以提供关于言语活动类型的信息，起到标示会话情境的作用；(4)副语言符号，又称非语言符号，主要包括面部表情和手势等非言语行为(王亚非、周云彩 2012)。

语境提示的意义不像单词和语法那样能够清楚地进行定义和阐释，它是一种与习惯联系在一起的意义，是一个共同体成员所共享的常识。不同文化往往有着不同的语境提示的方式，且赋予同一语境提示的意义也不尽相同。也就是说，交际作为一种社会行动，社会文化因素在其中发挥重要的作用。交际意义的准确传达和理解不仅有赖于语言知识，也需要交际参与者拥有共同的社会文化知识。在跨文化交际的场合，由于共同社会文化背景的缺失，交际互动就有可能遇到问题，甚至可能产生误会。

对日常会话的理解是互动语言学研究的基础。互动社会语言学家Tannen（2007）在《说话的声音：会话语篇中的重复、对话和图像》（*Talking Voices: Repetition, Dialogue, and Imagery in Conversational Discourse*）一书中提出，日常会话是由语言策略组成的，这些策略在文学语篇中形成并得到阐述，在日常会话中具有普遍性、自发性和功能性，它们既能反映人际参与，又能创造人际参与。Tannen将之称为"参与策略"（involvement strategies）。语篇中的参与问题是Tannen探索会话语篇和文学语篇两者关系的部分内容。R. Lakoff、Gumperz、Chafe和Becker等语言学家和人类学家的研究为Tannen分析语篇中的参与策略提供了理论基础。她认为，参与策略是会话语篇和文学语篇的基本要素，通过声音和意义两种模式发挥作用。声音模式使得听众在声音的节奏中参与说话者或作者的话语；意义模式则使听众通过建构意义的方式来创造参与。

Tannen对重复、对话、图像细节这三种意义参与策略进行了深入的探讨。重复对语言学研究具有重要的理论意义。任何话语都可以被看作是通过不同的方法对先前话语在不同程度上的重复，Tannen将这些方法称之为"预模式"、"公式化"或"习语性"。语篇中的重复具有生产、理解、连贯和交互的作用。首先，重复为谈话提供充分的资源，能够使说话者以更高效、更省力的方式产生话语。其次，重复和变体的使用降低了语义密集度，从而有助于理解语篇。再次，重复表明了新旧话语以及话语中的思想之间的关联性。最后，重复不仅把语篇的各个部分联系起来，还把语篇和各个参与者联系起来，在互动层面上达到了控制会话的作用。上述四个作用结合起来，实现了创造参与互动和构建关系的总体目的，这是重复的最高层次的功能。

在讨论对话这一参与策略时，通过重点考察对话中的批评性话语和叙事性话语，Tannen对“报告言语”（reported speech）这一术语提出了质疑，主张当人们直接或间接地引用他人在相对遥远的过去说出的话语时，其结果绝对不能被描述为报告言语，而是建构的对话（constructed dialogue）。任何当前语篇中的话语都是对过去语篇中话语的重新文本化，而非简单地重复。也就是说，说话者使用建构的对话来创造与人物相互关联的场景，听众或读者在听觉中通过个人想象重新创造场景，从而获得理解和参与。这样的对话从根本上改变了过去语篇的性质，是一种积极的、具有创造性和变革性的对话活动，是建构的对话。Tannen把建构的对话界定为历时的重复。

Tannen还考察了会话中图像细节的作用。图像细节在叙事性、非叙事性或准叙事性会话语篇中都是普遍存在的。细节具有多种用途：首先，细节设定了事件发生的场景；其次，通过列举或命名，细节提供了一种真实感；再次，细节对故事的要点具有启发性，并发挥了评价的作用；最后，细节是一种会话责任，传递了融洽、关怀和亲密的元语用（metadiscourse）信息。细节的特殊性和熟悉性使得说话者和听话者都能够参照他们的记忆，在头脑中创建出图像，通过发挥联想从而唤起场景、触发话语参与者的情感、创造人际关系。Tannen认为重复是参与策略的基础，从重复到对话、再到图像细节，是研究者从关注声音到关注意义的转变。

2.2.2 互动社会语言学的研究方法

互动语言学融合了交际民族志的研究方法，强调实证研究，注重参与式观察，并结合访谈等语料收集工具进行研究。在深入田野的过程中，互动语言学家同样选取具有代表性的交际互动过程进行录音或录像，并对其进行转写。其转写所包含的信息相较交际民族志更为细腻：转写出的文本需要包括言语的、非言语的、超语言的等多种语境提示信息。其后，互动语言学家借助转写文本和访谈记录等资料分析语言形式与语境及文化背景之间的互动关系，以及它们对互动过程中的信息表达、理解及人际关系变化等方面所起的作用。

除了转写方法和分析侧重点外，互动语言学还在以下三个方面相较交际民族志有较大不同。其一，研究对象。交际民族志主要研究有固定命名的、边界明确的集会，如公共表演、庆典、传统仪式、政治演讲和诉讼程序等，也就是以特定的“言语事件”为中心来进行研究，而通常不是对日常对话的研究（Gumperz 2006）。其二，田野特点。交际民族志主要的田野是有固定边界的、稳定的、同质化的社区，但是随着全球化和现代化的进程，都市环境中的跨民族跨文化交际成为了普遍现象，而互动语言学研究的正是人们在多样化的文化背景和交际惯例下的日常交际活动。其三，分析方法。交际民族志更加侧重于描写，然而描写通常会牵涉到比较，如果没有对言语交际赖以存在的社会和文化背景进行理论概括，也就难以揭示不同社会文化背景下的交际习惯差异。而互动语言学采用阐释性研究方法，通过分析互动过程中交际参与者是否成功地确立了共同的话题，是否保持了话题延续性或者完成了话题转换，以及是否达到了信息交换和人际沟通的目的，从而衡量交际的质量和效果。通过对会话策略的研究，互动社会语言学可以揭示社会文化差距及其在语言上的反映，如交际失败、误解、偏见和歧视等（孙咏梅 2007）。

2.2.3 互动语言学视角下的言语共同体定义

Gumperz（1964）提出言语共同体是有频繁互动、共享话语符号，并且可以根据语言使用与其他人进行显著区分的人群。Gumperz（1968）正式定义言语共同体为“凭借共用的语言符号进行频繁互动的人们的集合体，并且与其他类似集合体在语言使用上迥然相异”，而且“在一个言语社区中使用的语言变体之所以构成一个系统，是因为这些变体与一套社会规范相关”（1968：381-386）。人们的频繁互动带来文化的融合，共享的文化常识成为共同体成员正确理解语境提示的依据，从而促进互动的顺利进行。Gumperz的定义从说话者个体角度出发，关注说话者之间的关系，摈弃了单一语言环境的限制，提倡运用社会语言学方法对语言变体进行分类，并且坚持语法和言语规范的同一性。互动语言学者对复杂多变的大都市语言使用进行研究，并指出由于多语多文化的影响，世界范围内的社会边界都在被削弱，但说话人依旧保持着对某些社会规范的遵从，这使得人们将更多的注意力投向个体如何在言语行为中表达自己的身份。因此，这一定义强调说话者主体性（agency）、社会边界的变化和在交际过程中不断呈现出来的社会意义。

互动视角下的言语共同体定义也是不断变化和发展的。Gumperz在1982年的修订版中更多地采用功能主义视角，并综合了Labov的言语共同体研究，认为言语共同体可以被定义为通过共有的规范联系在一起的一套有序多样系统，共同体的成员之间往往在某些观念与行为方面有所差异。从个体层面看，这些差异似乎是不规则的，但从统计学层面看，却呈现出系统性和规律性。他认为语言学分析的起点应该是言语共同体，而非说话者个体或说话者个体的语言能力（1982：24）。Gumperz（1996）参考社会网络概念，进一步修正言语共同体定义。他认为从宏观角度来说，言语共同体可以看作是社会网络的集合，是由网络结构单元组成的（Gumperz 1996：362-363）。承载文化或是语言的单元通常不是国家或民族，而是互动的个体所构成的网络，如亲属网络、朋友网络、同事网络或邻居网络。这样的网络贯穿语言边界与社会边界，创造出共享交际策略的区域模式，乃至全球模式（Gumperz & Levinson 1996：11-12）。

近年来交际民族志研究和互动语言学研究显现出趋同的特征，新一代学者不单对共同体共有资源、特定交际事件和社会结构进行分析，而且注重主体性和交际互动过程，尤其是在语言全球化研究方面。二者的融合和相互借鉴显著地推动了理论发展和实证研究进步。本书第六章将详细展开探讨这一研究新方向。

2.3 交际互动共同体代表性研究

交际互动语言学家认为语言的运用和社会行为规范以及社会结构之间存在着有规律的联系（Gumperz 1968），而社会文化的多样性决定了语言使用和交际模式的多样性。为了在不同的社会文化语境中验证理论的正确性，对理论进行调整、修正和提高，并且描述语言现象的丰富性和多样性，学者们在世界范围内围绕不同话题展开研究。这一部分将对交际互动共同体领域重要的实证研究进行简要介绍。

2.3.1 Hymes的美洲原住民研究

Hymes拥有人类学硕士学位，博士阶段转向语言学方向，并获得了人类学和民俗学的辅修学位。这样丰富多元的学术背景为Hymes提供了探索语言运用、口头叙事和口头诗歌、人类学语言学历史、美国原住民和神学等多个领域的机会（Johnstone & Marcellino 2010）。Hymes的经历和教育背景都与他的研究紧密联系在一起。他将民谣和民间故事等口头艺术（folklore）引入语言学分析之中，运用交际民族志的方法对其进行研究。Hymes（1971）认为口头艺术作为一种程式化的言语类型，能够揭示语言学理论中被忽略或者被误解的基本语言特点；反过来，如果只是按照以往的研究方法从语法描述的角度出发是无法充分理解口头艺术的丰富性的，所以交际民族志也有利于推动民俗学研究。因此，他提出将二者结合，将口头艺术视为交际事件，从而分析口头艺术这一交际事件涉及的场景、表演者、观众和其他交际要素（Saville-Troike 2008）。

Hymes在美国西北沿海地区进行了常年深入的田野调查，对美国原住民的文化、生活和语言都进行了深入翔实的调研和记录。他通过口述笔录的方式收集了大量的口头艺术，并运用交际民族志理论对其进行分析。这部分研究成果在他的论文集《"我没能够告诉你"：美洲原住民民族志诗学论文集》（*"In Vain I Tried to Tell You": Essays in Native American*

Ethnopoetics）中得到了集中呈现（Hymes 1981）。

Takelma是俄勒冈州西南部的一个印第安人部落。在他们的民间故事中，熊是一种经常出现的角色（actor）。Sapir（1912）很早就注意到了熊在Takelma文化中的重要性，并指出，在讲述民间故事时，L-可以被自由地当作熊所讲出的每一个词的前缀，从而表现熊的粗鲁。而后又进一步指出，Takelma语中郊狼会以无意义的s-或者c-开腔，而灰熊则会使用清声（voiceless）边音L-，这个特点将熊和郊狼区分开来。但Hymes发现这一结论并不正确。首先，L-并不能将熊和郊狼区分开来，熊有时候也会在单词前面加s-。如在民间故事《郊狼求爱》（*Coyote Goes Courting*）中，棕熊说出明显带有威胁性的叠句"吼吼吼吼"（Hau hau hau hau）时，在句首使用了前缀s-；在《灰熊和黑熊》（*Grizzly Bear and Black Bear*）中，一只母灰熊进行呼唤时，也在呼唤前面添加了s-的前缀。其次，并非所有的熊，甚至并非所有的灰熊都使用s-和L-这两个前缀。在《郊狼求爱》中，一只公灰熊两次使用了"吼吼吼吼"（Hau hau hau hau），但是这前面没有使用任何前缀；同样的，在《老鹰与灰熊》（*Eagle and the Grizzly Bears*）中，一只年龄较小的母灰熊重复了"吼"（hau）六次，但一次都没有使用前缀。最后，前缀的使用也不是自由随意的。前缀的使用不仅和角色有关，也和具体的情境有关。只有在合适的情境下才能够使用特定的前缀，前缀的使用能够给话语附加特定的表达意义，从而提升行为的效果。Hymes对前缀出现的条件进行了分析，并据此推断，这两个前缀具有特殊的表达意义，这种意义与具体的语境互动，控制着真实的使用情况。这一文本透露的信息反映出Takelma人可能也有对于表达性前缀的使用规则，这些前缀的使用是和具体语境紧密相关的。

和很多印第安族群一样，对于已经灭绝或是已经完全融入另一个文化的群体来说，前人留下的日记、文本、辞典等是可以用来重建这些共同体文化的仅存信息资料。Hymes将一个个印第安部落视为独立的言语共同体，这些共同体具有规模小、与外部交流较少和历史变迁较慢等特点，在一定历史时期中这些言语共同体内部在语言、文化、习俗上具有高度同质性。因此，Hymes能够依据有限的资料来最大限度地还原和重现共同体的文化“常识”。就像Takelma的例子一样，Hymes通过综合交际民族志和民族志诗学的理论，对语言学家和人类学家以及他自己所记录的语料进行分析，揭示文本内部的诗体结构和连贯性以及开头、结尾和转折的措辞模式，推测角色和角色们行为的合理性，试图重现这些文化中的“常识”（common knowledge）（Saville-Troike 2008）。这其中对民间故事中角色的交流和话语的表现的分析也为语言学提供了启发。

2.3.2 Jackson、Keenan、Irvine的美洲和非洲原住民研究

Hymes不仅提出了交际民族志的基本框架，进行了大量实证研究，还致力于交际民族志的人才培养和理论推广。在Hymes的指导下成长起来的交际民族志学者继承和发展了他的学术观点，在世界各地展开了实证研究，记录了不同文化、不同社群中语言使用的多方面特征。Hymes倡导“言谈民族志会议”（The Conference on the Ethnography of Speaking），并将部分会议研究成果汇编出版了《言谈交际民族志探索》（*Explorations in the Ethnography of Speaking* 1974a）论文集。这部论文集展示了交际民族志的不同研究侧重点，呈现出交际民族志挖掘共同体社会、文化和交际行为的特征的深度和广度，是交际民族志学者重要的代表作。我们选取其中的三篇论文，对其研究和成果进行更为详细的讨论。

Jackson（1974）在“哥伦比亚沃佩斯地区印第安人的语言认同”（“Language Identity of the Colombian Vaupés Indians”）一文中描述了哥伦比亚东南部Vaupés地区超过二十个语言聚合体（异族通婚且依靠父系血缘关系聚集的语言聚合体）的语言资源情况，并探讨了这一状况形成的社会文化原因。该地区位于热带雨林中，与外界来往甚少，内部交通主要依靠林间小路和独木舟。女人种植作物，男人狩猎和捕鱼。长屋是传统的聚居单位，四至八户家庭住在一个长屋，两个长屋之间的距离从

两小时到一天路程不等。这里人口约为5,280人，但却使用着超过二十种无法互相理解的语言，每一种语言都代表着一个语言聚合体（language aggregates）。语言聚合体由居住在一起的有父系血缘关系的亲族构成，同一个语言聚合体的成员共有一种"父亲的语言"（father-language），内部不可以通婚。不同语言聚合体交往频繁，甚至拥有高度同质化的文化，不同语言聚合体间的区别仅存在于拥有不同的名字、不同的"父亲的语言"、不同的半神话性质的祖先、制造不同的仪式用具的权力和使用特定的无形财产如颂歌和名字的权力。

由于不同语言聚合体间频繁的交往和同质的文化，Jackson将整个区域定义为一个多语的言语共同体。在这个共同体中，成员除了掌握自己所在语言聚合体所共有的"父亲的语言"外，还会掌握二到九门其他语言，Tukano是这一共同体中的通用语（lingua franca）。与一般的多语共同体不同的是，Vaupés地区不同的语言并不标志着不同的声誉或地位，共同体成员的地位也不受他们来自哪一个语言聚合体的影响。而在跨聚合体交际的过程中，语言选择的原则也十分有特色。在特定的场合，所有的成员都会使用通用语Tukano，但是通常人们会优先选择他们所共有的"父亲的语言"。

Jackson认为在这个人口稀少，分布零散而文化高度同质化的共同体中，语言并不能起到社会分层的作用，也不能在不同的情境下发挥特定的功能。那么为何该共同体中会长期保有超过二十种互不理解的语言呢？当地人非常注意语言的纯洁性，当另一种语言的词汇出现在话语中的时候，说话人甚至会受到斥责。当然也有被整个语言聚合体广泛接受的"侵入词"，但所有使用这一词语的人都对它来源于另一种语言有清楚的认识。Jackson指出在这一言语共同体中，不同的语言是不同语言聚合体的徽章，是个体属于特定语言聚合体的标志。在Vaupés人的对话中，关于语言的描述和关于语言聚合体成员身份的描述有着密切的联系。如"你使用什么语言？"（ñe wadegú niti mü?）这一问题的答案往往是关于被提问人所属的语言聚合体的。显著的语言差异能够清晰地揭示一个人的语言聚合体的成员身份，这一点至关重要，因为语言聚合体与女人分配有着重要关系。在这些语言聚合体中有这样一种说法："那些和我说着一样语言的人是我的兄弟。那些说着不一样语言的人不是我的兄弟，我可以娶他们的姐妹。" Jackson的研究描述了一个特殊的多语共同体。他的研究冲击了"多语标志着社会分化"这一传统的学术观点，也展示了一种独特的多语社会中语言选择的原则，并分析了这一原则形成的特定的社会文化背景。

Keenan (1974) 在"规范制定者和规范破坏者：一个马达加斯加共同体中男性和女性的言语使用"（"Norm-Makers, Norm-Breakers: Uses of Speech by Men and Women in a Malagasy Community"）一文中探讨了马达加斯加南部高原地区一个名为Namoizamanga的村庄中的社会规范，以及人们遵守和违反这一规范的情况。这个村庄所在的区域，即Vakinankaratra地区，被Ankaratra山和被称为Merina的南部高原的其他地区隔绝出来。年轻的一代虽然能够认识到和Merina地区的历史联系，但是却更加倾向于接受一个独立于Merina地区的社会身份。而由于在18世纪末19世纪初Vakinankaratra地区被Merina人征服过，当时艰难的生活和巨大的屈辱使得这一地区形成了强烈的乡土观念。在Namoizamanga，固定的社会地位差异很小，村庄的领导者不是固定的个体。居于整个社区结构之上的是代表着国家政治权利的政府官员，这些政府官员的职务多用法语来表示。在这个村庄中，人们会明确地区分家庭内部和外部成员。同属于一个家庭的人被称为"亲人"（havana），而属于不同家庭的客人和陌生人被称为"外人"（vahiny）。

Namoizamanga人使用Merina语。当地学校使用法语进行教学，但是只有少部分未成年人能够流利地使用法语。尽管如此，法语的某些词汇还是被广泛使用来达成特定的交际目的。村民有两种不同的语言使用模式，包括简单对话、聊天、讨论等在内的"日常对话"（resaka）和包括在婚礼、葬礼和割礼等场合讲的"礼仪祝词"（kabary）。Keenan认为在这个村庄中存在着“不能公开地、直接地与他人对峙”的社会规范，当人们违反这一规范时，违反者会受到指责，因为他们对他人不够尊重。这一规范体现在社会生活中的很多方面，比如一个人不能突兀地进到别人家中，不能公开地表达愤怒和不满等情绪。这一规范在特定的言语行为中也有所表现。在对别人的讲话进行批评时，应先积极评价对方的讲话，再用暗示等委婉的方式指出问题所在。在提出请求时，应当选择更加委婉的祈使句式来缓和语气。除了选择委婉的祈使语气以外，Namoizamanga人还可以通过使用“请”等词语以及强调对动作完成的细节要求来使请求的话语听起来不那么刺耳。在提出询问时，Namoizamanga人会采用两种不同的提问模式。在向家人提出可以轻易被满足的询问时，会采用一种模式，而在向家人提出可能使对方为难的询问，或者向外人提出任何询问时，都会采用另一种模式。而且在特定的情况下，如男方家人向女方家人请求缔结婚约的时候，提出询问的人可以邀请一个中间人为自己代言，而中间人也可以避免直接提问，而采用暗指的方式，从而降低因为得不到对方肯定答复而丢脸的风险。

Keenan观察到Namoizamanga人中，男人严格地遵守着这一规范，而女性和孩子则更加倾向于采用一种直接的方式表达自己的不满和愤怒。男人认为自己能够比女人更富有技巧地使用语言，但是同时他们会利用这种区别，也就是说，他们会通过女人来直接地传达一些令人不悦的信息。双方不同的语言特点使得仪式上的演讲者往往是男性，而日常生活中女性和孩子与他人的交流则更为频繁。在与村庄之外的人交流时，尤其是与经商的欧洲人交流时，女人也承担了主要的交流任务。在这个村庄中，间接的表达方式与男性、与传统、与技巧、与马达加斯加语相关联，而直接的表达方式与女性、与现代、与缺乏技巧、与欧洲语言相关联。Keenan的研究展现了Namoizamanga这一言语共同体中语言使用和社会行为规范以及社会价值取向之间的关系。交际规范根植于言语共同体的文化传统，通过词语和句式等多种语言形式得以表达和实现，遵守和违背社会规范都被赋予了特别的社会意义。

Irvine（1974）的“Wolof语中通过问候来表现地位的技巧”（“Strategies of Status Manipulation in the Wolof Greeting”）一文分析了Wolof语中人们如何通过不同的问候方式来协商沟通者双方的地位关系。通过在田野中观察人们如何彼此问候，以及直接询问人们应该如何问候他人，再结合他本人学习如何问候他人的过程和问候他人后得到的回应，Irvine发现不同的问候方式能够反映出交际双方不同的社会地位。由于问候是Wolof人每一次交际都必不可少的部分，对于问候的研究能够很好地展示身份、地位等社会文化要素是如何在交际中得到反映和通过交际互动得到协商的。

交际发起人（提问人）对问候的整个过程具有掌控权，回答人则要对他的称呼和提问一一作出回应。对话内容一般是围绕回答人以及回答人的家人朋友展开的。在Wolof文化中，交际发起人一般是身份较低者，而回答人则是身份较高者。地位高的人一方面享有荣誉、尊敬和政治权力，另一方面又有义务在经济上支持地位较低者。所以，Wolof人并不都希望在对话中获得更高的地位。

Irvine观察到为了在问候中实现贬低自己身份的目的，Wolof人可以采取一系列策略。最简单的方法就是主动向他人问候，并在问候中扮演交际发起人的角色。当双方都希望充当对话发起人的角色时，个体需要采取一些措施，比如在他与对方对视的瞬间甚至在对方还没有注意到他的时候就快步走到对方面前，高声地快速地进行问候。因此，如果Wolof人希望在问候的过程中提高自己的身价，最简单的措施就是避免主动前去问候他人。不过，刻意回避问候有时会造成相当尴尬的局面。如果一味地避免走近对方，避免眼神接触，而等着对方前来问候，在对方实际地位高于自己时，对方有可能会用“为什么你不来问候我？”发起挑战，而使得这一策略完全失败。

Irvine认为，除了通过对问候的基本模式进行交流环节的增加、删减和顺序调整以外，Wolof人还可以通过不同的话语风格来表现自己的地位。

高声、尖锐、快速的说话方式代表着低下的地位，而低沉、安静、间接的说话方式象征着高贵的地位。在问候过程中，一个人说话方式所反映的地位并不一定与对话的顺序所反映的地位一致，这两者互为补充，可以在简短的对话中呈现出更加复杂多样的地位关系。当一个人自我认知的地位和问候中他所担当的角色地位之间存在矛盾时，他可以选择改变自己说话的音高和音量来表达自己对身份关系的认识。

Irvine指出问候作为Wolof人际关系构建中必不可少的环节，为研究社会不平等和处于不平等地位的人们在交际中的语言使用提供大量民族志语料。Irvine分析了在Wolof这一言语共同体中，不同的问候方式被赋予的不同的交际功能和社会意义。基于对言语共同体中被广泛接受的问候方式和社会地位之间的关系的认识，共同体的成员可以通过对语言形式的灵活运用，在问候这一简单的交际事件中，实现贬低或者抬高自己身价的交际目的。

上述三篇论文从不同角度，运用不同研究方法，观察并分析了共同体中交际行为的不同侧面。相较于早期的交际民族志研究来说，此论文集中的交际民族志作品受到了时代进步和学科发展的影响，吸收了新的研究手段，扩展了交际民族志研究的范畴。但是这一时期的民族志学者对言语共同体界定的主要依据仍是地缘，即将聚居在特定区域内的稳定团体视为共同体。这一定义具有明显的时间和空间上的局限性。当代交际民族志研究不断进行理论和研究方法论上的创新，研究对象不再是规模有限的、人口和文化都相对稳定的社群、部落或社会，而是规模巨大的、人口种族构成复杂的、不同文化碰撞的现代化都市。这一最新进展也将在第六章呈现和讨论。

2.3.3 Gumperz 的印度研究及挪威研究

Gumperz的早期语言研究开始于在美国的德国移民社区的方言学研究，但是他很快意识到了方言学在理解语言使用和言语互动中的局限性。随后，他深入到了多种城乡社区，采取了更加灵活、跨学科和多层次的方式来研究语言交际和社会文化形态之间的关系。他的研究不仅限于美国社会，而是延伸到了不同文化、不同语言、不同社会形态，以及处于现代化和城市化进程中不同阶段的社区。他的海外田野工作涉及的国家和地区主要包括印度北部和中部，中南欧的奥地利、前南斯拉夫和北欧的挪威等(徐大明2002)。长期深入的田野调查加深了他对言语交际复杂性的认识，他的研究成果对社会语言学、语篇分析、语言人类学和城市人类学等学科都有重要启发作用。

Gumperz对印度的语言情况调查是他最具有代表性的田野工作之一。1955年，Gumperz发表了他第一篇关于印度语言的论文，文中运用方言学的方法和理论对一个北部印度村庄的语音进行了记录和描写。但是，随着他对印度语言文化了解的增多和研究的深入，他意识到仅仅依靠方言学无法很好地解释印度社会中的语言现象。对语言现象的理解必须与社会和文化背景相结合。他于1964年所发表的论文“北部印度村庄的宗教与社会交际”（“Religion and Social Communication in Village North India”）就反映了他这一新的认识。

Gumperz指出印度虽然具有极高的文化多样性，但其宗教却呈现出高度统一性。从古代起，起源于一个地区的宗教就能越过深刻的政治和社会壁垒传播到整个印度。这样大规模的文化传播如果没有一个高度发展的大众传媒系统是难以实现的。在印度，许多宗教机构都承担着大众传媒的功能。这些宗教机构的神职人员和学者除了举办宗教仪式和解读宗教典籍外，还游走于不同地区，甚至去往公共交通无法通达的偏远地区。在那些偏远地区，戏剧表演者和乐师也扮演着宗教交流者的角色。宗教人员能够不受种姓制度的限制，接触到来自不同阶层的人们，并面向他们进行较为有效的信息传播。

Gumperz通过对Khalapur地区的语言、社会和文化进行深入调研，探讨宗教人员在语言传播中扮演的特殊角色。Khalapur是一个位于恒河流域的小村庄，约在德里北部80英里，靠近前往西部的旁遮普省的交通主干道。这个村庄约有5,000人，略大于周围的村庄，但是从经济结构和社会结构来说它仍是一个典型的农村社会。村庄中有31个族内通婚的种姓群体，90%是印度教教徒，10%是穆斯林。Khalapur隶属于一个更大的社会网络(见第四章)，在这个社会网络中有许多大大小小的宗教、商业和行政中心，其余地区依附于这些中心。随着道路和桥梁等的修建，Khalapur与外界联系越来越多。但是越来越频繁的人口流动并没有推动语言的革新。一方面，不管是村民外出还是来访者到来，村民与非村民之间受相互了解程度和交流话题的限制，很难进行深入交流。另一方面，在村庄内部，种姓制度限制了自由的社会互动，从而阻碍了语言革新的传播。不同地位的种姓群体之间交流非常有限，平等自由的讨论和意见交换往往局限在联系紧密的男人们组成的小团体之中。同时，村庄中没有可供所有人集会的礼堂或者广场，也就缺乏可以同时联系所有种姓群体的机制。语言革新在村庄中的传播依赖于群际接触。与其他种姓族群关系的密切程度直接影响到语言的差异性，因此与其他族群接触最少的“贱民”阶层的语言与其他阶层的语言差异最大。报纸、杂志和广播等大众传媒的出现也没有改变这一现象。

Gumperz认为在这样的背景下，宗教表演突破了上述诸多交际方式和媒介方面的限制。宗教表演往往在春、秋季的宗教节日时举办，有时在婚礼上也会进行，而偶尔路过的剧团也可能给村民演出。虽然剧团往往是接受了特定的家庭的邀请进行表演，但由于是在公共区域，所有种姓群体包括贱民都可以参加。在缺少公共娱乐的Khalapur，宗教表演能够吸引到非常多的观众。宗教表演主要有两种形式。一种是宗教讲座，这类讲座的内容往往基于传统的文献，以对话的形式辅以生动的手势进行表达，时而穿插着歌曲。演讲人有时会带着一群和自己属于同一宗教派别的乐师，有时会自己使用乐器进行伴奏。第二种是短剧演出，即几个表演者在舞台上共同演出一个神话故事。他们的对话中同样穿插着歌曲，乐师为他们提供伴奏。不同于宗教讲座的表演团体成员，进行短剧演出的剧团成员可以来自不同的种姓和阶级，而且当表演者开始表演后，观众们会忘掉表演者所属的阶层而完全把他们视为剧中角色，从而接受他们所传达的信息。这样的宗教表演在交际上有两方面的优势：一是它们发生在公共场所，可以同时接触到许多来自不同社会阶层和小团体的人；二是表演者们所扮演的宗教人物有益于他们突破种姓制度进行交流，因此可以有效地传递信息。他们在表演中所传达的信息并不一定与广为接受的宗教观念一致，如一个演员就曾在短剧演出中插入了一段很长的祈求各教和平共处的台词；表演中传达的信息甚至可以与宗教主题没有关系，如一个演讲人曾经讲过一个关于固定价格和诚信经营的故事。来自不同种姓群体和不同宗教的村民都对这些信息表现出良好的接受度。而与之相反，由一群学生所排演的，穿插着电影音乐和其他轻松的娱乐活动的现代戏剧却没能吸引观众，甚至遭到恶评。Gumperz指出在这样的背景下，传统的表演形式不仅发挥着大众传媒的功能，也在宣传新思想和促进社会变革中发挥着重要的作用。宗教机构中的神职人员和世俗的经济改革者，这两个在西方社会中完全独立的角色在印度社会中却能很好地统一。这与印度特有的种姓制度和由此构建的独特的共同体互动方式分不开。

Gumperz也在挪威进行了长时间的深入调研。他在挪威的研究对于语码转换这一领域有开创性的意义。他与Blom合作的“语言结构中的社会意义：挪威的语码转换”（“Social Meaning in Linguistic Structure: Code-Switching in Norway”）一文记录和分析了挪威的Hemnesberget这一言语共同体的全部变体以及在特定情境下共同体成员对这些变体的灵活使用情况（Blom & Gumperz 2000）。

Hemnesberget是挪威北部靠近北冰洋地区的一个约有1,300人口的小型商业和工业城镇。自1958年挪威打破了政府的行业垄断，Hemnesberget经济不断繁荣，人口聚集形成城镇。多数原本掌控这一区域的经济精英和地主家庭大多搬离。Hemnesberget提供新的经济机会，吸引佃农、渔民、工人和仆人等家庭来此处定居。他们在财富、文化和教育上与前者有巨大差别。经历了大约一个世纪的自由经济发展，Hemnesberget已经不再存在明显的阶级差异和贫富差距。Hemnesberget在20世纪初是该地区的商业和通信中心，但是从60年代起，由于政府对Mo i Rana城市的扶植，Hemnesberget失去了地区中心的地位。不同于周边城镇的快速变化，Hemnesberget与外界联系并不紧密，大部分人的工作和生活都局限在Hemnesberget和其附近地区。

Gumperz观察到大多数Hemnesberget人都以当地方言Ranamål（R）为第一语言。挪威高度重视民俗文化的独特性，因此方言享有很高的声望。使用方言能展示个体的家庭背景和地方认同，而且坚持使用方言可以展现人们对家乡的骄傲之情。Hemnesberget的教育机构使用的语言是标准语，也就是政府、宗教和大众传媒所使用的语言。挪威法律规定了两种标准语：Bokmål（正式称呼为Riksmål）和Nynorsk（正式称呼为Landsmål），Bokmål（B）在挪威北部被广泛使用。所以在Ranamål以外，所有的Hemnesberget人同时也掌握了流利程度不一的Bokmål。这两种语言变体在语音、构词和其他一些重要的语法功能词上都有区别。

该研究显示，这两种语言对于当地不同背景的人来说具有不一样的社会意义。对于具有强烈地方认同感的人们来说，使用当地的方言代表着作为当地人的身份认同，是亲密、友好和平等的象征。而鉴于标准语在历史上曾是拥有土地的商业和管理精英阶层所使用的语言，它成为了不平等的象征。而对于精英阶层来说，方言是缺乏教育和不够成熟的表现，所以尽管他们也可以使用方言，但他们更倾向于使用标准语。这在当地人看来是疏远和轻视当地人的象征，从而使得当地人对方言的认同感和忠诚度被进一步强化。

长期以来，不同的人群对两种语言变体有着不同的态度，这是与共同体的社会生态紧密联系的。一个人的地域背景、地域身份认同感与其所处的小团体之间存在着有规律的联系。根据这种联系，Gumperz将Hemnesberget人分为三类。第一类人主要是工厂的工人和绘图人（draftsmen），这一类人超过当地一半的人口。他们大多是本地出身，亲朋好友也有着和他们相似的社会背景，互相强化对当地价值观的认同感。第二类人是批发零售商和当地大企业的经理。商人将船只、木材制品和捕鱼用具等商品卖到了挪威的最北端，经理通过他们的商业管理才干以及他们让工厂所有者和工人都保持信心的能力成为管理层，据此获得了较高的收入。他们大多是本地出身，也和工匠、捕鱼人和农民等家庭的人有亲缘或者婚姻关系，这使得他们对当地价值观有着较高的认同度。但同时由于工作需要，他们与非当地的客户保持联系，也需要遵守现代的商业道德，这使得他们在保持强烈的地域认同感的同时，倾向于与属于第一类人的亲戚保持一定距离，并与和自己处境相似的人发展友谊。第三类人的情况最为复杂，这类人既包括了从事公共服务或私人服务的教师、售货员、银行柜员、修理工和店主等，也包括了在修理店和运输行业工作的人。他们的社会文化背景也各不相同，既有本地人，也有外来人员。他们在价值体系上都更认同非Hemnesberget的精英阶层。

不同社会背景的人对这两种语言变体有着不同的价值判断，但个体的语言选择却不是总能反映他的社会背景所关联的价值体系。在不同的场合下，或是当一个人希望扮演不同的身份时，这个人就会选择不同的变体。也就是说，语言选择受到了具体话语环境的限制。Gumperz将环境变化影响下发生的语码转换分为两种。一种是情景转换（situational switching），通常会在对话参与者改变他们正在进行的社会事件的定义时发生。比如当研究者加入一群正在进行交谈的本地人时，这些本地人将手从裤兜里拿了出来，同时表情发生了变化，语言也从方言变成了标准语；当老师鼓励学生们进行自由开放的讨论时，学生们使用的语言则会从标准语变成方言。另一种是隐喻转换（metaphorical switching），通常在参与者对互相间权利和义务的定义发生变化时发生。比如当一个柜员和一个当地人进行交流时，这名柜员在谈论业务时会使用标准语，但是打招呼和闲聊则往往使用方言。情景转换更多地受到社会规范的束缚，而隐喻转换则是在社会规范的限制下，在具体的情境中互动双方灵活变通以实现交际目的。

通过分析Hemnesberget的两种语言变体在共同体中所代表的不同社会意义，以及人们在这两种语言变体之间进行转换以实现交际目的情况，Gumperz的挪威研究指出语言使用并非完全是个人的主动选择。言语共同体的社会文化背景影响了个体对话语社会意义的认识，这种认识会在个体的言语行为中反映出来。同时，交际的具体情境也会影响个体的语言选择，这种影响同样受到社会规范的制约。

从最初运用方言学方法对印度语言进行记录，到关注语言使用和社会文化宗教因素之间的互相作用，再到深入关注交际互动过程中具体情境和宏观社会文化背景如何影响微观会话参与者的会话策略，Gumperz的研究历程展现出方言学、交际民族志和互动语言学之间的紧密关系。这些实证研究的结果也正是他在交际民族志和互动语言学领域的重要理论贡献的基石。

Gumperz的主要关注对象是与外界有着较为密切的经济文化交流的、处于发展进程中的城镇。在这些城镇中，人们既保留着传统的习俗文化，也受到了其他文化的冲击。城镇人口的构成不仅包括本地人，也包括许多在语言、宗教、民族、习俗等各方面与本地人存在差异的外来人口。外来人口中的一部分人由于长期居住在这些城镇，与城镇居民保持着密切交流并且逐渐融入当地社区。对这样一个复杂群体进行研究就要求Gumperz重新定义言语共同体。他不再将聚居地视为定义言语共同体的根本条件，而是强调交际互动对共同体形成的关键性作用。保持着密切稳定交际互动的群体将在语言、习俗、文化等各方面趋同，Gumperz将这样的群体定义为言语共同体。

2.3.4 Tannen 的纽约犹太人社区研究

美国互动语言学者Tannen（2007）对纽约犹太人社区的研究也是言语共同体的代表性成果之一。在她收集的众多语料中，最典型的是关于纽约犹太知识分子在感恩节的餐桌对话。1978年的感恩节，Tannen去朋友家吃晚餐并记录了两个半小时的餐桌谈话。参加谈话的是六名年龄在29到35岁之间的中产阶级白人知识分子。晚餐在Steve（音乐家、教师）家里，客人包括他的兄弟Peter（一所大学的管理分析师）和他已结识二十年的好友Tannen。他们都是具有东欧犹太血统的纽约市本地人。他们的对话体现了许多被Tannen称为“高度参与”的会话风格。其他客人包括David（艺术家、手语翻译）和来自南加州的Chad（作家），两人都是天主教徒。Tannen把David和Chad的谈话风格称为“高度体贴”：他们在会话中不强加干涉。第六位客人是Sally（音乐家），英国伦敦人，母亲是美国人，来自纽约州上层家庭，父亲是具有东欧犹太血统的英国人。由于Sally在异国他乡长大，因而会话风格与其他人不同。

在晚餐谈话的过程中，每个参与者的职业生涯都为他们提供了话题。感恩节晚餐中的谈话共包括38个确定的话题。在《说话的声音：会话语篇中的重复、对话和图像》一书中，Tannen对晚餐参与者在会话中使用的参与策略进行了重点考察。虽然并非所有的文字转录都显示出高比例的重复话语，但其中很多片段都包含了不同类型的重复。Tannen详细阐述了这些重复所起到的一系列作用：

1）作为参与式听众（as participatory listenership）

听话人使用相同的话语结构重复他人的话语，尽管并未给对话提供任何新信息，但这种重复却显示了听话人对于话语过程的参与。这种参与在不同情境下伴随着不同的含义，比如对先前说话人话语的评价，显示对先前说话者的熟悉度等。

2）认可听众（ratifying listenership）

说话人在叙事的过程中，通过重复听话人参与会话时插入的话语，一方面是对听者的话语作出评价，另一方面也将对方的话语纳入自己的叙述中。这体现了说话人对听者话语的认可。

3）幽默（humor）

说话人通过重复使用先前句法结构来生成新的句子，构成对话，从而产生幽默的会话效果。比如，在Tannen请求允许录制感恩节晚餐的谈话后，其中一位参与者Peter和她的对话如下（语料中的Deborah即Tannen）：

（1）Peter:	Just to see if we say anything interesting.
（2）Deborah:	No. Just to see how you say nothing interesting.
（3）Peter:	Oh. Well I- I hardly ever say nothing interesting.

第（2）和第（3）句话分别是在重复前一话语结构的基础上形成的新的话语。在第（2）句中，Tannen将Peter的问句中say anything interesting改为否定的say nothing interesting，接着，Peter又利用双重否定加强了幽默效果。

4）品味（savoring）

幽默不仅可以产生于重复，而且可以在重复中通过品味表现出来。例如，当讨论Deborah和Sally为什么会受到卡通中暴力情节的困扰时，Steve认为那是因为她们“从字面意思理解卡通暴力”。然后，David接着说道：

（1）David:	That's because you have a-/arcane/ view of reality. [laughter]
（2）Deborah:	Cause we're sensitive. [laughing] [laughter]
（3）Sally:	Cause we're ladies. [laughter]
（4）Steve:	Ladies ... Ladies. [laughing]

Deborah在重复David建立的话语结构的基础上，使用形容词sensitive自嘲（“因为我们很敏感”）。Sally接着又重复了同样的话语结构，插入了一个具有讽刺意味的词ladies，因为它与另一个时代的女性有关。ladies这个词通过Sally的英国口音说出来，逗得Steve边笑边重复了两遍。他似乎在重复的过程中品味它，从而也表现出话语的幽默效果。

5）降低会话速度（stalling）

重复带有细微变化的先前话语的方式有很多，其中一种方法就是听话人重复说话人的问题，通过细微的变化将之转化为第二个问题，并传达给先前的说话人。这种重复允许回应先前问题的听话人在没有给出任何实质性回应的情况下，创造出一个回应的时隙，以降低谈话的速度。

6）扩展（expanding）

会话参与者通过重复问句可以扩展会话。

7）参与（participation）

重复可以创建人际参与，人们通过重复他人的话语参与对话，并进一步建构对话。

8）通过有规律的节奏进行评论（evaluating through patterned rhythm）

重复可以创建有规律的节奏话语，会话参与者在这种节奏中表达他们对某一现象的认可或否定态度。

9）限定对话片段（bounding episodes）

较长会话中的话题常常受到重复的界定，即重复起到一种设定话题的作用。人们以重复开始一个话题，而在结尾，他们也以重复构成尾声。开头和结尾通常是话语中最仪式化的部分，而重复则起到限定话题边界的作用。

除了关注重复，Tannen还考察了图像细节这一参与策略。会话需要具有说服力，也就是说，要使听众以说话者意图的方式来理解会话意义，所以图像细节就显得尤为重要。例如，在感恩节晚餐对话中，Peter回忆自己和Steve童年在第二次世界大战后居住过的临时小屋时，提到了小屋的具体地址。单从信息的角度考虑，小屋的地址似乎与谈话无关。然而，对于特定地址的叙述却有助于听者参与到说话人的话语中来，以便想象到类似建筑物的图像。此外，这种图像细节的描述也给人一种真实、生动的感觉。

在Tannen对纽约犹太人社区的诸多研究案例中，虽然Tannen对于日常会话中的参与策略的考察并非全面详尽，但她向读者有力地展现出参与策略在会话中的重要地位和作用。这些策略无论是对日常会话，还是对共同体的构建研究都具有重要的理论意义。

2.3.5 交际民族志研究与互动研究的融合

Silverstein在语言人类学和符号学都有重要的理论建树。在对语言运用的研究中，他受到前人关于语言和文化关系论述的影响，并灵活运用语用学、社会语言学、符号人类学、语法学等流派中的理论，对文化中的语言进行更加深入的探讨。他将Peirce提出的符号学名词引入了语言文化研究中，其中指向性（indexicality）这一概念影响重大。他和同时期的其他学者还将语言意识形态定义为一个研究领域（见6.1.2.1），并对其作出了重要的理论贡献。

Silverstein发表于1996年的论文"美国的单一'标准语'：标准化和语言霸权的隐喻"（"Monoglot 'Standard' in America: Standardization and Metaphors of Linguistic Hegemony"）分析了使用单一语言这一语言意识形态的内在含义和外在表现，以及它对语言使用的影响。多语制是社会的语言现实，但是作为一个现代民族国家，美国致力于推行单一的所谓"标准语"（The Standard）。这一推广单一语言的过程被称为语言标准化过程，该过程是通过特定的机构来维持统一的语言规范。标准语相较于其他语言来说处于支配地位，是其他语言使用的"参照系"。

一部分美国学者和民众支持语言的标准化。Milton和Friedman在他们的书《选择的自由》（*Free to Choose*）中用自由市场经济作比，将标准化视为一种自然而然、水到渠成的过程。他们认为，就像自由市场中经济秩序的形成一样，标准的字词和语法都不是某一个特定的人或机构所规定的，而是在人们自由交际的过程中对用什么字词来指代特定事物形成共识。这种共识传达给了越来越多的人，最终在字典中得到规定。整个过程不存在高压和强迫，没有任何人或权力来对这一过程进行控制。当然他们也承认政府和学校系统在语言的标准化过程中发挥着越来越重要的作用。在Milton和Friedman看来，语言的标准化是人们为了更好地进行交流而协商达成的共识。政府和学校等机构对语言拥有的控制力在他们看来仅仅只是这种协商的自然合理结果，可以更高效地优化语言。当然也有人并不支持语言的标准化，比如物理学家Dyson认为语言的多样性是至关重要的。他运用了一个生物学的比喻来支持他的观点。在生物学上，克隆和分枝是一对相对的概念：前者指一群拥有相同基因的生物，自然界的克隆只能通过无性生殖得到，这类生物的进化非常缓慢；后者则是指一类拥有共同起源但是具有基因多样性并且互相之间存在生殖隔离的生物。在生物进化史上巨大的飞跃都是由后者实现的。在语言领域中，每一种语言都可类比于一种不同的物种，单一语言的社会就好像克隆，而多语社会则像分枝，所以多语社会拥有比单一语言社会更加强健的生命力，更能推动语言的创新和发展。因此Dyson呼吁社会机构采取措施保护语言和文化的多样性。

语言标准化和多样化的问题得到了公众的广泛关注，各种讨论关注点有其相似之处，有些相似的观点反复出现。基于上百篇刊登于《芝加哥论坛报》等报纸和杂志上的文章，与标准语相关的产品和服务的广告，读者来信和建议专栏的文章等，Silverstein对这些观点进行了分析。他认为语言正在经历一个商品化的过程，商品化了的语言及其在具体语境中的使用是与特定的固有印象联系在一起的，这种印象无法从人们对话语的理解中分割出去。正因如此，语言可以“指向”（index或point to）其使用者的社会身份，因此展现个人的语言能力就与展现个人的社会身份联系到了一起。使用标准语的能力是个人价值的加分项，人们可以通过获得标准语这一“财产”或者说“商品”来提升自我的价值。将标准语当成是一种可以获得的商品成为了推广标准语的主导动机。语言的指向功能要求它能够简洁准确地指示特定的事务。而许多对方言了解有限的专栏作家和其他的一些应时作家在文章中大谈方言会造成的困惑，指出方言口音会导致含糊和混乱，只有标准语才是清晰优美的。因为标准语被人们认为是最能够清楚地表达意思的工具，所以使用标准语成为了一种非常重要的能力，是一种每一个消费者都必须获得的商品。与之相对，当以标准语为坐标来衡量方言时，就会把方言贴上吵闹、粗鲁、挑衅、含混等负面标签。除此之外，标准语还与民族国家的价值观联系在一起，被视为民族国家语言认同的象征，这也使得标准语的统治地位更为稳固。

通过大量文本分析，Silverstein表明人们为标准英语附加了许多积极的价值判断，使用标准英语与展现个体优良特质相挂钩，从而确立了标准英语在美国社会中的统治地位。不同的语言会给人们带来不同的感受。人们对使用非标准语言的人存在刻板印象，这些刻板印象会对交际产生影响。这种附加于语言的社会价值判断与言语共同体的政治、经济、社会、历史、文化等因素都有紧密联系，不同的言语共同体拥有不同的语言意识形态体系。

除了在单语意识形态领域开拓性的研究以外，Silverstein（1976, 2003, 2006）对语言的指向性也进行了深入的探讨。语言的指向性最早是美国实用主义创始人Peirce在其符号学研究中提出的一个重要概念，随后Silverstein（1976）将其引入语言人类学的研究之中。指向性这一术语运用范围非常广泛。它不局限于语言学范畴，还被用来指代“独立于人的解读，指向特定的事物”这一性质，如有“烟”就意味着（指向）有“火”，“安全出口的指示牌”就意味着（指向）那附近有“安全出口”。而社会语言学中的指向性是用来解释微观的语言特征是如何表明超越语言之外的社会因素和社会意义。在言语共同体概念中，指向性这一术语起到关键作用，下一小节将对此进行详细讨论。

细微的语言特征可以揭示许多社会文化信息。Silverstein通过分析美国英语中“葡萄酒话语”（wine talk或oinoglossia）的语料，对指向性和指向层级（indexical order）进行阐释。指向标记具有层级性。微观语言特征直接指向的，也就是话语的语用意义，被称为第一指向层级（first-order indexicality）。以敬语（T/V）体系为例，如果一个人选择了在对话中使用正式的敬称V形式而非一般的非正式的T形式，那么这意味着在他的理解中他需要对交际对象表达尊重。第一指向层级是在微观的语境中即时实现的。但是，交际和互动不仅受到即时语境的影响，也与宏观的社会文化背景紧密相连。而要理解这一层联系，就涉及更高指向层级。Silverstein定义的第二指向层级关乎语言变项和它们的元语用意义之间的联系。正如他在讨论美国的单一语言意识形态时所提及的，人们对使用某一特定语言的人存在固有印象。在街上偶遇的两个人会通过对方所持的口音和所使用的表达等对对方的家庭背景、教育程度和经济状况等非语言因素作出推断，这就是第二指向层级的体现。

通过“葡萄酒话语”研究，Silverstein(2006)详细地讨论了高指向层级。在市场上主要针对雅皮士一族进行销售的葡萄酒长期以来都是一种代表着尊贵身份的饮食。此外，葡萄酒还拥有了作为艺术品的鉴赏价值。就像鉴赏绘画、雕刻和其他艺术品一样，鉴赏葡萄酒也有着一套权威的评价结构。专业的酒评家不仅在品酒时遵循一定的流程，还运用特定的词汇来品评葡萄酒。这些专家使用的词汇将葡萄酒拟人化，还运用许多来源于传统英语中具有绅士派头的园艺相关词汇。在葡萄酒的销售过程中，人们强调这套鉴赏话语，使其成为一种雅皮士生活方式的象征。Silverstein指出，当个体遵照这套语言使用规则来消费和鉴赏葡萄酒时，他就展现出和葡萄酒鉴赏家类似的鉴赏力，也就是成为了具有良好教养的、有趣的(或是巧妙的、和谐的、吸引人的、成功的)人。酒评家和销售机构等在社会范围内营造出了品酒和高雅有趣的生活方式之间的联系，当一个人消费葡萄酒时，其话语就指向了这样一种生活方式。

第一指向层级在话语和微观语境之间建立起联系，而高指向层级则在言语和宏观语境之间建立起联系（Blommaert 2005）。通过多层级的指向分析，指向性这一概念为社会语言学者们提供了从微观到宏观不同层面解读言语交际的一条新途径(见6.1.2.2)。语言意识形态是宏观语境的表现之一，它也体现在具体的言语交际之中。不同的言语共同体拥有不同的指向层级和意识形态；而在一个言语共同体内部，它们既是成员们的共识，也是交际互动的必要知识，这方面的缺失可能会导致言语使用者之间的误会。Silverstein对语言意识形态和指向性的研究都对其后的互动交际研究产生了深远影响。

交际与互动研究的融合是社会语言学的趋势，在过去三十年中涌现了一批以民族志研究为基础，结合交际互动研究的优势，对复杂的社会语言现象进行深入、细致和全面分析的研究。第六章会进一步讨论相关研究。

2.3.6 交际互动视角下的言语共同体实证研究

在交际互动研究中存在“言语共同体”与“语言共同体”之间的辨析。这两个概念十分相似、又有重要区别。首先，二者都强调“共同体”这一概念。“共同体”可以进一步拆分为二，“体”是群体，是人群，“共同”则强调了群体内部同一性和它相对于其他群体的异质性。“言语共同体”与“语言共同体”的区别在于“语言”与“言语”之间的区别。早在De Saussure于1916年出版的《普通语言学教程》（*Course in General Linguistics*）第一版中，语言和言语这两个概念就得到了区分（De Saussure 2011）。简单来说，“语言”（language）被认为是一个表达观念符号的系统，是一个由词汇(包括语音和语义)和语法组成的体系；“言语”（speech）则是人类所说的话的总和，是个人在具体情境中说话的行为。De Saussure认为，语言具有系统性和稳定性，是一种被广泛接受、共同遵守、约定俗成的社会事实。而言语是个性化的，暂时性的，以说话人的意志为转移，所以不能被一个群体同时使用，具有个体性。

然而，不同语言之间的边界往往难以界定。一种语言往往由于时间、空间和社会环境的变化在内部呈现出波浪状的起伏变化，而不同语言之间也可能存在着不少相似之处（Makoni & Pennycook 2012）。因此，要定义"语言共同体"就必须要在能够从动态视角理解语言的同时将其视为离散的可数的单元。在接受这一观点的前提下，不同学者对定义语言边界的标准看法不同，部分学者在思考这一问题的时候只考虑词汇和语法等语言特征，但另一些学者却认为社会、文化和政治因素对于定义语言边界来说至关重要。《民族语言》（*Ethnologue*）是一个从1951年起专注于考察世界上现存语言，并每年通过线下和线上渠道同时发布的参考文献，它在语言的分类和定义方面具有较高权威性。《民族语言》制定了三条语言辨别的标准：第一，当两种变体的使用者无须学习而仅仅凭借对自己使用的语言变体的知识就可以互相理解时，这两种变体被视为同一语言的不同变体；第二，当两种变体的口语在交流时存在一定理解困难但又并非完全无法互相理解时，如果它们在文学和民族身份上存在许多共同之处，它们仍然被定义为同一种语言的不同变体；第三，如果两种变体的使用者在交流中不存在任何问题，但是民族志身份上却有极大差别时，这两种变体仍然会被认定为两种不同的语言。基于这样一种原则，《民族语言》认为目前已知的语言一共是7099种（基于其2017年发布的数据）。当某个群体使用共同的一种或者多种语言时，他们便可构成一个"语言共同体"。

言语（speech）相较于语言具有个体性，言语共同体的定义也就更为复杂。正如前文提到过的，没有两个人的言语是一模一样的，同一个人在不同场合也会采取不同的说话方式，要定义言语共同体便需要在绝对的变异性中寻找相对的同一性（Bloomfield 1933）。

Hymes和Gumperz对言语共同体的定义确认了社会共同语言规范是存在的，但否认了语言一致性对定义言语共同体的必要性。这与第三章中讨论的Labov对言语共同体的定义有很大不同。Labov注重共有的规范，以及在结构化的语言变异中体现语言的一致性。Labov(1972)研究的核心是语言变体，他所定义的共同规范是指对语言要素的使用和对不同语言变体的评价存在共识。而对于研究交际互动的学者来说，共同规范不仅针对语言变体，还应针对交际互动过程中涉及的各种语言特征，如语用特征和副语言特征等，共同体成员对它们的语用意义和社会意义都应有着共同的判断。

Silverstein对语言形式、语用意义和社会意义的关系进行了更为深入的讨论。他将这三者在“指向性”这一概念中进行统一。传统的语言学对字词句的理解往往集中在其指称意义(denotational meanings)和命题意义(propositional meanings)上，但是在研究交际互动过程中的言语意义时，在指称意义和命题意义外，言语所指向的，即符号的内涵意义(connotational meaning)也是必不可少的(Blommaert & Rampton 2011)。如当说话人突然对某一个字眼加以强调，或者进行语码转换，或者是采用了不同的说话风格时，就必须要对字面意义以外的含义加以分析。在交际互动的过程中，人们约定俗成地对特定语言特征的指向意义(indexical meaning)表现出共同的或相似的理解，共享语言的社会指向价值(indexical value)。通过遵守同样的规则和共同的语言社会指向价值，这一部分人群就形成言语共同体(Silverstein 1998)。指向具有层级性，第一层级的指向是言语特征与微观语境(micro contexts)下语用意义的必然联系，而第二层级的指向是言语特征与宏观语境(macro contexts)下社会意义之间的必然联系(Silverstein 2003)。通过指向层级，人们得以理解在微观语境中交际对象的语言符号所指向的宏观社会意义，并运用它们来达到准确理解对方言语意义的交际目的。如前文所示，在Irvine(1974)的Wolof语问候语研究中，主动打招呼、积极地询问对方以及聒噪的、快速的说话方式都指向较低的社会阶层，而等待别人主动来打招呼、简短地回答提问以及缓慢的、低沉的说话方式都指向较高的社会阶层。但是在问候过程中，人们可以利用具有高层级指向意义的言语特征，在具体的语境中采取积极的策略来灵活地构建身份。如一个人即使主动向对方发起了问候，仍然可以通过将问候的轮次控制在最少的范围内或者使用低沉、间接的说话方式来提升自己的地位。

交际互动研究中小到几个人组成的团体，大到国家甚至国际层面的群体，不同的共同体之间可能存在交叉和覆盖或者从属的关系。每一个言语共同体都有自己的一套指向层级，不同的语言特征在不同言语共同体中指向不同的意义。而个体，尤其是在复杂社会中的个体，必然会要参与到多样的社会情境中去，因此他们可能同时是多个互不相关的或者相互交叉的言语共同体的成员。不同言语共同体的成员身份又拥有不同的社会身份合集（repertoire of social identities），每一种身份在特定语境中都有独特的、合适的语言和非语言表达形式（Saville-Troike 2008）。在交际互动的过程中，个体可以选择遵从不同的言语规范来构建自己的身份认同，这也是交际策略的一种。

不同言语共同体拥有不同的指向层级体系，这种差异性可能导致跨文化交际中的误会。要保证交际互动的正常进行，必然需要对既有的指向层级体系进行调整。这种调整并不一定是互相的，而常常有可能是不对等的。Blommaert（2010）引入了Wallerstein（1974）的"世界体系理论"（world-systems theory）来说明如何填充跨文化交际中的鸿沟（见第六章）。世界体系理论将世界视为一个整体，依据政治、经济和文明的发展程度进行划分，分析了"中心—准边缘—边缘"结构的发展变迁和运作结构。Blommaert指出和言语共同体分层保持一致的是各个言语共同体的指向层级的分层。它们从处于中心地位的言语共同体向四周辐射，这种分层模式被称为"指向的层级"。处于外围或边缘的言语共同体对处于中心地位的言语共同体的指向层级有较高接受度，一般需要由他们（边缘言语共同体）来跨越言语共同体之间存在的鸿沟。Blommaert使用"中心—准边缘—边缘"结构对比利时的非洲难民进行研究，认为非洲难民来自相对边缘的言语共同体，而比利时是相对中心的言语共同体，所以在双方交际的过程中，比利时人处于优势位置，交际互动的规范和规则是由他们制定的。与此相关的语言全球化研究会在第六章详细讨论。

2.4 小结

交际互动研究是人类学、社会学、民族志研究、会话分析和语篇分析等多学科多领域交叉、综合、互相影响的产物。交际互动研究主要采用民族志研究方法，主张研究者深入到田野调查中去，对自然语言现象和社会事实进行深入的观察和翔实的记录，在此基础上分析社会现实是如何制约和影响具体的交际互动过程并在交际互动中得到持续塑造的。言语共同体是交际互动研究中的一个重要概念。正如Hymes（1974b）所说，言语共同体是一个语言学研究的基本概念，它所假定的分析单位不是语言实体而是社会实体，要求研究者从社会群体出发，从而考察这个群体内部所有的语言方式。与Labov不同，在对言语共同体的定义中，Hymes和Gumperz等学者否认了语言一致性对共同体的必要性，强调了交际互动在构建言语共同体中的重要性。他们认为言语共同体成员共享的言语规范是他们在频繁的交际互动中约定俗成的，一旦形成，这种规范就会制约他们的言语行为以及对他人言语行为的解读。不同的言语共同体拥有不同的言语规范，这是交际互动过程中许多误会产生的根源。

交际互动研究的融合在新一代学者的著作中体现得尤为充分，并由此催生出语言意识形态、指向性、层级等新概念，对言语共同体概念的完善和发展起到推动作用。在前人研究成果的基础上，Silverstein进一步完善了指向性和语言意识形态概念，认为语言形式、语用意义和社会意义之间存在指向关系，但在不同的言语共同体中这种关系有不同的表现。语言意识形态理论认为特定的语言使用指向特定的社会意义，在同一言语共同体中，成员对不同语言变体的合法性和合理性存在共识。

交际互动研究还与目前的国际研究热点语言全球化研究有紧密关系。一批学者开始将研究重点从受到地域限制的传统言语共同体概念，转为在一定程度上超越地域限制的全球化现象，以及在全球化背景下出现的语言新问题。此外，作为全球化的一个具体体现，互联网环境中的语言使用也是当代学者集中考虑的问题。Blommaert将社会学中的世界体系理论引入交际互动研究，进一步丰富了这一理论。作为交际互动领域的研究新方向，语言全球化相关研究在语言学研究中具有重要引领作用，因此本书将单列一章，在第六章详细展开讨论。

总之，在过去半个多世纪的发展中，交际互动研究取得了丰硕的成果，极大地丰富了人们对语言在交际互动中的功能、作用以及交际互动对语言的影响的理解。随着新技术的出现和社会文化的变迁，这一领域仍有许多值得深入探索的地方。经典研究中Gumperz已经提出了声调、韵律和动作等副语言特征在互动中的重要意义，在实证研究中这些副语言特征还应获得更多的关注和分析；在前沿研究中，语言全球化仍然是国际学界的热点，在快速的全球移动中人们的语言发生怎样的变化、他们如何构建超地域的共同体、全球共同体对他们的身份认同产生怎样的冲击，这些研究新问题都需要持续不断的跟踪、观察和解释。

第三章 言语共同体II：语言变异中的共同体

3.1 语言变异理论概况

作为社会语言学研究的一个重要分支，语言变异研究于20世纪70年代逐渐在国际学术界确立起来。一般认为，Labov于1963年发表的“音变的社会动机”（“The Social Motivation of a Sound Change”）是语言变异研究的开端（Chambers *et al.* 2002）。与Hymes和Gumperz所面临的情况相类似，20世纪60年代的语言学研究对象主要是规则性的语言结构本身，而社会中使用的语言则因为其表象的不规则性，经常被排斥在语言学研究之外。Labov发展了他的老师Weinreich关于语言是“有序的异质体”的观点。他提出“异质性”主要体现为语言在具体使用中所表现出来的各种各样的变异，而“有序”则体现为语言使用与言语共同体内的某些社会因素之间相对应的关系，即有规律的关联性。从新语法学派（neogrammarians）的观点来看，这些有规律的语言变异能够反映出某一特定言语共同体下的语言变化趋势。例如，Labov的经典的马萨葡萄园岛研究就发现了元音央化的语言变异现象与社会因素的对应关系。他发现元音央化这一语音现象的社会意义，即元音央化的使用与岛上居民的身份之间的关系，构建了“葡萄园居民”这一身份。这样，他对马萨葡萄园岛“有强烈的归属感的居民普遍使用元音央化”的这一语言变异现象给予了恰当的解释。Labov的这一开创性研究揭示出表面上混乱无序的语言变异现象之下所对应的社会行为的规律性。由于研究方法具有较高的可操作性，Labov的语言变异研究成为了系统地研究社会中的语言变异和变化的典范。经过一批语言学家在不同的社会和语言背景下进行的研究和探索，语言变异学派形成了一套相对成熟的研究理论和方法，并每年召开名为“变异研究新方法”（NWAV）的会议，以《语言变异与变化》（*Language Variation and Change*）为该研究领域的核心期刊。

言语共同体这一概念在语言变异研究中占有重要地位，也可以说它是语言变异研究的基础。这一概念在语言变异研究中的地位从一开始就在Weinreich、Labov和Herzog于1968年出版的《语言变化理论的实证性基础》（*Empirical Foundations for a Theory of Language Change*）中反映出来了，特别是Herzog（1965）的波兰北部语言文化地图集研究和Labov（1966）的纽约下东区研究。这两项研究一方面论证了语言是“有序的异质体”的观点，另一方面也揭示了言语共同体这一概念在语言变异与变化研究中的重要地位。Labov认为，语言研究的对象不是具有个人特征的（语言）行为（idiosyncratic behavior），而应该是在有规律的社会因素相互影响下逐渐形成的，由在语言使用上相同或者有系统性差别的个体所构成的言语共同体。也就是说，言语共同体是先于个人的，因为个体的行为只有在研究他所属的社会群体中才可以得到正确的理解。Labov（2010）在论述社会语言学的核心原理时还指出，人类语言机能是植根于人类生理机能的演化性发展（evolutionary development），它可以是人类认知、再创造和应用这一抽象模式的能力。语言学分析不应把个体的言语行为作为研究对象，而是应该考虑个体的行为是在何种程度上与广泛的共同体模式相符合的。语言不单单是抽象的语言符号，而是在某一社会、某一人群、某一社区、某一共同体中使用的言语，因此语言变异理论的产生和发展都与言语共同体这一概念有着直接的关系。

3.1.1 语言变异理论的内涵

正如第二章所述，Hymes、Gumperz和Labov等一批语言学家认为语言学研究的对象不单是抽象的、理想化的语言；与传统的理论语言学的观点不同，他们认为语言学研究不能离开由人组成的群体，而应该研究人类社会中自然使用的语言。他们提出语言研究不能和社会相分离，社会语言学家运用一系列社会学理论和研究方法，结合语言本身的特性，挖掘出社会因素与语言使用的相互关系，并通过实证研究开创了社会语言学这一语言学领域。

Labov的语言变异理论着重对社会中的语言变异和变化现象给予解释。他通过对语言变项(linguistic variable)的微观分析探求语言与社会构建的相互作用。例如，Labov通过马萨葡萄园岛和纽约城市调查(1963，1966)中进行的一系列研究显示，在考虑年龄、性别、种族等社会变项和语境风格(contextual style)的基础上，结合量化分析，对岛内和城市中具有变异性的语言的使用给予了相应的解释。研究结果显示，在实际社会生活中使用的语言具有规则性；社会变项和语境风格对语言变异具有解释性作用。以这些研究为基础，Labov提出了语言变异研究的基本理论框架。在1972年的著作《社会语言学模式》(*Sociolinguistic Patterns*)里，他指出De Saussure对社会层面的定义并没有表示出社会互动的含义，仅仅表示多个语言使用者的交流。在此基础上，Labov指出了早期言语活动研究存在的困难，同时也正是变异语言学研究可以解决的问题(Labov 1972：187-191)。第一，言语活动并不完全遵循语法规则。他认为不合语法规律的言语活动本身也是语言的一部分，不应被排除在研究范围之外。第二，言语活动和言语共同体存在变异性。在表述同一语义的时候使用多种可以相互替代的说法是常见现象，语言使用的变异性也同样具有研究价值。第三，在早期对言语活动的研究中，学者们对言语活动记录存在困难，他们所观察到并记载的言语活动录音通常质量不高。第四，句法类型存在不足。想要对语音和句法深层结构进行研究，研究者需要采集各种语音句法结构，而某些对句法和语音研究有用的结构却很少出现在语料库或者日常的言语活动中。针对这些问题，Labov等语言变异学家通过实证研究，探索出了在自然语言条件下研究言语活动的基本方法。

语言变化是语言变异研究的核心理论问题之一，主要包括制约（constraint）、过渡（transition）、嵌入（embedding）、评价（evaluation）与实现（actuation）五个方面。Labov（1972）认为制约问题讨论的是语言变化的可能条件，需要从历史语言学角度进行探索。过渡问题关注的是变化如何从一个阶段过渡到另一个阶段。嵌入问题考虑语言变化如何能嵌入到语言与社会的结构之中。评价问题是指语言变化如何被语言使用者察觉，以及语言使用者表现出的语言态度。实现问题则是探索社会因素如何解释发生在特定的时间和地点的语言变化。Labov提出语言变化具有三个阶段。第一，出现阶段。大多数语言变化局限在少数人的语言使用中。第二，传播阶段。大量的说话人采用某种语言变式（linguistic variant）。第三，完成阶段。通过消除竞争性的变体（variety）而获得规律性。在语言变异和年龄的关系上，语言变化分为进行中的变化（change in progress）和高级变化（advanced change）两种情况，前者主要表现为曲线分布（curvilinear distribution），后者主要表现为直线分布（linear distribution）。而语言变化的社会动力有两种类型：社会中自上而下的压力和社会中自下而上的推力。前者通常表现为在个别语言形式上明显的社会矫正（social correction），后者则通常表现为潜意识中的变化需求，不易被人察觉。例如，"矫枉过正"（hypercorrection）是Labov在纽约城市调查中观察到的一种经常出现在下层中产阶级中的语音变化现象。这主要体现在：1）下层中产阶级对有负面含义的语音形式表现得比上层中产阶级更敏感；2）在主观评估实验中，下层中产阶级受试者对自己的言语行为输出没有准确的认知，他们给自己使用的语言变式的评估和给其他人的一样。这说明他们用主观性的标准来衡量自己的言语行为。本章的实证研究部分将对语言变化和变异的不同方面、不同阶段和不同社会动力进行讨论。

3.1.2 语言变异研究方法

变异语言学研究主要从语言变项、社会变项、数据搜集和分析等几个方面对社会生活中的语言使用进行研究（Cheshire 1982；Labov 1966；Shuy *et al.* 1968；Trudgill 1974）。下文将结合言语共同体这一概念，从语言变项、社会变项、数据搜集和分析等方面对研究方法进行阐述。

3.1.2.1 语言变项

语言变项是关于可辨认的语言变式的语言学单位（Wardhaugh 2002），而语言变式则是语言变项的实际使用情况。例如，在Labov的纽约百货商店研究中，（r）这一语言变项就具有全部使用卷舌音（[r-1]），部分使用卷舌音（[r]）和不使用卷舌音（[r-0]）这三个语言变式。语言变项的确立通常是从语言学的角度分析社会中的语言的第一步。对于变异语言学家而言，语言变项往往是从特定的社会群体出发，选择在该群体成员的语言使用上存在分歧的细微的语言特点。例如，在马萨葡萄园岛的研究中，Labov选取了元音央化作为语言变项。它在语言学家看来是很明显的语音特征，但是在当地的说话人眼中却不是那么明显：双元音（ay）和（aw）的标准发音为/aɪ/和/au/，但在马萨葡萄园岛则分别具有[ɐɪ]、[ɐu]和[əɪ]、[əu]两个实际读音。根据Labov对言语共同体的定义，言语共同体内部的成员都使用同一种语言，并且语言变式的使用往往不影响成员之间的语言理解。

语言变项和语言变式的选择往往与传统的语言学分析息息相关。最早的变异语言学研究多从音系分析（Labov 1963；1966）和句法分析（Trudgill 1974）入手。Labov（1963）的马萨葡萄园的研究和1966年的纽约百货商店研究分别关注了元音央化和（r）音变的语音现象；Trudgill

(1974)对英国诺里奇地区的英语研究则从句法角度和语音角度探讨了省略第三人称单数标记现象和(ng)、(a)等言语特征。

与传统语言学不同的是，无论是在语言变项的选择层面还是在具体研究操作的层面，都不能离开社会群体和言语共同体。这一特点可以从Labov对变异语言学方法论的贡献上得到证实。Labov(1972)认为，作为语言变项的语言形式首先需要具有以下两个重要属性：一是高频性，即高频率地出现在自然语言环境中；二是对语言变项的结构意义的考虑，它要从属于更大的功能性语言单位，并且与年龄分布和社会分层上的各种社会因素相关，该变项的使用具有不对称性，也就是变异性。这两个属性既明确考虑了语言变项在社会群体中所起的作用，也是对Labov早前提出的具体确认语言变项的方法所进行的抽象的概括。Labov(1966)指出，要明确定义一个语言变项，我们必须做好下面三步。第一，阐述清楚该语言变项会出现的所有的语言学环境。第二，详尽地定义出我们可以分辨的语音变式(phonetic variant)。第三，建立量化指标(quantitative index)来衡量该语音变式的值。例如，用具体的数值来代表各个语音变式，并根据职业、收入、生活条件等确定每名受调查人的社会指数。这就涉及变异语言学的一个基本原则“可说明性原则”(principle of accountability)，即在既定语境中，我们需要对各个变式出现的情况进行阐述说明。

此外，语言变异研究往往会考虑社会变项和语境风格。Trudgill(1974)指出，语言和社会的共同变异主要表现在两个维度，一个是体现在社会层面的分层维度，包括社会阶级、年龄以及个人的性别等因素，也就是社会变项(本章的下一部分会对此展开描述)；而另一个则是社交语境(social context)维度，即在不同的语境风格下，同一个言语共同体内部的成员在语言使用上所表现出来的差异性。根据Labov对言语共同体的定义，共同体成员之间往往会遵循一套共有的语言规范(linguistic norms)。Trudgill认为考虑语境风格跟语言变项的对应关系主要有三个目的：一是准确地描述语言随着社交语境变化而变化的具体方式，二是发现言语共同体内部的语言规范，三是在风格变异和社会阶级、年龄等社会因素的相互作用下，去探索发现语言变化的机制，特别是风格变异对语言变化的作用。对言语活动产生影响的语境风格通常是正式风格（formal）或非正式风格（causal），即在正式的场合和非正式的社交场合采用不同的言语风格。Labov（1966）的纽约城市调查以及Shuy *et al.*（1968）的底特律调查都考虑到了不同语境风格对言语行为的影响。

最后，根据不同语言要素受到的社会评价的结果，Labov（1972）把语言变项分为三类。第一类是指标（indicator）。指标类变项嵌入到社会母体（social matrix）中，表现出一定的社会差异性，但是既不明显，也不具有系统性。第二类是标记（marker），表现为语言使用者的社会分层。尽管它们可能仍然没有被语言使用者明显感知，但这类语言变项会在主观反应测试中得到有规律的回应。第三类是刻板印象（stereotype）。它是社会中有明显标记的语言形式，代表着特定群体的言语活动的特点。人们会在语言评价中把使用该语言变式的说话人跟特定群体联系起来，并且施加给说话人该特定群体的既定印象。

3.1.2.2 社会变项

变异社会语言学从社会层面解释和分析语言变异，并揭示语言变异的规律。因此通常在确定语言变项之后，语言学家需要搜集语料，并且解释这些语言变项在不同人群之间的使用和分布情况。恰当地对社会群体进行有效分类，研究者需要考虑性别、年龄、宗教、民族、社会阶级、社会地位等在内的社会变项。性别和年龄往往是最容易确定的。其中，年龄因素的研究方法往往跟显像时间（apparent time）的概念相关。显像时间的研究方法不是从实际时间间隔出发，而是从调查发生的时间出发，在言语共同体内部对比不同的年龄层的成员在语言使用上的差异，从而发现正在进行中的语言变化（language change in progress）。这就是Labov所开创的均变论（uniformitarian doctrine）。均变论是一个来源于地质学的概念，强调在过去带来大规模变化的机制也以同样方式对现在正发生的变化产生重大作用。

除年龄以外，比较容易定义的社会变项因素还有性别、宗教和民族，而社会阶级这一变项是最复杂、最难以定义的。社会阶级这一概念有着深刻的社会学理论基础。马克思从社会经济的角度理解社会分层，认为私有制会在社会变革中逐渐被废除，最终出现无阶级差别的社会。而韦伯则提出了社会层级性这一概念，认为权利（power）和地位（status）也在社会中相互作用，并且构成了人在社会中的等级差别。因此他认为社会结构是复杂和多角度的，社会的阶级性会一直存在。Ash（2002）认为，马克思和韦伯关于社会阶级、层级性的观点分别是从客观经济性的角度和主观威望和社会地位的角度提出的；而在变异语言学研究中，来自社会学的社会阶级概念并没有被广泛接受，更多的社会语言学家选择从言语共同体本身的特点入手并选择最适合该研究群体的社会分级标准。很多研究从职业、教育、收入、居住位置、房产价值、生活方式（Wolfram & Fasold 1974）等方面来衡量社会阶级。例如，Labov（1966）使用教育、职业和收入三要素确立了十个社会阶层；Trudgill（1974）的研究区分了五个社会阶层，包括中层中产阶级（MMC）、低层中产阶级（LMC）、上层工人阶级（UWC）、中层工人阶级（MWC）和低层工人阶级（LWC）。

除了从职业、收入、受教育程度等角度来衡量群体内部成员的社会阶级和阶层，Sankoff等变异语言学家运用了Bourdieu的语言市场（linguistic market）理论，发展出了一种根据语言使用来划分说话者的社会地位的方法。以蒙特利尔数据库中的120名说话人为研究对象，Sankoff & Laberge（1978）通过统计八名社会语言学家在充分考虑了社会经济以及家庭背景等因素的基础上对说话人在生活场景中需要使用标准语言的程度进行的打分，为每名说话人创建了语言市场指数（linguistic market index）。Ash（2002）认为，尽管这种以语言使用为依据的划分方法与社会阶级不同，但却可以探求社会地位（social position）存在差异的说话人在语言表现的差别。这也符合语言变异与变化研究的研究目的。

另外，还有学者关注到大的言语共同体内部存在的若干个紧密相连的亚言语共同体(sub-speech community)，并且强调这些小的言语共同体对成员内部言语活动具有解释作用。与通过搜集说话人的社会背景信息来确定社会群体的方式不同，Milroy(1980)采用从说话人自己认同的社会身份的角度来研究言语活动的方法，认为在大的言语共同体内部存在着多个小的、关系紧密的、以地缘位置为基础的共同体和亚共同体。Milroy & Milroy的贝尔法斯特研究和Eckert的底特律研究都是从这一角度出发的语言变异研究。

3.1.2.3　数据收集

Labov从方法论的角度讨论"观察者悖论"(observer's paradox)。在言语共同体中进行语言学研究的目的是去搜集和分析人们在自然状态下的说话方式；但是这些研究所依赖的语料又只能在系统性的观察(非自然状态)下才能获得(Labov 1972：61-62)。他认为收集社会语言学数据的核心在于克服这一悖论，从而收集到真正的自然条件下人们所使用的语言。为此，他提出了解决此问题的两个大致方向：其一，找到替代正式访谈的其他数据；其二，改变访谈的形式和结构。实验可以通过多种策略将访谈对象的注意力转移到言语活动之外，从而冲破访谈的限制而尽可能地收集到自然语料。这一部分将首先讨论样本的选择，然后探讨访谈的形式和结构。

首先，调查样本的选择与研究对象及其所处的共同体特点分不开。样本主要分为评价型样本(judgment sample)和随机性样本(random sample)。评价型样本指的是在既定的社会变项之下，选取受调查者参与访谈。比如Cheshire(1982)的研究对象是由工人阶级组成的言语共同体，那么在选择调查样本时作者最先对"阶级"这一变项进行划分，一般不会选择中产阶级参与访谈。而随机性样本指的是随机抽取言语活动的主体进行语言学访谈，所有共同体成员被选中参与调查的概率是一样的。它最能反映整体人口中最具有代表性的样本。通常随机取样的样本容量比评价型样本要大。例如，为了研究底特律地区整体的言语活动特点，Shuy *et al.*(1968) 的底特律方言研究一共选取了702人参与调查。虽然随机性样本有很好的代表性，但是如果做到完全随机取样是非常困难的。因此人们通常采取准随机样本（quasi-random sample），在这种抽样方法下，并不是所有的共同体成员都具有相同的参与调查几率，而更多的是由第一个被选中的参与者决定的。例如，若共同体内一共有80个人，而样本容量是8，那么跳行区间(样本总量除以样本容量)则是10；若第一个被选中的参与者编号是5，那么剩下7个参与者则分别是15、25、35、55、65、75。用这种取样方法开展变异语言学研究的优点是可以把握特定区域内与地理位置相关的变异，Trudgill的诺里奇研究就是从四个代表区域中选择的准随机调查样本。

其次，根据参与调查的言语共同体特点，访谈方式也是大不相同。其中，最经典的被Labov称为“社会语言学访谈”（sociolinguistic interview），如Labov的纽约百货商店研究中快速匿名的访谈方式。Labov采取的访谈方式还包括研究者与研究对象以一对一的形式进行访谈（Labov 1972；1989；Wolfram & Fasold 1974）；两个或者两个以上的研究对象共同参与（Feagin 1979），或者以成组的方式进行访谈，例如Labov在纽约哈林黑人区的采访（Labov *et al.* 1968；Labov 1972）。录音访谈的优点是可以对完整的语料进行记录，并且能够满足“可说明性原则”(详见3.1.2.1)，为后续研究提供充足的语料。但是录音访谈本身也存在一些缺点。其一，访谈本身就是一种特殊的言语活动（Wolfson 1976），这种特殊的言语活动会影响访谈对象的言语行为。其二，访谈对象需要适应录音设备，录音设备有可能使访谈对象产生不舒适感。不过研究者也不必低估访谈对象的适应能力，他们可能根据调查语境来调整自己的言语活动，有的访谈对象在研究者面前能够像在平时参与其他言语活动时一样，自然地适应对话式的社会语言学访谈（Eckert 2000）。

3.1.2.4 量化分析

量化分析是变异语言学研究最经常采用的数据分析方法。Labov的研究表明，与研究个体的言语行为相对，量化分析更能从总体上把握共同体的音系结构（phonological structure）。具体而言，Labov提出来几个重要的量化指标。社会经济指标（socioeconomic index）是由职业、教育和收入这三个占有相同权重的指示符决定的。语言不安全性指标（index of linguistic insecurity）的计算方式是通过对比受调查人对某一语音变项的正确性判断和其自身对该语言变项的实际使用情况，这两个数据之间所有情况的差值则为语言不安全性指数。

在研究语言变项与社会变项的相关性方面，变异语言学研究通常要明确区分自变量和他变量。一般而言，社会变项是自变量（independent variable），而语言变项是他变量（dependent variable）。语言学家可以从社会变项，例如社会阶级、年龄、性别、民族等的角度来研究语言的变化。这种类型的社会语言学研究通常被称作量化社会语言学。在对变项进行分类以后，语言学家关注变式出现的言语环境，并且各个变式在不同言语环境下的显著性进行研究。

语言变异研究最经常采用的分析方法为变式规则分析法（VARBRUL）和逻辑回归分析（logistic regression test），其中包括*t*检验（*t*-test），回归分析（regression test），二元回归分析（binary regression test）等分析项。一般可以使用数据分析软件例如SPSS、SAS/STAT对数据进行分析，变式规则分析研究则一般使用Sankoff开发的Goldvard和VARBRUL软件。关于这些量化分析方法的具体操作也可参见徐大明（2006）的《语言变异与变化》一书。

3.1.3 变异视角下的言语共同体定义

言语共同体是语言变异研究的一个重要领域。这一节首先从“共同的语言规范”和“语言的一致性”两个角度来阐述语言变异视角下Labov对言语共同体的定义，然后讨论没有严格根据Labov的言语共同体定义的变异语言学研究。总体来说，Labov为言语共同体带来新的研究视角，在Labov的研究基础上，变异语言学家对言语共同体概念进行了许多重要的探索，并在吸纳其他流派中的理论和研究要素的同时，对这一概念进行了多角度解读。这些研究成果也体现了言语共同体概念本身的复杂性和交叉性。

Labov对言语共同体的定义集中体现了语言变异研究“有序的异质体”的观点，即“判定一个言语共同体最主要的依据是共同体成员共同遵守一套规范，这不仅表现为成员间在语言要素的使用上存在明显的共识；这些规范还能从公开的语言评价中观察到，并且表现为具有一致性的抽象的变异模式，这些模式在一些特定的运用层面上是保持不变的”（Labov 1972：120-21）。由此可见，Labov根据两个主要准则定义言语共同体：其一，共有的规范（shared norms）；其二，在结构化的语言变异中体现语言的一致性（linguistic uniformity）。例如，Labov通过纽约百货商店和下东区的研究，表示语音变项（r）的语音变式“全部使用卷舌音[r-1]”，无论是在百货商店的快速匿名调查中还是在下东区的系统的访谈内，都在上层中产阶级中保持着一致的趋势，所以Labov认为纽约是一个单一的言语共同体。一方面其内部对语言特征的评价是统一的，而另一方面社会分级的扩大使语言表现呈现出多元化的特点。

首先，言语共同体遵循一些共有的规范。按照Labov（1989）的描述，言语共同体是一群说话人的集合，这些说话人对语言的解释遵循共有的规范。这一特点主要反映在他们对语言变项的处理上，具体表现在社会层级性的模式、风格转换以及对语言变式的主观性评价之中。他认为与个体的行为特征相对，在言语共同体的范畴中研究这些语言规范更能找到规律性和可解释性。

其次，言语共同体强调语言的一致性。根据Patrick（2002）的论述，语言的一致性在不同的社会语言学理论框架下具有不同的意义，变异学派则视之为研究的主要理论基础。例如Labov（1989）指出“统一的结构基础”(uniform structural base)，即一致性的结构是“有序的异质体”的基础，具体表现在深层的短语结构、语法范畴、音位库(inventory of phonemes)以及音位库在词汇中的分布。

在这两个准则的基础上，Labov(1973b)提出衡量言语共同体的四个标准:(1)言语共同体成员的“本地性”(nativeness)，(2)语言变异性的一致性模式，(3)对语言学特点共有的评价，(4)语言变体(varieties)。它们在所有语言学层面上都有着紧密的联系。对于Labov的言语共同体定义，也有一部分变异语言学研究挑战了他的观点。Kerswill(1993)指出了各项标准中的不足。其一，以往的很多研究都只以出生地和到达年龄为标准来判断并且选定研究对象是否为“本地人”。这样大大限制了调查样本的范围，从而影响了对言语共同体内语言变异的解释效力。其二，尽管有一些研究(如Labov 1966；Trudgill 1974)发现某些语言形式的使用频率随着社会阶级的上升和言语风格的正式程度的增加而变高，但是也有研究(如Milroy 1982)发现了这种“一致性”的模式无法完全解释实证性研究中所呈现的复杂的语言变异现象。其三，尽管采用变语配对实验的研究方法能够在一定程度上检验对某些语言变式的社会评价，但这种“共识”(consensus)模型也被质疑。批评者认为，这一标准只能反映出最有权威的那一部分人的语言评价，而不是从广泛的共同体的角度来反映其语言使用惯例(norm)。其四，Labov和Trudgill的研究发现了语音变体在语言学层面上呈现了系统的连续性特点，但是这个特点在美国和苏格兰南部以外的地方并没有得到印证。Kerswill认为这四个标准当中第一个标准是后三个的基础，由此，Kerswill考虑排除“本地性”之外的情况，选择位于挪威西海岸的城市卑尔根为调查田野。Milroy & Milroy(1993)则从社会阶级这一社会变项的角度出发，质疑了Labov(1973a)对言语共同体定义中从语言评价提出的“共识”(consensus)模型。他们指出，用“冲突”(conflict)模型看待语言变异与变化现象能够更有效地把各个社会变项之间的关系联系起来，从而共同解释具体的社会语言学研究中的音系和形态变异。

结合国内外城市语言研究的结果，徐大明(2004)对言语共同体的定义综合了Gumperz(1968)和Labov(1973a，1973b)的观点，认为言语互动是产生言语共同体的基础，强调内部的同一性和变异性的对立统一。一方面，"同一性"使该群体区别于其他类型群体(Gumperz 1968)，另一方面，从可以量化的角度看，"同一性"主要表现为社区成员的言语行为的有序性和对语言评价的一致性(Labov 1973a，1973b)。为了克服循环论证，他认为"社区"是第一位的，语言是第二位的。语言存在于社区之中，但语言和社区并不是一一对应的关系。社区的确定是研究言语的第一步，频繁的言语互动是产生和保持语言变体的基本条件。与社会学标准定义的"社区"不同，他认为社会语言学研究的言语共同体是在语言方面具有共同体特征的组织单位。在此基础上，结合城市研究的结果，他概括了五个主要确认社区的要素，即"地域"、"人口"、"互动"、"认同"和"设施"(徐大明1999，2001)。他认为前三项是社会学上的"社区"相重合的，即在一定地理范围内聚集的人群，这些人之间长期保持着互动关系，并且有一种心理认同。同时还具有相同的生活方式、共享的公共设施(徐晓军2000)。

3.2 语言变异共同体代表性研究

本小节结合国内外经典的语言变异研究，对言语共同体这一概念在其中的运用进行探讨。国外的经典研究包括Labov在1963、1966和1968年的早期研究，Shuy *et al.*(1968)的底特律方言研究，Cheshire在1982年的英语方言研究，以及Trudgill于1974年在英格兰诺里奇的研究。本章也包括徐大明等在国内多个城市进行的研究。

3.2.1 Labov 的早期研究

Labov（1963）的马萨葡萄园岛研究是变异社会语言学的开山之作，为后续的研究奠定了基础。尽管Labov并没有在此研究中明确提出言语共同体这一概念，但是该研究以群体生活（community life）作为社会背景，对语音变化问题进行了具有深远意义的探讨。首先，研究者对马萨葡萄园岛的历史背景和人员构成进行了详细的调研。美国1960年的人口统计数据显示，马萨葡萄园岛上大概有6,000名左右居民。岛民多来自四个民族，通常只在族内通婚。第一种类型的岛民是具有英国血统的老一辈移民的后代，这些人的祖先大约在17和18世纪先后来到岛上。第二种类型的岛民为葡萄牙人的后裔，他们占岛内较大的人口比例。在1960年有11％的岛民是来自葡萄牙的第一代和第二代移民，而加上第三代和第四代移民，岛上的葡萄牙裔居民占总岛民的20％之多。第三种类型的岛民是印第安原住民。第四种类型的岛民则是来自其他各个地区的混杂人群，这部分人占总人口的15％。另外，每年夏天都有大批的旅游者蜂拥而至，这些岛外人员的数量能达到42,000人。

尽管旅游者人数众多，但是他们的到来并没有影响到岛内的语音模式。Labov选取（ay）和（aw）的元音央化作为研究的语言变项，以年龄、职业以及种族为社会变项，主要探究以下三个问题：第一，语言变异的起源；第二，语音变化的扩散和传播；第三，语音变化的规则性。从语言变项和研究方法上看，为了系统地研究（ay）和（aw）两个语音变项和[ɐɪ]、[ɐu]和[əɪ]、[əu]四个语言变式的实际读音，Labov在访谈中分别设置了非正式言语（casual speech）、受情绪影响的言语、正式言语和阅读语言这四种风格形式。共有69名岛上居民（占总人口数的1％）参与了调查。这69名受调查人分布在岛上不同的地理位置（40名来自上岛区，29名来自下岛区），职业可分为七类（14名渔民，8名农民，6名从事建筑业，19名做服务贸易，3名专业人员，5名家庭主妇和14名学生），来自三个民族（40名英国人后裔，16名葡萄牙人后裔和9名印第安人）。在这69个访谈中，

（ay）共出现3,500次，而（aw）共出现1,500次。这些构成了研究的基础语料。

之后，Labov通过声场图谱（acoustic spectrogram）观察F1的基频值来研究语音央化的现象。他发现了元音央化的现象跟岛民的地理位置、职业以及民族分布有相关性。在这个基础上，他对研究问题进行了回答。其一，马萨葡萄园岛本身没有工业，由于经济上的压力，岛民不得不依赖旅游贸易为生。这些经济压力也给老一辈岛民带来了相应的心理压力。夏季的旅游收入并不能支撑一年的经济需求，所以有很多人已经搬离了马萨岛，而留下来的岛民对马萨岛具有很强的归属感。对他们而言，元音央化则是对于夏季观光者的"侵入"的一种反抗。由此，Labov解释了为什么乡村地区岛民以及30—45岁倍感压力的中年人比其他地区和年龄层的人更倾向于使用元音央化这一语音现象。而在考虑种族差异的情况下，葡萄牙裔居民使用元音央化的原因，不是反抗夏季观光者的入侵，而是表达他们本地岛民的身份。印第安人使用元音央化则是为了争取在岛内的社会地位。由此可见，元音央化的社会意义在于它暗示了"葡萄园岛民"这一身份，而不是显示种族、年龄或者性别上的差异。"葡萄园岛民"这一社会群体在这项研究中也具有言语共同体的特征。其二，Labov指出音变的传播和扩散主要分为五个步骤：第一步，A组人使用的一种语言特点与其他的标准方言形成对比；第二步，B组人采用A组人的语言特点，在受到外界压力的时候把这种特点夸大化，使之成为社会身份的标志；第三步，因为更大的压力，B组人在使用上出现了该语言特点的"矫枉过正"现象，并且使之与（语言）结构上的对称性压力相结合，因而B组人在其他的语言单位中也实现该语言特征的普遍化；第四步，随着普遍化过程的结束，一个新的语言使用惯例就建立起来；第五步，这个新的惯例被周围的人或者B组的后代普遍采用。尽管A、B两组人参与到同一个社会群体的时间不一样，但是在对待该语言变项的态度上，这两组人是一致的。

与马萨葡萄园岛的研究不同，纽约百货商店研究发现了与社会阶级相对应的语言变体，对纽约的社会分层进行了深入的探索。在纽约百货商店研究中，Labov在考虑了地理位置、广告版面、同类商品价格以及商店空间布局几个因素的基础上，对纽约曼哈顿区的百货商店进行了分级，其中萨克斯第五大道（Saks Fifth Avenue）被归为高级百货商店，梅西百货（Macy's）为中级，克莱因（Kleins）为低级。他通过观察同一职业的工作人员在不同的社会阶级中的语言使用情况，着力探求这些社会群体中与语言使用相关的社会分层。他选定了卷舌音（r）为研究的语言变项，具有全部使用卷舌音（[r-1]），部分使用卷舌音（[r]）和不使用卷舌音（[r-0]）这三个语言变式。研究以系统快速匿名调查为访谈形式，区分和对比了工作人员在非正式的和强调的口吻下的不同的言语特征。具体而言，采访首先以问路的形式，让销售员在不经意的情况下说出fourth和floor这两个词。这两个/r/的语音环境分别是元音后辅音前和元音后词尾。然后再以excuse me开头提问，让销售员用强调语气再次说出同样的两个词。采访者（Labov本人）在问完问题以后记下答案。依照这种方式，Labov在萨克斯一共进行了68次访谈，在梅西百货进行了125次，而在克莱因则进行了71次，共搜集了来自264名对象的语料，总计大约用时6.5个小时。研究结果显示，62%的萨克斯雇员，51%的梅西百货雇员以及20%的克莱因雇员使用了[r-1]或[r]变式，这个顺序与商店定位(高 — 中 — 低档)顺序是一样。同时，在强调口吻（emphatic）的语境里，梅西百货的雇员和萨克斯的雇员使用了十分相近比例的词尾变项（r）。由此，Labov认为，[r-1]的发音是大部分梅西百货的员工想要达到的，但却不是他们用得最多的形式。而尽管克莱因的员工使用的[r-1]是最少的，但是强调口吻的语境下（r）在两个位置的使用频率都相应增加了。我们由此得知，[r-1]实际上是在强调语音的情况下最恰当的读音。

Labov的百货商店研究是经典的语言变异研究。随后，Labov在纽约下东区（Labov *et al.* 1968）的系统性访谈中，结合了种族、职业和年龄这些社会变项，对纽约各个阶级间语言变异展开了调查。研究在（r）变项的基础上还增加了(th)和(dh)两个变项，研究方法也有所调整，对89位受调查人进行系统性访谈和有录音的社会语言学实验。在种族差异上，调查反映出黑人使用[r-1]这一语言变式的频率比较低，Labov认为这一现象和黑人多从事体力劳动、具有较低的社会地位这一群体特点有关联。与百货商店的研究成果相结合，Labov(1972)把纽约下东区的上层中产阶级、下层中产阶级以及工人阶级分别与萨克斯、梅西百货和克莱因百货中的工作人员的语言表现相对照并且发现了可以对应的特点：在地位最高的人群中，[r-1]语言变式的使用频率是随着年龄增加而降低的；而在地位中等的人中，该语言变式的使用频率则是随着年龄增加而提高的；在地位最低的人群中，此语言变式的使用则不与年龄表现出任何相关性。以这些研究结果为依据，Labov对言语共同体概念进行定义，指出共同体内部一方面存在着不同的社会分层，另一方面在语言评价和语言态度上又具有一致性特点。他的研究确认纽约是一个言语共同体。

上文所提到的语音变化的五个方面，即制约、过渡、嵌入、评价和实现，都在Labov的研究中有所呈现(见3.1.1)。在过渡问题上，马萨葡萄园的研究通过用量化指标衡量言语共同内成员的元音央化程度，在两代人之间找到了连续性的央化特征。在纽约下东区的研究中，他发现了意大利族裔组中呈现出了由老及少的(oh)上升现象。在嵌入问题上，马萨葡萄园的研究说明(aw)的变化是嵌入于双元音向上滑动(upgliding)这个大的语言系统中的。通过与地图集记录的20世纪30年代的央化现象对比，他们得出了(ay)的央化现象发生在(aw)之前的结论。纽约下东区的研究也发现(oh)是纽约市无/r/的方言系统中长元音和向内滑元音(ingliding)的一部分。在评价问题上，马萨葡萄园的研究发现(ay)和(aw)的使用与成员对言语共同体的归属性相关，选择留在岛内的居民都保留着非标准的元音央化用法。尽管纽约下东区的研究很难找到与污名化的语言特征相对应的语言评价，Labov把这种使用自己语言评价中污名化的语言特点归为“矫枉过正”，并且强调它在语言变化中的作用。

3.2.2 底特律城区语言变异研究

Shuy *et al.*(1968)的底特律方言研究是早期大规模语言变异研究的代表。该研究主要讨论底特律城区中的社会分层与语法结构、音系结构和词句结构这三个语言学层面上变异现象的对应性。尽管作者没有在报告中明确使用言语共同体这一概念，但是把底特律城区作为一个整体进行变异语言学研究的方法与Labov在纽约的研究具有很多相通之处。因此，该项研究是对Labov语言变异研究的发展和对于城市大规模研究方法论层面上的探索。

为了准确地反映该城区的语言变异特征，Shuy *et al.*(1968)采用随机性样本，共选取了702名底特律居民，其中包括31个学校区域内的250户家庭，并且每个家庭至少采访了两个人。访谈中至少包括三种形式的言语活动：会话风格(conversational style)、单个回应风格(single response)和阅读风格(reading style)。在社会变项上他们选用了性别、种族、年龄、出生地、受教育程度等因素，把言语活动和社会分层联系起来。在语言变项的选择上，研究从语法指数、音系指数以及从句和名词词组结构类型三个方面分别选定了语言变式。

首先，研究人员把多重否定(multiple negation)和代词同位语(pronominal apposition)作为语法指数(grammatical indices)。当时的教育者们认为这两个语言特征具有“污名化的”(stigmatizing)意义。实验调查了这些语言变项的使用与说话人的社会地位、年龄、性别和种族之间的关系：女性、成人以及白人比男性、小孩和黑人对语言的使用更加敏感；社会等级高的人很少使用多重否定，社会等级低的人使用频率则很高。代词同位语虽然在使用上没有多重否定体现的社会分层明显，但是整体上保持跟多重否定一样的趋势。针对这两个语言变项在社会分层上的差异性，研究人员认为，一方面多重否定是最明显的能够反应美国英语中社会分层的语言指标(index)之一。另一方面，代词同位语这一语言变项并没有普及到可以进行社会分层的程度。

其次，Shuy *et al.*(1968)还选用了鼻辅音/m/、/n/、/ŋ/为音系指数(phonological indices)。这三个鼻辅音在音节首位有着明显的差别，然而当鼻辅音音素出现在了音节末尾的位置时，或者当它是音节最后一个辅音音丛的第一个音的时候，就会产生一些语音变体。研究人员称这种现象为形态音位(morphophoneme)，符号上用垂直的线表示“| |”，例如“|N|”中N是鼻辅音，而一起表示的是鼻辅音的形态音位，语音上表现为元音和半元音的鼻音化。在描述上，Shuy *et al.*(1968)认为三个鼻辅音共用了同一个音位变式，即[˜v](v指的是元音)。所以，|m|、|n|和|ŋ|分别可以表现为/m/、/n/、/ŋ/或者音位变式[˜v](其中元音根据元音音素的变化而变化)。他们区分了“规范”(normative)和“非规范”(non-normative)音素，规范音素(normative phoneme)指的是单词以孤立的形式出现，例如/m/、/n/、/ŋ/；而不规范音素则是规范音素的变异，往往会以上标字母的形式表示，即当规范音素是/n/而出现了/m/的时候，这里的不规范音素会用符号表示成/m/^{n}。

通过分别计算[˜v]和不规范因素出现的频率，以及这些语言变式和社会因素的关系，Shuy *et al.*(1968)得出以下发现。(1)[˜v]在音节末尾或辅音丛结尾(coda)的第一个位置出现的频率高低与受调查人的社会地位高低相关。社会地位低的受调查人比地位高的受调查人使用[˜v]的频率高。[˜v]的表现方式不是出现与不出现的对立，而是出现频率高或者频率低的问题。这说明[˜v]不是自由变式，而是受到社会影响的语言变异。(2)性别间差异不体现在[˜v]的使用上，而是在/n/^{ŋ}的使用上。(3)黑人和白人在[˜v]、不规范音素以及/n/^{ŋ}的使用上存在差异，通过鼻辅音的出现频率能区分社会阶层和种族社区。(4)尽管在考虑所有样本或者在平均社会阶层以下的样本的时候，不同年龄分组在[˜v]、不规范音素以及/n/^{ŋ}的使用上只有细微的差别，但是在社会中层以上的青少年中，年龄组之间在鼻辅音的使用上的差距很大。这可以说明鼻辅音现象从社会中层以上是以年龄分层的。因为当把语言变项锁定为/n/^{ŋ}时，研究人员可以根据实际使用情况把受试分成四组，所以/n/^{n}可以被看作是相对于其他音系指数最能与社会阶级相联系的音系指标。

最后，Shuy *et al.*（1968）的底特律方言研究还讨论了不同类型词句结构和社会变项之间的关系。其语言变项主要包括从句和名词词组结构类型，并划分出16种从句类型，如独立的从句(通常由if/when连接)，并列从句(用and/or链接)，定语从句和插入语从句等。通过观察四名受访者使用各种从句结构和各个要素的频率，研究人员发现有一名受访者表现出明显有别于其他三位的语言变异特征，而该名受访者与其他三人最大的区别在于受教育程度，而不是种族或者年龄因素。此后，研究得出结论：阶级是具有最明显区别作用的社会变项，种族和年龄起到的作用相对较小。

总体来说，Shuy *et al.*（1968）对底特律地区的方言从语法、语音和句式层面进行了大规模的语言变异研究，主要考虑了在各个语言使用层面上由社会阶级、年龄、种族这些社会变项所带来的语言变异。尽管不同语言层面的表现不一，但是该研究揭示了底特律城区内的社会分层对语言变异的作用，证实并发展了Labov关于言语共同体内具有的有序异质性的观点。

3.2.3 Trudgill 的方言变异研究

Trudgill（1974）在诺里奇城区的研究探究了语言变项与社会阶级和言语风格的关系。研究者沿用Labov对言语共同体的定义，认为诺里奇城区是一个具有异质性的言语共同体，这也是由这一地区的地理历史背景决定的。尽管不是英格兰地区最大的城镇，诺里奇在文化和商业上对周围地区有着至关重要的作用。诺里奇在历史上曾经是城市化进程中移民密集的地区，到Trudgill进行研究时仍然常人口流动频繁，多以上班通勤为主。

为了选择有代表性的样本，研究以准随机的抽样方法（quasi-random）的方法选择了四个能够代表城市整体的社会和经济特征的区域，分别是Eaton（E）、Lakenham（L）、Hellesdon（H）和Westwick（W），并从中选取了60名受调查人。研究者认为语言和社会现象的共同变异（co-variation）主要体现在两个维度：一个存在于社会的差异性之中，表现为社会阶级以及个人的年龄和性别的差别；另一个存在于社会环境和个体融入社会的情境之中，即言语风格。在衡量前者社会阶级变项时，他引入了社会指数（social indices），考虑了职业、收入、教育、本地属性和父亲的职业共六个指标，把诺里奇的受调查人口归于五个社会阶级，包括中层中产阶级（MMC）、下层中产阶级（LMC）、上层工人阶级（UWC）、中层工人阶级（MWC）和下层工人阶级（LWC）。在考虑后者不同的社会情境对语言使用的影响时，他在访谈和调查问卷的设计中区分了正式（FS）和非正式语境（CS），使用了包括阅读文段（RPS）、含有最小对立体（MP）的词表（WLS）在内的访谈材料。在访谈提问中还设计了多种话题类型，让受访者有意或者无意地表现其言语特点。

尽管Trudgill（1974）的主要研究目标是探讨音系变项与社会参数之间的共同变异关系（co-variation），但是因为音系研究本身的复杂性，Trudgill首先从现在时态标记的角度探讨语言特点与社会阶级以及社会情境之间的关系。现在时态标记（present tense marker）具体表现为说话人在本该使用he loves、she loves、it goes的现在时态时，使用了he love、she love、it go这些没有第三人称标记的用法。这一语言变异在中产阶级和工人阶级之间分化得十分明显：在非正式的语境中，工人阶级无标记现在时的使用基本一致，使用频率高于70%，中产阶级的使用频率则小于30%；在正式的语境，工人阶级内部出现分化，上层工人阶级的使用频率减少了30%，降到38%，但是中层和下层工人阶级的使用频率仍然保持在68%以上。中产阶级在正式语境中则很少或者几乎不会使用无标记的现在时态。由此说明，这一用法是诺里奇言语共同体中社会阶级的重要标记，它的形态变异表明“无标记的现在时态”在人们的潜意识中是“被污名化的”（stigmatized）语言特点。同时，这一语言变异现象也支持了

Trudgill的假设，即中产阶级与工人阶级的差别是现代英国社会最大的阶级划分。

Trudgill一共调查了16个不同的语音变项，包括三个辅音变项(h)、(ng)、(t)和13个元音变项(a)、(ā)、(a:)、(e)、(er)、(ɛr)、(ī)、(ir)、(o)、(ou)、(ō)、(ū)、(yu)。Trudgill在研究辅音变项时发现，社会阶层高的受访者会在singing、butter这些词中更频繁地使用[ŋ]、[t]而不是[n]、[ʔ]。他认为(ng)这一语言变项在社会阶级和风格差异上是非常典型的。(ng)是社会情境中的指标，它在社会意义上区别了工人阶级和中产阶级，风格变异也在上层工人阶级中表现得最为明显。Trudgill认为这表现了上层工人阶级的语言不安全感。在性别差异方面，男性特别是工人阶级的男性比女性更多使用[n]。综合这些音系变项研究，他得出了四个结论。第一，不是所有的阶级变异的变项都会参与到风格变异中来。参与到风格变异中的变项需要具有以下四个特征之中的一个或多个：(1)正在经历语言变化；(2)承受着明显的被纠正的压力；(3)参与到表层的音系对立(phonological contrast)中来；(4)与对应的标准口音之间有标记性的差别。第二，与阶级和性别差异相关的语言模式通常是进行中的语言变化的结果。自下而上的变化(change from below)往往是由中层和上层工人阶级年轻男性所引导的。第三，一些变项组在语音空间上的差别大小是随着阶级和风格变化而变化的，这对于揭示音系理论和语言变异的本质具有重要意义。诺里奇英语中主要有三组变项在音素合并(phonemic merge)上与标准英语不同，比如(ou)knows和(ō)nose在诺里奇英语中是有差别的，而在标准英语中却不加区分；(er)beer和(ɛr)bear以及(ō)boat和(ū)boot这两组在标准英语中是不同的，在诺里奇英语中却没有差异。对这些变项的分析可以很好地解释音系单位的交叉表现，说明了最小对立体测试的意义，并支持了深层和表层结构区分的音系理论。第四，诺里奇言语共同体属于内在的语言变异，而不属于方言混杂(dialect mixture)现象。

Trudgill的研究从言语风格和社会阶层两个方面进行变异语言学研究，通过实证研究展现出社会学的分析方法对社会语言学研究的重要意义，也是对Labov的言语共同体的研究的发展。虽然该研究在设计变项和样本选择方面有一定局限，但仍然是变异视角下言语共同体研究的代表作之一。

3.2.4 英语社会方言研究

Cheshire（1982）从形态和句法变异的角度研究了英国Reading城区的语言变异现象。她严格控制了研究中的非语言学变项，关注对象为工人阶级青少年，以及群体成员中共同的价值观和进行相同活动的情况。尽管研究中没有明确使用言语共同体这一概念，但是她所观察的对象是在语言使用、社会阶级和年龄上具有一致性的社会群体。她选择关注青少年是因为他们在语言使用上通常具有一致性，行为上更加接近街头文化而不是社会主流文化；选择关注工人阶级是因为根据英国社会的语言和地区变异，处于社会经济底层的工人阶级可以作为研究非标准的英语土语（vernacular）的代表。

为了搜集到研究形态和句法变异的语料，研究人员采用了长期参与的观察方法（Labov *et al.* 1968），通过与研究对象的长期接触来相互熟悉，收集自然条件下的真实语料。采访录音的地点为青少年常常逃课去玩的场所，分别位于Orts街和Shinfield街。其中Orts街有10名男生，Shinfield街有11名男生和3名女生。男生的年龄在11—17岁，女生的年龄在9—13岁。他们的父母都属于工人阶级，由此可以确定参与调查的青少年构成了一个相对一致的社会群体。

Cheshire分析的语言变异现象包括动词的形态、否定式、关系代词和其他非标准的形式（介词、指示代词that/them、反身代词、副词结构等）。在语料分析中，她主要运用了Labov的框架来分析形态的和句法的语言变项，计算了每位参与对象的话语中出现既定语言变式的频率，其后她以组为单位（Orts男生，Shinfield男生和Shinfield女生）计算出每组既定的语言变式出现的频率，并且使用数据分析方法来检验研究结果的显著性。

语言分析的结果为共时和历时语言学理论带来了启示。从共时角度，研究说明语言使用的实证性是共时语言学结构分析的重要构成部分。例如，助动词have和实义动词have在非标准变体中的表现是不同的，这支持了助动词和实义动词属于不同范畴的观点；而当have后加入了to不定式时，它和实义动词在非标准变体上的表现又是一致的，这支持了后面加不定式to的have属于实义动词这一观点。从历时的语言变异和语言约束角度，她指出与一些研究（如Chen & Hsieh 1971；Chen & Wang 1975）结果相似，音变产生于一些特定的语音环境，然后渐渐在词汇使用中得以扩散。Cheshire的研究发现形态上和句法上的变化也遵循同样的方式。以非标准的现在时态后缀为例，这种用法曾经普遍出现在规则动词之后，后来该用法先在特定的句法环境中（有时态标记的补语前）消失，而后在其他句法环境中（没有时态标记的补语前）也逐渐消失了。也就是说形态和句法环境决定了非标准特征的分布。Cheshire的研究和Labov的规则音变研究的不同之处就在于Cheshire的研究从词汇扩散的角度来解释历时性的语音变化。

从社会语言学角度看，该研究一方面肯定了Labov对语言变项的指标（indicator）和标记（marker）的分类，认为不同的语言变项具有不同的社会意义。Cheshire的研究认为男孩和女孩在一些语言变项上具有不同的使用频率，并具有不同的社会指示意义。例如，男孩把非标准的现在时态后缀，has、was和never的非标准使用，以及否定一致的使用当作是其遵守本土文化的标志，其中has和never的非标准使用尤其不适用于女孩。与此相对，come的非标准过去式只适用于女孩，是她们忠诚于本土文化的标志，而不适用于男孩。另一方面，当以个人为单位分析语言使用时，研究发现说话人和其他在场的人的关系、说话人在情景中的态度等因素决定了说话人使用特定的语言变式来表现自己身份特征的程度。因此，

Cheshire不认同Labov的语法风格的概念。Labov认为非标准变式的使用是和使用者对言语活动的关注程度相关的，但是Cheshire则认为非标准变式的使用是使用者在不同社会环境中作出的反应，从这一角度可以解释为什么不同的人针对同一个事件会有不同的语言对策。

Reading地区方言变异研究关注了工人阶级青少年在使用本地化方言上与性别因素相关的语言形态和句法变异和变化。与以往关注研究群体中的一致性的语言使用和变化趋势不同，Cheshire的研究还关注一个群体内部所具有的个体差异。

3.2.5 徐大明等的城市语言变异研究

在《社会语言学实验教程》一书中，徐大明（2010）称语言变异研究为“现实主义的语言研究”（与“理想主义的语言研究”相对)。具体是指，变异语言学家在发现变异现象时，力求了解和分析其变异产生的形式和条件。变异语言学研究主要方法是将语言实际使用中交替出现的不同形式确定为一个变项，然后对这些不用形式出现的频率和条件进行定量分析（徐大明 2010：347)。徐大明及其团队将语言变异和变化的研究方法应用到城市语言调查中。他认为，这一研究领域以发现语言社会的现代化特征及其运作机制为研究目标，针对的是我国社会和语言生活的大变革。言语共同体理论与城市语言研究是分不开的。言语共同体理论本身承认了研究对象的复杂性，而城市语言研究可以为言语共同体理论的研究提供实证支持。本部分将以徐大明（2001，2008）和王玲、徐大明（2009）两个研究为例简要介绍中国语言变异研究和城市语言研究。

徐大明（2001，2008）的北方话鼻韵尾变异研究针对语言变异与言语共同体的一致性问题进行了探讨。徐大明及团队从1987年到2006年间，在内蒙古自治区包头市昆区开展了多次数据收集工作。包头市是1958年以后随着包头钢铁公司等大型国营企业的建设逐步发展起来的，是典型的工业移民城市。第一代移民是20世纪50年代陆续从东北、山东、上海等地抽调过来的技术工人。昆区是包头市的中心城区，市政府所在地。1987年，徐大明在当地进行社会语言学调查时，昆区还是计划经济时代的一个社区，几乎所有在业人员都是国营企业的员工，被调查者的收入差距按照国际标准来说不算大。在昆区，与社会经济地位最相关的分类是"工人"与"干部"的身份区别。因此，徐大明选择"工人/干部"作为一个社会因素。此外，他还选择了五个语言环境因素变项和另外八个社会、语体变项，在这里我们仅讨论社会环境因素变项的统计分析结果。

徐大明采用定额抽样和Milroy式（Milroy 1980，1987）滚雪球抽样相结合的方法，采集了70位当地居民的自然谈话语料。这种语料收集办法，一方面考虑到性别、年龄、职业等社会变项，另一方面考虑到中国当时的国情。徐大明（2001）提到，"人们一般不愿意在自由谈话的情况下被录音。除非是很信赖的人，人们不会相信你录音保密的承诺，也不会在你的录音机前无拘束地交谈。但是，通过个人之间的关系介绍的调查者还是能在相当程度上克服这些困难。"徐大明通过在该社区的几个初始联系人进入了他们的社会网络，特别在网络成员之间进行内部谈话时，录制了自然谈话的语料，最终得到一个由70名说话者、5000余词次的鼻尾韵变异实例样本。

在1987年调查的基础上，南京大学社会语言学实验室于2003年、2004年和2006年先后组织了三次赴内蒙古包头市进行社会语言学调查活动，对昆区的鼻韵尾变异情况进行了新的发展。与1987年的调查结果进行对比，研究人员确定了鼻韵尾变异十几年来的发展状况和发展趋势。他们研究了北方方言中以/-n/和/-ŋ/结尾的音节，通过对语音变式的频次分析，确定了三个语言变项：元音鼻化变项、鼻辅音脱落变项和元音儿化变项。其中，元音鼻化变项有鼻化元音和非鼻化元音两个变式；鼻辅音变项有鼻辅音形式（未脱落）和零形式（脱落）两个变式；元音儿化变项则有儿化和未儿化两个变式。该研究采用了"变式规则分析法"，综合分析了在语言结构和社会因素制约下的语言变异关系。从元音鼻化变项的分析结果来看，与1987年包头调查的语音进行对比，“鼻韵尾脱落”这一语言结构对元音鼻化的制约作用在16年来都保持了一致。徐大明认为这个现象和Kerswill（1993）在卑尔根的研究中发现的“亚社区”直接的一致性是十分相似的。在分析“临近音节的鼻化”对元音鼻化的制约作用时，他还考虑了这一语言结构对北京的不同时期和不同讲话人样本使用元音鼻化的影响。结果显示，“临近音节的鼻化”不仅16年间在包头一致，还在北京和包头之间也是这样。然而，“后续因素”对元音鼻化的制约作用则表现出了相反的情况，在北京的调查中（n）变项内“后续元音”有利于鼻化，而（ng）变项内“后续停顿”有利于鼻化；1987年的包头“后续元音”和“后续鼻化”都有利于鼻化；2003年至2006年的包头则显示停顿有利鼻化。徐大明（2008）认为这种同一个言语共同体内不同时间制约因素相反的情况，可以结合北京的同一个共同体在同一时间内出现的同一情况加以理解。因而他认为包头的案例说明“亚共同体”之间在个别变项上的差别可以理解为进行中的变化。同样，他认为“鼻韵尾脱落”和“元音儿化”的分析也说明其语音制约模式在大方向上保持了一致。由此，他认为亚共同体和共同体之间出现不一致的情况是普遍的，制约模式也会随着时间推移而改变。

综合包头研究的结论，徐大明认为共同体内部很难实现理想的一致性，实证研究呈现的是统计结果上的相对一致性，这种相对一致性是有序的。综合1987年包头、2003年至2006包头和1981年北京的调查结果，徐大明得出一致性等级是按照从“同一时间地点”到“不同时间同一地点”，再到“不同地点”来排序的。

王玲、徐大明（2009）的合肥科学岛言语社区调查在宏观和微观两个层面研究了言语社区的内部一致性特征。合肥科学岛又称“董铺岛”，20世纪60年代开始发展为一个综合性的科研基地。该研究从“语言态度和变体选用”和“语言变异的评价和制约”两个部分对基地的语言变异现象进行了调查研究。研究主要采用问卷调查和访谈法，对象集中为安徽光学精密机械研究所的职工，142人参与了访谈，一共有70个小时的自然语料。研究分析选用了其中60个人的录音样本，男女各30人，样本覆盖了科学岛第一代、第二代和第三代移民。受教育程度方面，具有高等教育背景的31人（52%），中等教育背景的25人（41%），受过小学教育的4人（7%）。研究在分析方法上选用了变式规则分析法。首先，研究人员从宏观层面考虑了语言使用和语言态度两个因素。在语言使用方面，研究发现普通话的使用概率与交际场合的相关程度较高：工作场合和大商场中使用普通话的频率最高，其次是菜市场，普通话使用最少的是家庭环境。同时，在238份问卷中，能说普通话的人占93%，只会说普通话的有12人，只会说方言的有16人。女性说普通话的比例（75%）明显高于男性；而只会说方言的受访者年龄都在50岁以上。结合受教育程度考虑，研究发现文化水平越低使用普通话的比例越低。根据以上两点，研究者认为这种情况符合“双言制”理论的特点，普通话是高变体，而汉语方言是低变体；正式场合多使用普通话，非正式场合多使用方言。年龄越小，受教育程度越高，使用普通话的比例也越高。在语言态度方面，研究者从功利性和情感性两个角度出发，发现65%和43%的受调查人认为普通话比方言更有用、更能成为身份的象征；51%的科学岛居民觉得普通话更好听、更文雅，22%的居民认为普通话更亲切。综合两者考虑，研究者认为在宏观层面科学岛居民在语言使用和语言态度上存在一致性。然后，研究从微观层面确立了七组研究变项，分别为（i）、（y）、（u）、（ŋ）、（n）、（ʔ尾）、（ər）。其中（i）具有[i]和[ʅ]两个语音变式，（y）具有[y]和[ɥ]两个语音变式，（u）具有[u]不脱落和[u]脱落两个语音变式，（ŋ）具有[ŋ]和[n]两个语音变式，（n）具有[n]和[l]两个语音变式，（-ʔ尾）具有喉塞尾消失和喉塞尾出现两个语音变式，（ər）的语音变式是儿化和非儿化。所有的语音变式前一个为标准形式，后一个为非标准形式。在标准与非标准的区别上，七组语音变项中有六组都表现为“标准”形式的语音变体的使用频率高于“非标准”形式，只有儿化这一语音变项除外。在影响科学岛语音变项的语音因素方面，研究着重考虑了声调和字的位置这两者对语音变异的制约作用，而结果显示在七组语音变异受声调的制约作用大于字的位置。在综合考虑性别、年龄、教育程度和原住地这四个社会变项对语言变异的制约作用时，研究者得出了科学岛内社会因素对语言变异的制约力具有一致性的特点的结论：男性较女性使用更多地非标准变体，年龄越小越倾向于使用标准变体，受教育程度越低越倾向于使用非标准变体等。由此王玲、徐大明(2009)得出了合肥科学岛是具有内部一致性的言语共同体的结论。

总体来说，徐大明等的城市研究沿袭了语言变异传统，从定量研究的角度出发，在宏观和微观两个层面探讨言语共同体的构建，尤其是共同体内部一致性的形成。在宏观层面，言语共同体的一致性体现在对语言态度和语言变体的选用。研究显示，成员使用标准变体(普通话)占主流趋势，对标准变体(普通话)的正面评价也占主导。在微观层面，一致性体现在对语言变项的评价和语言变式的选用。研究显示，共同体成员使用标准变式(普通话语音)占主流趋势，而且语言因素和社会因素对语音变项的制约力也都呈现出较强的一致性。宏观和微观两方面的证据都表明，共同体成员在语言行为和语言态度两方面均显示出一致性的特征。

3.2.6 变异视角下的言语共同体实证研究

上文对实证研究的讨论中已经提到语言变异学者在言语共同体方面的语料收集和分析，这一小节总体归纳这些与言语共同体相关的实证研究。首先，Labov的马萨葡萄园研究已经开始显现言语共同体概念的雏形。他的纽约百货商店和下东区研究对言语共同体概念意义重大。该研究表示语音变项(r)的语音变式“全部使用卷舌音[r-1]”无论是在百货商店的快速匿名调查中还是在下东区的系统的社会语言学访谈内，都在上层中产阶级中保持着一致的趋势。Labov(1989)在费城的短元音(a)的研究是以解释言语共同体中的结构性基础为目的的研究。费城言语共同体一方面是由美式英语使用者组成的言语共同体中的次共同体，而另一方面在费城的言语共同体之中又存在多个亚共同体。研究对100名受访者录音中的6,000份语料进行分析，考虑了年龄、性别、种族和居住区域这四个社会变项和短元音（a）这一语音变项。具体而言，语音变项的两个语音变式分别为紧张（tense）[æ]和放松（lax）[æh]，分别考虑了（a）出现的语言学环境和语法结构。在语言形式上区分了正式和非正式两种风格。通过分析短元音（a）的音系模式，研究发现，在费城这个语言学单位中，这种一致性体现在了其社会阶级、种族以及家庭和友谊构成的社交网络内：费城是由内部同质性的白人言语共同体和黑人（或者拉美裔）言语共同体组成的，并且在白人言语共同体内部，上层阶级和下层中产阶级以及费城中南部的意大利工人阶级之间也存在差异。在研究方法上，Labov强调在朗读词表和正式的语境中的语言使用并不能反映出这种一致性，变异语言学的研究关注人们对语言的自发使用，而不是他们认为自己是如何理解和使用该种语言的。通过这一研究，Labov指出要适当处理语言结构的准确性和规则性，语言学描述（linguistic description）的目标不应是个体行为，而应是言语共同体行为。

Trudgill（1974）研究发现，工人阶级在非正式语境中70%以上并没有使用现在时第三人称单数形式，而在正式语境中工人阶级内部出现分化，上层工人阶级大大降低了不使用现在时第三人称单数的概率（从68%降到38%），但中下层工人阶级不使用第三人称单数的概率仍然保持在68%以上。同样，社会阶层较高的受访者在singing、butter、hammer这类词的发音中使用[ŋ]、[t]、[h]的频率比[n]、[ʔ]和（h）不发音的频率高。这反映出当地社会阶级和言语风格之间的相关性，由此他认为“无标记的现在时第三人称单数”是诺里奇社会中的“污名化”语言学特征，（ng）是社会情境中的“指标”（indicator），同时也说明了诺里奇地区属于一个言语共同体。

Kerswill（1993）的卑尔根研究显示，由于社会经济以及历史原因，卑尔根城区有很多来自周边农村地区的移民，这些人和本地人在语言使用上存在着一些差别。Kerswill认为卑尔根地区具有两种方言变体，一个是由来自卑尔根周边的农村移民使用的方言，由于受到方言接触下的"长期适应"（long-term accommodation）作用的影响，语言使用上的具有"形态—词汇混合"和"央元音低位化"的特点；另一个是卑尔根本地人使用的方言。在考虑了方言接触下的语言变异特征的基础上，Kerswill认为卑尔根地区有两个维度的言语共同体，第一个是大范围的，包括本地人和少数移民群体在内的言语共同体；第二个是小范围的，由Stril移民和卑尔根本地人分别组成的小型言语共同体。他认为前者不符合Labov定义的言语共同体，而后者是符合的。尽管Kerswill对Labov的定义理解上被一些研究质疑(如Patrick 2002)，但是在方言接触的层面上来研究言语共同体为这一研究领域带来了新的研究视角。

Milroy & Milroy（1993）着力于给一些"社会声望低的变体"（low-prestige varieties）或者方言土语在多代人之间保存的现象提供相应的解释。研究人员认为在共同体内部存在一些"强势且非正式的社会关联"（strong informal social ties），借由这种内在机制能解释说话人在受到了教育系统或者主流媒体中标准语言的压力下仍然保留了一些非标准方言的语言变异与变化现象。研究分析讨论了三个社会变项，性别、社会阶级、和社会网络（social network）之间的相互作用关系。首先，结合一系列语言研究成果（Coates 1986；Fasold 1990；Horvath 1985），Milroy的研究说明性别因素比社会阶级因素在语言变化中起到了更重要的作用。其次，在考虑社会阶级和社会网络变项之间的关系时，研究者指出语言革新者（linguistic innovator）往往是那些处在几个"弱关联"（weak ties）中的人。从贝尔法斯特（Belfast）的研究出发，Milroy指出不同类型的网络结构跟不同的社会阶级相关：联系松散（loose-knit）的网络结构往往跟在社会和地理层面具有可移动性的中产阶级说话人相关，而联系紧密（close-knit）的结构常常和底层或者上层阶级说话人相关。再次，研究通过分析（a）和

(e)两个语音变项在爱尔兰北部的使用情况，以变异语言学实证性研究的视角说明了性别、社会阶级以及社会网络三者之间的复杂联系。这一研究通过与本书第四章讨论的社会网络(social network)概念上的交叉碰撞，提出了从社会阶层角度深化语言变异与变化研究的方法要求。本书第四章着重从社会网络研究角度对Milroy & Milroy研究进行详细讨论。

徐大明(2004)考虑了双语和单语两种情况下言语共同体的定义。以新加坡华人社区为例，在双语环境下，他区分了民族共同体和言语共同体，认为两者不一定是重合的。尽管新加坡华人之间存在频繁的言语互动，但是不能满足社会语言学研究中的规范和认同的标准(陈松岑等1999)，汉语和英语的使用场合也不符合双言制(Ferguson 1959)中关于高变体和低变体的理论。所以新加坡华语社区不能被定义为一个言语共同体。而针对单语言语共同体的情况，以包头昆都仑社区的调查中北方话鼻尾韵变异的社会分布为例，他简要讨论了单语社区中社会环境对结构类型的影响，并认为在没有显著的社会经济层级化的社会条件中，共同体成员主要以社会网络的结构排序。

以这些实证研究为基础，研究言语共同体中的语言变异主要包括以下几个步骤。首先，研究者需要参考社会科学和历史研究，以了解言语共同体的构成历史，包括经济社会背景、共同体的地理位置、经济发展程度、与周边区域的联系和区别，或者具有哪些特定的社会风俗，这些惯例又会如何影响言语共同体中的社会变项的选择等。然后，从共同体日常的语言使用中把握出语言变项，进行语言学分析，具体把握语言环境下会出现何种语言变式。以这些语言变项为语言调查目标，设计数据收集工作，包括抽样方法、访谈形式、言语风格等。之后，通过量化分析，或者与相应的质化研究，以及本书第二章的交际互动研究中的民族志研究方法相结合，考虑社会变项对共同体内的语言变异与变化的解释效力。在这一系列研究中，研究者需要把对社会结构的分析和对语言行为的分析区别开来，这样前者才有能成为后者的解释性因素，以避免进入循环论证的陷阱。

3.3 小结

语言变异研究主要是研究在社会生活中发生的语言变异与变化现象，探讨社会因素对语言变异的影响，以及在何种模式下研究者可以更好地解释语言变化的问题。通过对言语共同体这一社会语言学概念进行使用、发展和完善，研究者能够更加确切地衡量参与到某一特定群体中的语言变异的社会因素。本章梳理了变异研究理论、方法以及实证研究，并且探讨了语言变异研究对言语共同体的定义和发展。本节对这些研究进行简要评述并展望未来研究方向。

首先，Labov在变异语言学所定义的言语共同体内部进行了一系列以均变论为基础的共时语言变异研究。结合马萨葡萄园岛、纽约市百货大楼以及纽约下东区的语言调查研究，Labov（1972）对语言变化的各个阶段特点和促使语言变化的社会动力进行了探索。Labov（2010）提出了达尔文悖论，探讨生物遗传学和语言进化之间的平行关系，但是具体到各个言语共同体，特别是西方社会以外的区域内的情况，仍然需要探索。可以说Labov从语言变异研究角度定义了言语共同体概念，几十年来他不断通过实证研究修正和发展这一概念，并将言语共同体概念推向未来。

其次，语言变异的内在性以及语言变异的社会意义也是变异研究领域经常讨论的问题。探索语言习得、方言习得与语言变异之间的关系能解释语言变异的内在性问题，也是言语共同体的未来发展方向之一。例如，Kerswill（1996a）在言语共同体中方言接触的情况下，系统性地考虑了从儿童到青少年不同发展阶段的情况，从语言习得、语言革新和变化传播的角度研究了儿童和青少年的语言变异。研究发现引发语言变化的社会原因跟各个发展阶段的特殊性紧密相关。Labov（2012）认为言语共同体是社会认知的中心，儿童习得的目的是掌握言语共同体中整体的语言模式，随着语言发展，个体型的语言变异逐渐较少直到不再具有语言学上的显著性。Habib（2016）在叙利亚的研究显示，儿童基本上能掌握言语共同体内部性别化的语言模式，但是却不在频率上与其保持一致。研究以一个言语共同体的案例说明社会语言学变异不是在小孩很小的时候从父母那里掌握的，而是在他们接受了性别化的语言学差异和与之相应的社会惯例之后逐渐习得的。

未来发展方向还包括一些语言变异研究，它们从身份构建、意识形态、社会惯例等角度来理解语言变异来揭示言语共同体中的语言变异与变化的社会意义。研究者通常在分析上将量化的方法和民族学志的研究方法相结合，与本书第四章的社会网络研究有紧密关系。Eckert（2000）的底特律研究就是这一类研究的代表作。在这些研究中，言语共同体成为构建语言变项的社会意义的场所，民族志研究方法能够解释社会分类和语言变异之间的复杂关系，在语言变异分类上也具有一定的意义。

总之，言语共同体在语言变异研究中是不可或缺的重要研究领域，从大范围上有Labov和Trudgill等学者从共同体同一性（uniformity）角度进行的实证分析，从小范围上与社会网络研究产生碰撞，以及研究方法上把量化分析与民族志研究相结合。针对各个言语共同体在社会经济、历史背景以及人员构成上的特殊性，语言变异研究也面临一些研究方法和解释模型上的挑战。

第四章 语言与社会网络共同体

4.1 社会网络研究概况

在当代社会语言学研究中，社会网络理论（social network）越来越受到重视，并逐渐发展成为一个研究范式。社会网络研究和本书第三章的语言变异研究有紧密关系，在分析人们的语言使用和共同体构建上具有重要意义。因此，本书专辟一章来讨论社会网络共同体研究。本章共分为三部分。第一部分从理论建设方面探讨社会网络共同体概念。第二部分回顾国内外具有代表性的社会网络实证研究。第三部分在总结本章内容的基础上，简要讨论社会网络研究仍然需要解决的问题并展望未来发展方向。

在传统的言语共同体研究范式中，研究者为了考察语言使用和社会因素之间的关系，通常选择具有相同或相似社会属性的群体作为观察对象。常见的社会属性有年龄、性别、阶层、民族、职业、教育等。如本书第三章所述，以Labov为代表的语言变异研究者将这些社会属性作为社会变项，通过对语言变项的微观分析，发现社会变项对语言变异的解释性作用。然而，言语共同体内部的语言使用情况往往非常复杂。比如，在社会经济地位高的阶层中并不是人人都使用标准语，在社会经济地位低的阶层中也不是人人都使用非标准形式。常见的社会属性所构成的社会变项并不能完全解释言语共同体内部的语言使用情况。

为此，一些语言变异学家从社会人类学中引入社会网络分析法。“社会网络分析研究的是个人网络的可变结构和特性”（Milroy 2000：217-218）。一个人的社会网络就是这个人与他人建立的所有社会关系。Milroy & Milroy（Milroy 1980，1987；Milroy & Milroy 1993）在贝尔法斯特（Belfast）进行的语言变异研究是社会网络研究的典型代表。Milroy不是通过社会阶层来划定调查范围，而是从说话人自己认同的社会身份角度来研究言语活动，并认为在大的言语共同体内部存在着多个小的、关系紧密的、以地缘关系为基础的共同体和亚共同体。这种小群体往往难以用社会阶层来加以区分。社会网络为研究小群体内部的语言使用和社会关系提供了一套细致入微并且切实可行的研究方法。

此外，随着全球化进程的深化，人员和资源的流动已经成为一种普遍现象(见第六章)。“个人实际参与语言活动的群体往往有很多个，且这些群体会经常变更”(祝畹瑾 2013：29)。可以说任何一个群体都不是封闭的，社会网络理论使得社会语言学家将共同体看作一个更加开放的概念，能够在研究中考虑到个体的差异性和能动性，并关注到微观的、个体的言语行为及其社会意义，为语言使用和社会环境之间的关系作出更充分的解释。社会网络研究成为社会语言学的一个焦点（Milroy 2002）。

4.2 社会网络理论的内涵

4.2.1 社会网络理论

4.2.1.1 社会学中的网络理论

在社会学中，社会网络这一概念最早是对社会中人与人之间各类复杂关系的一种隐喻表达。德国古典社会学家Simmel在1908年《社会学：关于社会交往形式的研究》(原版为德文，英文版译为*Sociology: Inquiries into the Construction of Social Forms*，2009）一书中把社会想象为相互交织的社会关系，这可以说是社会网络的理论雏形。英国人类学家Radcliffe-Brown首次使用社会关系网络来描述社会结构，将社会结构界定为"实际存在的关系网络"（Radcliff-Brown 1940：2）。但这也是对社会网络思想的一种隐喻，与社会网络分析方法还是有所区别的（Wellman 1997）。

真正促使社会网络成为一个分析性概念的是英国人类学曼彻斯特学派。该学派的Barnes（1954）首次使用"社会网络"概念对挪威南部Bremnes渔村中跨越亲属群体和社会阶层的社会联系进行了分析，将社会网络从一种隐喻的表达转化为切实的概念。Barnes认为，社会生活的整体是由线段串联起来的点所形成的整体关系网络。他是这样描述社会网络的：

> 每个人都和其他一些人产生联系，其中有些人之间有直接联系，有些人则没有……我觉得把这种社会领域称为"网络"很方便。我拥有的图像是一组由线段串联起来的点。图像中的点代表人或群体，线段则表明哪些人之间有联系。
>
> （Barnes 1954：43）

这项研究为后来的社会网络研究奠定了基础。随后，受到Barnes的影响，Bott将社会网络理论应用到对英国都市家庭和夫妻关系的研究中，并首次提出了衡量网络结构的尺度——结（knit），相当于现在所用的密度（density）。她认为家庭网络可以是"紧密的"（close-knit），可以是"松散的"（loose-knit），也可以介于这两者之间。她于1957年出版的著作《家庭与社会网络》（*Family and Social Network*）是社会网络研究的经典文献之一。Mitchell（1969）把社会网络符号化，给出了社会网络分析的系统框架。他提出一些重要的网络概念，如关系的"密度"、"可达性"（reachability）、"持久性"（durability）、"范围"（range）、"互惠性"

（reciprocity）、“强度”（intensity）、“频次”（frequency）等，还提出了“整体网络”（total network）和“个人网络”（ego-centered network）的概念，这些概念已经成为当代社会网络研究中公认的基本概念。

社会网络理论提出之后，受到了人类学家、社会学家的普遍关注。20世纪70年代开始，社会网络研究有了较大的发展。美国社会学“新哈佛学派”运用数学工具将社会网络分析发展成了一种有影响力的结构分析方法，Granovetter（1973）的研究是其中的代表作之一。他将人际关系网络分为强关系（strong ties）和弱关系（weak ties）两类，并提出弱关系（如与“朋友”相对的“熟人”关系）促进了不同群体间的信息流动，在找工作过程中起着非常重要的作用（Granovetter 1973）。该观点得到广泛认同，推动了美国社会网络分析的发展。20世纪70年代末80年代初，加拿大社会网络分析在多伦多成立了专门的社会网络研究学会——“国际社会网络分析网络”（International Network for Social Network Analysis，INSNA）。此外，《联络》（*Connections*）、《社会网络》（*Social Networks*）、《社会结构学刊》（*Journal of Social Structure*）等一批学术期刊先后创刊。这标志着社会网络分析作为一个新的社会学研究领域已经成熟起来。从20世纪90年代至今，社会网络研究快速发展，不再局限于心理学、人类学、社会学等领域，政治、经济、传播、健康与疾病管理等领域均有所涉及（Freeman 2000）。

4.2.1.2 语言学中的社会网络理论

语言学中关于人际网络关系对人们语言使用的影响的研究由来已久。1905年，瑞士语言学家Gauchat在对瑞士一个小乡村的方言的研究中发现，“一个人的语言使用与其在某个当地网络（local network）的成员身份具有相关性”（Sarhimaa 2009：164）。Gumperz（1958）关于种姓制度与语言使用的研究探讨在北印度的一个村庄中有三个“可接触”（touchable）种姓和两个“不可接触”（untouchable）种姓（见第二章）。

调查显示，三个可接触种姓说共同的方言，两个不可接触种姓各讲自己的方言。这表明种姓接触越频繁，就越趋向于构建紧密的社会网络，并说同一种方言；种姓接触越少，他们之间的联系越少，他们使用的方言之间的差异就越大。

直到1975年Milroy & Milroy在英国贝尔法斯特市开展语言变异研究（Milroy 1980），社会网络分析才被首次系统地应用到社会语言学研究中。该项研究比较了来自三个地位较低的工人阶层社区的语言使用者的语言模式，并分析了八个音位变项（variables）与说话者的社会网络结构之间的关系。在研究中，Milroy提出了"密度"（density）、"复合度"（multiplexity）和"聚合圈"（cluster）三个概念来分析网络结构，并设计出一个"网络强度测度"（Network Strength Scale，NSS）来反映个人在社会网络中的地位。同时，她计算出每个音位变项的标志值，然后按地区、性别、年龄分组加以比较，最后用Spearman等级相关法（Spearman rank correlation）检验各种统计数字。结果显示，贝尔法斯特地区语言使用者的社会网络强度与其土语（vernacular）使用率大体呈正相关，即社会网络强度越高，土语的使用比重就越大。由此可推断，密度和复合度高的网络（或称为"封闭型网络"，closed network）会对其成员形成一种压力，要求他们保持当地土语的特征。该研究在本书4.3.1部分详细讨论。总的来说，Milroy & Milroy在贝尔法斯特所作的研究具有标志性意义，这一研究将社会网络理论正式应用到社会语言学研究中。

变异视角下的言语共同体概念强调成员在语言使用规范上的一致性，而社会网络研究则更注重成员之间的社会关系。变异社会语言学和社会方言学研究表明，社会行动者之间的关系网及其特性规定了群体内部的社会秩序，建立了价值观，并确定了个人在社会中的地位。这个关系网在微观个体和宏观社会结构（如阶层）之间发挥着配置作用。因此，声望（prestige）或权势（dominance）并不能直接影响个人行为（包括语言行为），而是通过网络对其加以限制（Granovetter 1973）。社会网络开启了语言变异研究的新范式，为解释特定共同体中的语言变异模式和语言变化机制提供了新的框架。

4.2.2 社会网络研究方法

社会网络分析既是一套研究方法，也是一种分析思想。社会网络理论的基本假设认为"个体(entities)不是孤立存在的，也不是作为某个群体的自由成员存在的，每个个体都与系统中的其他个体有某种联系"(Bergs 2006：1-2)。社会网络理论的应用范围很广，人与人之间，以及无生命的计算机、地铁、城市等之间都存在网络联系。当然，社会语言学研究极少关注无生命的网络，而是研究人类的社会网络关系。

社会网络分析将社会结构看作是一张由多个点(nodes)和各点之间的连线(ties)组成的人际关系网。其中的"点"代表各个社会行动者(actors)或参与者(participants)，"线"代表行动者之间的关系。我们可以以个人为中心，通过判断他人与中心人物(ego)的联系，将社会网络分为第一层区(1st order zone)、第二层区(2nd order zone)等以此类推。与中心人物有直接联系的人员构成第一层区，与第一层区人员有直接联系而与中心人物有间接联系的人员构成第二层区，该层区的成员可以被称为"朋友的朋友"(friends of friends)(Downes 2011：118)。同理，还有第三层区、第四层区乃至第N层区(n-order zone)等。社会网络可以用图形表示(如图4.1，X是网络的中心点)。研究者们最感兴趣的是通常第一层区，这一层区一般只包括与中心人物有直接联系的密友和亲人。

语言变异学者很早就认识到了社会网络分析是一种非常有实用价值的研究方法，并且证实了社会网络类型和方言的保持与转换过程之间的互相关联。他们发展了两种将社会网络分析应用于语言变异研究的方法(Villena-Ponsoda 2005)：一种是仅将社会网络用作田野调查方法论的一种工具或策略(如Labov 1972；Labov & Harris 1986)，而没有进一步将其用

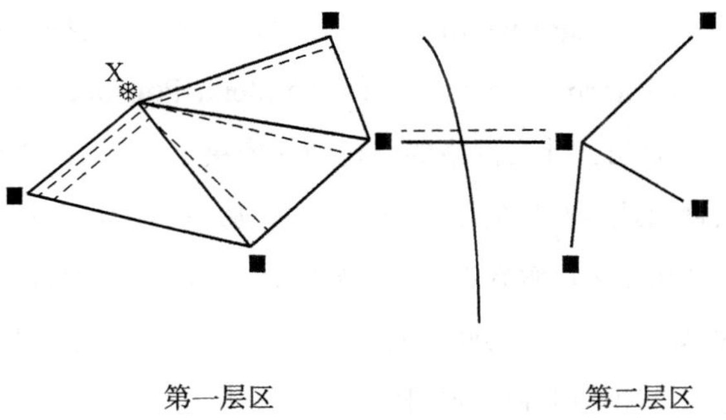

图4.1　高密度、复合的个人网络结构

（转译自：Milroy 2002：551）

于语料分析。社会网络介于宏观和微观之间，是一种中观层面的抽象社会结构。它将微观的说话人彼此连接起来，形成实际社会生活中的关系网，也将他们与更宏观的社会结构相连接。因此，社会网络可以看作是观察交际互动生活中自然语言的最佳领域。另一种方法既将社会网络作为一种方法论工具，也将其作为一种分析工具(如Bortoni-Ricardo 1985；Kerswill & Williams 2000；Milroy 1980，1987)。Milroy的贝尔法斯特研究(Milroy 1980，1987)表明，语言变异与说话人所处的社会网络类型有紧密联系。早期研究显示，社会网络的差异与说话人的社会阶层和教育水平有关。产生这一结果可能是因为开创性研究都集中在属于同一社会阶层的说话人群体，如Gumperz的民族志研究、Milroy & Milroy在贝尔法斯特的研究、Bortoni-Ricardo(1985)在巴西利亚的研究等。然而，后来的研究发现这种同质化是由社会环境对个人生活方式的影响造成的(Milroy & Milroy 1992)，同时社会网络和社会阶层也在一定程度上相互关联(Chambers 1995：66 - 101；Milroy 1992：207 - 220)。

4.2.2.1　社会网络的测度方法

社会网络的测度方法主要分为两种：一种是定量或融合性测度

(quantitative or integrative measures)，另一种是定性或解释性测度(qualitative or interpretive measures)(Villena-Ponsoda 2005)。采用定量测度的研究表明，社会网络的结构和内容决定了说话者的社会融合程度，并与其社会地位产生的压力相互作用，从而对话语产生影响；这也在一定程度上适用于采用解释性测度的研究，只不过在解释性测度研究中起决定作用的是与个人有社会联系的人们的类型。下面我们分别介绍这两种测度方法在社会网络研究中的应用。

定量社会网络测度

描述社会网络的结构和内容特征，一般要涉及密度、复合度和聚合圈这三个概念：

(1)密度。密度(用D表示)用来描述社会网络成员之间关联的紧密程度，这一指标反映了社会网络的结构特征。数学上以网络成员之间实际的关系数量(用Na表示)与全部可能的关系数量(用N表示)的比例来表达，其公式如下：

$$D=\frac{100\,Na\%}{N}$$

如果在一个人的社会网络中，除了与中心人物有联系外，成员之间也互相联系，这说明实际的关系数量更加接近网络中所有可能的关系数量，那么这个网络的密度就越高，D的值就越接近1(见图4.1)。反之，密度就越低，D的值就越接近0(见图4.2)。

(2)复合度。复合度(用M表示)用来衡量任意两个行动者之间不同的社会关系数量，它反映了社会网络在内容上的特点。当个体之间仅通过一种关系产生联系时，比如两个人只是邻居，我们称这种联系是单一的(uniplex)，其社会网络的复合度低。反之，当个体之间通过多种关系产生联系，比如双方不仅是邻居，还是同事、朋友时，我们称这种联系是复合的(multiplex)，其社会网络的复合度高。数学上以社会网络中复合联

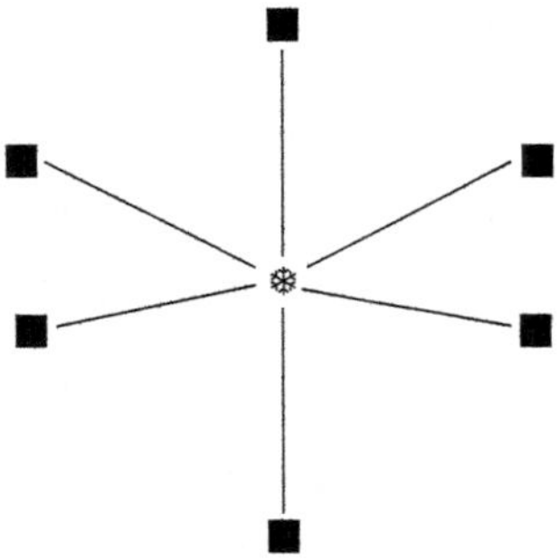

图4.2　低密度、单一的个人网络结构

（转译自：Milroy 2002：551）

系数(用Nm表示)与实际联系数的比例来表达，其公式如下：

$$M=\frac{Nm\times 100\%}{N}$$

(3)聚合圈。聚合圈是社会网络中的某一组成部分，密度和复合度都较其外部组成部分要高。“一个密度和复合度都很高的聚合圈会对其成员产生强大的凝聚力，使他们在言行上保持高度一致，从而形成该聚合圈特有的言行标准。所以，聚合圈比社会网络对人们语言规范的影响更大。”(陈松岑 1999：142)

高密度、高复合度网络能够为其成员提供密切合作的机会和当地社区的支持。自Barnes(1954)和Bott(1957)的研究以来，这种特殊类型的网络就被称为紧密型网络(close-knit networks)。该网络成员之间的关系强，可以抵抗来自网络外部的压力，并起到保持社会网络结构的作用。Milroy & Milroy及其他学者的研究表明，这种网络结构具有强化地方语言规范和保持语言使用习惯的作用(Milroy 1980，1987：199；Milroy & Milroy 1992：5-9)。因此，紧密型网络和语言保持(language maintenance)显著相关。紧密型网络的说话人倾向于保持方言特征，并拒绝使用标准语言

(Bortoni-Ricardo 1985；Milroy 1982)。

与此相反，低密度、结构单一的网络（也就是松散型网络，loose-knit networks）往往是非地域性的社会网络，关系强度也比较弱。弱联系网络通常由流动人群和城市中产阶层语言使用者组成，这些群体容易受到主流语言使用规范压力的影响。由于缺乏一个强有力的社会网络对其语言使用进行规范，他们的语言行为往往是多变的，并呈现扩散形态（diffuse）。当人们不属于核心网络群体或不处于中心聚合圈时，他们处于社会网络的外围或边缘，因此他们对于特定网络行为规范及其约束作用也不敏感。主流的语言变化在这样的弱联系中得以广泛传播。对外联系度高、松散型网络结构的共同体之间容易产生方言接触，并有利于方言的融合（即leveling & koineization），继而形成新的方言（Kerswill 1994，1996a，1996b；Trudgill 1986）。

解释性社会网络测度

前文所述的研究都着重探讨网络关系对说话者的言语行为影响的规律。不过，说话者的性别、年龄、职业、教育、家庭背景、性格等因素对社会网络都有显著的影响。鉴于此，研究这些因素和其他相关变项如何影响网络结构是探讨个人和机构层面之间相互作用的一个重要角度。这些因素与融合性标准相互作用，可以起到增强或减弱网络结构的作用。因为这些因素需要具有充分理解共同体成员言语能力的分析者来作出解释，所以一般被称为解释性因素。

通常，对这些因素的解释可以为密度和复合度等量化参数作出补充。然而在一些情况下，解释性数据在解释甚至纠正定量网络分析结果方面可以起决定性作用。已有研究证实一些解释性标准对于方言或语言变异确实有影响，主要的影响因素可分为三类。

（1）与生俱来的（biological）因素：性别差异会导致男性和女性社会网络之间产生明显的差异或两极分化（Cheshire 1982；Eckert 1989a；Milroy 1982）；族群（ethnicity）会分化言语共同体，影响网络亲密度，形成比如黑人和白人群体（Labov & Harris 1986）、农业群体和城市群体（Blom & Gumperz 2000；Gal 1979；Kerswill 1994；Marshall 2004）等之间的对比。

（2）社区性（community）因素：对工业化地区的小型农村群体和移民群体的研究都表明，融入较大的主流社区（host community）的程度和网络关系的松散程度之间具有显著的相关性（Bortoni-Ricardo 1985）。

（3）社会性（social）因素：教育、职业、收入以及其他与社会地位相关（status-dependent）的变项可以影响网络的特性，比如网络关系的强度（Granovetter 1973；Milroy 1980，1987）、社会网络的规模、个人在网络中是否处于中心位置等。

4.2.2.2　社会网络的模型

Milroy & Milroy的贝尔法斯特研究既将社会网络作为一种方法工具，也将其作为一种分析工具。Milroy使用了Labov的定量研究范式，运用"网络强度尺度"来确定个人在网络中的地位，并计算出八个音位变项的标志值，统计分析二者之间的相关系数。Downes（2011：227-232）比较了以Labov为代表的社会阶层研究模式和以Milroy为代表的社会网络研究模式。他认为这两种模式都只面向社会空间的一个维度，在具体情况下都具有一定的解释作用，但也各有其局限性。Labov对阶层（class）和语体（style）的应用持一种"共识"（consensual）的观点。他认为由于上层中产阶层（upper middle class）具有权势（power）和显性威望（overt prestige），所以他们的语言使用习惯形成了社会主流标准规范，并可以由此构建一个大规模的言语共同体。Downes将这一结果称为语言分层的"地位导向模型"（status oriented model）或"阶层模型"（class model）。

虽然许多研究都证实了这种自上而下、以上层中产阶层为基础的标准规范对语言使用的支配作用，但有时在共同体内部也会出现一些"异常"现象，比如有些共同体成员并不总是使用标准语，而是更倾向于使用方言、土语或地方口音。这些“异常”现象虽然难以通过阶层模型进行解释，但是可以使用社会网络理论解释。社会网络为共同体成员的语言使用提供规范，形成“团结导向模型”(solidarity oriented model)，也可以称作“网络模型”(network model)。在这种模型中，标准语的社会声望不是一成不变的。在不同的社会网络中，标准语的声望有可能是不同的。比如在一些工人阶层网络中，使用方言、土语或地方口音可以拉近成员间的距离、加强亲近感，所以具有重要的隐性威望(covert prestige)，而标准语虽然具有显性威望，但有时会显得生疏、加强距离感、强化社会等级，在工人阶层或少数族群的社会网络中并不适用。

Downes发现“阶层模型”和“网络模型”对于社会因素和语言变体的组合方式不同(见表4.1)。两种模型面对的是不同的社会结构层面，侧重描写不同社会阶层的特征。但这并不意味着这两种模型是矛盾的、不可兼容的。Milroy & Milroy(1992)通过“网络强度”(network strength)把社会网络和社会阶层联系在一起，认为工人阶层一般具有“强社会网”(strong network)，而中产阶层则多为“弱社会网”(weak network)。徐大明(2006：146)也提出，不能简单地在这两种研究模式之间进行取舍；作为社会分析方法，这两种模式在具体情况下都或多或少地有其可用之处。因此，研究者应根据研究问题和所调查的群体的特性选择合适的分析模式。

表4.1 阶层模型和网络模型中社会因素和语言变体的组合情况

阶层模型	网络模型
阶层	网络
地位	团结
规范的一致性	强制规范
标准语	土语
中上阶层	工人阶层

(转译自：Downes 2011：228)

社会网络研究模式综合了以Labov为代表的变异社会语言学和以Hymes、Gumperz为代表的交际互动社会语言学研究特点，弥补了Labov范式忽视个体之间言语差异的缺陷，在Gumperz对网络结构和语言使用相关性论证的基础上展开定量分析。可以说，社会网络分析在语言学研究中的应用和发展不是偶然的。研究者需要获得自然语言，来观察和描述其语言规范，并以此作为理解社会意识形态之间冲突的一种手段，因此在社会网络中进行观察和分析就成为一种非常必要的研究手段（Milroy 1980，1987；Romaine 1982；Williams 1992）。我国社会语言学者也认为该方法"适用于各种社会"，对解释语言变异与语言稳定性的关系和处理语言变异与语言规范之间的矛盾等都有理论价值，在研究方法上起承上启下的作用（祝畹瑾 1992：128，转引自田莉、田贵森 2017）。

4.2.3 语言、社会网络与共同体

Milroy的《语言与社会网络》（*Language and Social Networks*）的第一章讨论了"言语共同体"和"共同体"（community）两个概念（1980：12-22）。她提出，Labov的言语共同体是一个宽泛的概念，"社会阶层"是Labov言语共同体定义的核心。尽管社会阶层能通过一些可量化的指标（如收入、教育）分为不同的群体，但这些群体间或是语言使用主体间大多数没有实际的交集。Trudgill（1974）也在Norwich研究中指出社会阶层概念的抽象性在共同体定义中产生的问题。Milroy认为确实存在着比社会阶层更具体的，并且使人们有归属感、认同感的社会单位（1980，1987），即共同体。共同体是一个相对具体的社会范畴，比如大城市中外来务工人员聚集的地区通常被称为城中村。由于外来务工人员构成紧密的社会网络结构，而且对这个区域具有强烈的归属感和认同感，因此构成通过社会网络联系在一起的共同体。

此外，Labov的纽约市研究认为社会等级越高，（r）音的使用就越多。Cameron（1990）指出因为人们是某些群体的成员，所以他们以某种方式

行事，这是一种“相关谬误”（correlational fallacy）。而用研究人员的解释来替代当事人自己对其实践行为的理解，得出的结论不尽如人意。研究者把社会阶层、性别和民族等社会身份看成区分语言使用的本质变项，忽视个体差异和能动作用，没有关注微观的、个体的社会意义。鉴于以上原因，一些语言变异学者开始用社会网络作为分析单位。言语共同体和社会网络的主要区别在于，语言变异研究中的言语共同体概念关注成员在语言使用规范上的一致性，适用于对比不同人群的语言使用之间的区别。而社会网络关注的则是共同体中的个人以及人们之间的社会关系。

因此，社会网络是一个人与他人建立的所有社会关系，而一个社会网络共同体是成员之间关系的集合。单一的低密度个人网络是以个人为中心，向四面八方发散开来，其边界模糊，也可以没有边界。但是当人们形成紧密型网络，由于密度和复合度都较其外部为高，所以这样的聚合圈会对其成员产生强大的凝聚力，使他们保持言行一致，彼此认同，从而具有共同体特征。我们把这样的共同体称为紧密型社会网络共同体。与之相对的是松散型社会网络共同体。这种共同体虽然其成员之间的关系强度比较弱，抵抗外部影响的能力比较差，且成员的语言行为多变，对固有的语言规范认同度不高，却在流动性强、对外联系度高、对新兴语言现象敏感、对新方言的形成有促进作用等方面显示出高度一致性。

将社会网络概念和共同体概念相结合有重要意义。首先，社会网络共同体克服了变异视角下言语共同体自上而下的范式特点，允许说话者主体性发挥更大的作用。其次，由于变异视角下的言语共同体更强调成员对语言使用规范的共识，因此它更关注其核心成员的代表性，从而忽视了边缘成员。相比之下，网络共同体认为核心成员与边缘成员拥有的社会网络性质不同，在语言使用上的表现也不一样，但是二者都是重要的研究对象。另外，社会网络共同体使用网络结构和网络强度值来解释语言变异现象，有效地避免了变异研究中的相关谬误，与Gumperz、Hymes的言语共同体研究更加接近。

同时，引入共同体概念也使社会网络分析得以发展。虽然社会网络分析是一种自下而上的研究范式，从说话者个体出发，使用了具体的分析单位，并通过细致的微观分析来探寻社会结构和语言行为之间的关系，但是由本章第二部分的实证研究可以看出，正如Hymes所说，研究人类语言使用的最小单位应该是共同体。并非个体的语言没有意义，而是由于语言的根本属性是其社会属性，语言的社会价值在交际中得以实现。因此研究社会网络分析离不开一定的社会群体，如Milroy & Milroy的贝尔法斯特内城研究，Gal的奥地利村庄研究，以及Milroy & Li Wei在Tyneside华人社区的研究。因此，社会网络并不是完全没有边界的。当人们之间的关联度和复合度高的时候，他们就形成紧密型网络共同体，他们之间的相互关系和相互影响与第N层区以外的人们是完全不同的(图4.1)。松散型网络也因其在流动性、灵活性和创新性方面的高度一致而形成共同体。因此，将社会网络发展成为社会网络共同体不仅是对共同体概念的一个延伸，也是对社会网络分析的发展。

4.3 语言与社会网络代表性研究

在社会语言学中，社会网络主要用于语言变化和变异研究，既可以用来分析一些语言变体得以保存的原因，也可以用来解释由语言接触(language contact)所引起的语言变化现象，如语言转移(language shift)、新接触变体的产生(如柯因内语，koine)等。前文所述的强关系和弱关系模式也常常被应用到相应的研究中。本节回顾和探讨在社会语言学领域内国内外具有代表性的社会网络研究，以及社会网络共同体在其中的运用。国外的研究主要包括Milroy & Milroy(Milroy 1980，1987；Milroy & Milroy 1992)在英国贝尔法斯特的研究，Gal(1979)在奥地利Oberwart的研究，Milroy & Li Wei(1995)在英国Tyneside华人社区的研究，Nichols（1984）在美国南卡罗来纳州的研究，Kerswill & Williams（2000）在英国Milton Keynes新城的研究等。对于我国社会语言学研究来说，社会网络分析方法的研究还没有全面发展起来。本节将主要介绍国内社会网络研究的先例——徐大明（2001）在内蒙古包头的研究，并简要回顾近年来的应用成果。

4.3.1 Milroy & Milroy 的贝尔法斯特研究

本书第三章从语言变异研究角度对Milroy & Milroy贝尔法斯特研究进行了简要介绍。本章着重从社会网络研究角度对该研究进行详细讨论。1975年10月至1977年7月，Milroy & Milroy在北爱尔兰首府贝尔法斯特的研究首次系统地将社会网络分析应用到社会语言学研究中，开创了语言变异的社会网络研究模式，是社会网络在语言变异研究中最具代表性的应用。

Milroy（1980）的著作《语言与社会网络》描述她运用民族志研究方法深入到贝尔法斯特三个工人阶层地区，调查个人融入社区的程度与其说话方式之间的关系。Milroy以"社会网络"为分析单位，研究贝尔法斯特三个不同的工人阶级共同体的语言使用。贝尔法斯特被Lagan河（River Lagan）分为东西两部分。Milroy选择的三个工人社区分别是位于贝尔法斯特东部的Ballymacarrett和位于贝尔法斯特西部的Hammer、Clonard（以下简称B区、H区和C区）。B区和H区是新教区，C区是天主教区。这三个地区都位于该市的内城，社会状况基本相似，贫困、疾病、青少年犯罪比比皆是。其主要居民都是工人，收入低微，失业率高。同其他西方城市一样，贝尔法斯许多中产阶级和高技术工人家庭逐渐搬到市郊，仅留下弱势的非技术工人，集中在日益衰落的内城区。

由于地段、宗教、经济等因素的影响，这三个地区都属于具有较高密度和较高复合度的社会网络，但它们之间仍存在一些重要差别。B区由于邻近造船业发达的区域，男人可以在当地的造船厂工作，日常也更倾向于在当地活动，因此他们之间的社会网络在密度和复合度上都比其他地区要高；妇女则大部分在B区以外工作，彼此之间交往较少，因而她们之间的社会网络结构不像男人的那般紧密。H区由于受到大规模的城市重建项目的影响，大部分人口分散到了市郊的住宅区或邻近市中心的公寓。尽管当地人仍习惯在原来的住宅区活动，人口的分散还是使当地社会网络变得日渐松散了。与B区和H区不同，C区的社会网络松散，主要是因为居民（尤其是男性）在当地的就业机会非常有限。C区的八名男性受访者中只有两人就业。但是，该地区的女性受访者则全部实现就业。18岁至25岁的年轻女性形成了一个聚合圈，她们紧密的社会网络结构与B区女性松散的社会网络结构形成了鲜明对比。可见，经济条件和居住条件在一定程度上决定了社会网络的结构和强度。

该研究收集四组数据，分别是18—25岁和40—55岁的男性和女性，每个地区各年龄段的男女人数均衡，受访者共46人。在数据搜集上，Milroy选择以“朋友的朋友”这一身份进入以上三个地区。这一身份便于她长期观察并记录大量受访者的自然话语，有效规避了“观察者悖论”效应。该研究用网络强度测度（Network Strength Scale）来测量社会网络的密度和复合度，从而反映个人在社会网络中的地位。确定网络强度测度的五个条件（Milroy & Milroy 1992）包括：(1)是否属于区域性高密度聚合圈；(2)是否有多位亲属居住在同一地区；(3)是否与两个以上的邻居在同一单位工作；(4)是否与两个以上同样性别的邻居在同一单位工作；(5)是否属于同事间组成的以娱乐为目的的社会团体，该项以条件(3)、(4)为前提。第一个条件测量的是社会网络的密度，其余四个条件测量的是其复合度。Milroy使用了一个六级量表，在0—5之间为每个条件赋值，每符合一项被调查者就得一分。

主要音位变项包括(a)、(ai)、(i)、(th)、(Λ^1)、(Λ^2)、(ε^1)和(ε^2)。这些音位变项可以反映出贝尔法斯特口音的显著特征，与英国的标准英语口音区别较大。该研究计算出每个音位变项的标志值（index score），即每名受访者对音位变项的使用情况，然后按照地区、性别和年龄三个社会变项对46名被调查者分组加以比较，最后用Spearman等级相关法检验统计数字。研究发现八个音位变项中的五个变项显示出其标志值和社会网络强度显著相关。但是，若按地区分析，只有B区的音位变项标志值和网络强度具有相关性。同时，B区的男性和女性在土语的使用上差别显著，男性使用土语的频率更高。H区和C区两性间差别较小，但有一个例外，即C区的青年女性似乎更喜欢使用当地土语变体。

根据对三个地区社会状况的介绍，该研究提出B区男性高密度、高复合度的社会网络对他们的社会行为起着约束作用，从而形成了一定的社会网络规范，包括语言使用规范。而B区的女性由于大多在外地工作，彼此之间交往较少，因此她们的社会网络结构比较松散，对语言也缺乏相应的规范。H区和C区的男女差别不显著是因为这两个地区的社会网络不像B区的那样紧密，所以网络成员在行为上没有受到共同的约束，也没有形成一定的社会网络规范，因此在语言使用上各有不同。C区的青年女性由于业余交往密切，形成了类似于B区男性的聚合圈，因此她们的话语比当地男性更接近土语。

总体来看，Milroy的贝尔法斯特研究显示出说话人社会网络的强度越高，其语言就越接近土语。这一研究将社会网络的语言变异研究与民族志的研究方法结合起来，使调查者以参与者的身份进入到研究地区，并用更具体、更细致的社会网络作为分析单位以代替以阶级、阶层等抽象概念笼统划分的社会群体，从而揭示小规模的共同体内拥有不同社会关系的人们的语言特征。该研究较好地克服了Labov的语言变异范式中研究方法的不足之处，更具有普遍性与适用性。

4.3.2 社会网络和双语社区的语言转移研究

社会网络研究的理论和方法在双语社区的语言保持和语言转移研究中也同样适用。研究人员采用了一般原则变体：主要由强关系构成的网络支持少数族裔语言，抵制语言转移的制度压力；但是当这些网络强度削弱时，语言可能会发生转移。本节主要讨论Gal（1979）在奥地利Oberwart的研究和Milroy & Li Wei（1995）在英国Tyneside华人社区的研究，他们的研究方法与单语社区的研究大致相同，都是将观察到的语言使用模式与特定的社会网络模式进行关联。

4.3.2.1 Gal 的奥地利 Oberwart 研究

Gal（1978）中的Oberwart是位于奥地利东部的一个小村庄，与匈牙利相邻。因为当地人有使用匈牙利语和德语的传统，所以Gal将其看作一个双语共同体。传统上，当地的农民一般说匈牙利语，只有在与非本村人或陌生人交谈时才使用德语。20世纪20年代，孩子们彼此之间还只说匈牙利语，但是到了1978年Gal在进行田野调查时，15岁以下的孩子们互相之间使用德语交流已变得十分常见。年轻父母不再像长辈那样用匈牙利语与孩子交谈，而是通常用德语，偶尔用匈牙利语。在为期一年的田野调查中，Gal发现这种语言转移首先与社会经济变化有关。大约自1950年起，当地开始了以工业为中心的现代化发展。在这一发展过程中，德语被视为一种“高变体”（high variety），与现代城市价值观念相联系，而匈牙利语则被视为一种“低变体”（low variety），与传统的乡村农民价值观念相联系，对年轻人来说它承载着一种消极的社会意义。如果一个Oberwart人不想再务农，掌握德语则是必不可少的。

Gal（1978）认为除了不同语言所传递的价值观念不同以外，还有三个因素影响着Oberwart居民的语言选择，即说话者年龄、性别和社会网络的性质。Gal以年龄作为变项来观察说话者对不同谈话对象说话时选择的不同语码，发现年龄可以反映出研究对象从匈牙利语到德语的一种转移趋势，却不能解释一些例外情况。因此，Gal采用了社会网络分析法，通过观察说话者的言语行为和社会关系，探讨说话者人如何选择语码。

在这一研究中，社会网络被定义为与一个人在一个时间单元(平均为七天）里交谈过的所有人（又称为联系人）。Gal通过问卷法和观察法调查了32位居民（18位女性和14位男性）的语言使用情况。Oberwart居民将拥有猪或牛的人定义为农民，根据这一标准，被调查者的网络联系人被分为两类：（a）家里有猪或牛的人，即农民；（b）家里没有猪也没有牛的人，即非农民。结果显示，一个人社会网络中的农民越多，他使用匈牙利语的社会场合也越多。该研究认为一个人社会网络中符合（a）类条件的联系人比例越高，即农民化程度（peasantness）越高，其使用匈牙利语的可能性就越高。Gal（1989）通过一个人的社会网络构成来预测其语言选择，证明了社会网络对说话者的语言使用有重要影响（Gumperz 1964；Labov 1973b）。

根据对语言选择、年龄和社会网络的农民化程度三者的测量，Gal对被调查者进行排列，再两两计算排名之间的相关性，以此来证明三者之间的关系。就样本整体来说，只和工人交往的年轻人使用匈牙利语的情况最少，与农民交往最多的老年人使用匈牙利语的情况最多。主要和工人往来的老年人在语言选择上最接近年轻人，主要和农民往来的年轻人则比同龄人要更多地使用匈牙利语。就性别来说，男性人群中从最年长的一代到最年轻的一代，德语的使用频率逐次增加。但对每一代人来说，那些社会网络非农民化程度高的受访者使用德语的增加幅度最为明显。最年轻的男性群体使用匈牙利语的比例较其他群体要低，但是社会网络农民化程度显著的年轻男性使用匈牙利语的情况更多。而且不论社会对匈牙利语的负面评价如何，这些年轻男性在许多情况下依然喜欢向他人展现自己的农民身份。

女性人群的语言选择情况则有所不同。首先，在最年长的一代女性中，样本里没有人拥有非农民的社会网络。这不是采样误差，而是反映年长一代女性的活动范围和能接触到的社会联系人都十分有限。到了年轻一代，女性的社会网络模式就和男性的基本一样了。她们和男性一样，社会网络农民化程度越显著的女性使用匈牙利语的情况就越多。最年轻的一代女性与年长的女性和男性都不同。首先，这些最年轻的女性比社区内其他人，包括最年轻的男性群体，使用德语的情况要多。此外，对这些女性来说，社会网络的农民化程度对她们的语言选择没有显著影响。拥有农民化社会网络的年轻女性在使用匈牙利语上和拥有非农民化社会网络的年轻女性一样少。而对所有男性来说，他们社会网络的农民化程度越高也就意味着使用匈牙利语的情况越多。这一差异与男性和女性对农民生活的态度有关。农民生活对最年轻一代女性的吸引力不像对男性的吸引力那么大。尽管年轻的男性普遍倾向于从事工商业，但是其中有一些人想接管家庭农场。他们认为务农跟其他职业一样，都是一种工作。这些人家里都拥有足够的土地，这份“职业”尽管不像拿薪水的工作那样赚钱，但至少也是一种令人满意的谋生之道。相比之下，年轻女性可选择的机会多了，她们也不愿意接管家庭农场，也明确表示不想和农民结婚。在Oberwart的年轻女性看来，农妇的生活与其他人的生活相比显得尤为卑微、艰难。为此，即便是社会网络农民化程度高的年轻女性在许多场合也不愿意像农民那样使用匈牙利语。

4.3.2.2 Milroy & Li Wei 的 Tyneside 华人社区研究

与Milroy & Milroy（Milroy 1980a，1987；Milroy & Milroy 1992）研究的内城工人社区、Gal（1979）研究的农村社区不同，Milroy & Li Wei（1995）研究的是移民社区。英格兰东北部的Tyneside华人社区是一个中英双语共同体，Milroy & Li Wei对该社区中语言转移的社会轨迹进行了定量分析，同时将不同的网络类型与不同的语言使用模式联系起来。他们区分了当地的三类移民群体，而这三类群体基本上与祖父母、父母和子女这三辈人重叠，但也不是完全对应。每类群体都有不同类型的网络关系，祖父母一代主要与亲属交流互动，父母一代主要与其他英籍华人交流互动，子女一代与非华裔同龄人的联系更为广泛。可变的网络模式依次又与七种不同的语言选择模式相关联，在这些模式中，英语和汉语要么是单一使用，要么是在不同程度上配合使用。自Milardo（1988）的研究以来，学者们将交换网络（exchange network）和互动网络（interactive network）区分开，大致相当于强关系和弱关系。此外，研究人员们还区分了一种对移民或流动人员来说尤为重要的"被动"（passive）关系，例如，在地理意义上相距很远的亲戚或朋友的关系。被动关系意味着缺乏定期联系，但仍然具有影响力，并能为人们提供精神支持。

大多数研究发现，身处于同一地域的人们通常拥有较强的网络关系。但是Tyneside的华人并不居住在特定的地理区域内，因此地域因素不能用于评估他们的社会网络强度。Li Wei选择了20个华人作为调查对象，在相关维度上比较分析每个人的社会网络，比如他们的年龄和族群构成。结果显示，强华人网络与老一代移民广泛使用汉语有关，弱网络与在英国出生的新一代移民广泛地使用英语有关。最有趣的是，每一个群体内部都有许多微妙的、各不相同的网络模式，比如该社区的教会（True Jesus Church）就与人们的社会网络和语言选择有直接关系。

Li Wei认为，该教会主要作为文化和社交活动的支持机制发挥作用。该教会成员中在英国出生的华裔年轻人使用汉语的比例明显高于整个社区华裔年轻人的平均水平。这是因为该教会的年轻人之间保持着很强的社会关系，他们之间通常用粤语交流。Li Wei还注意到一种流利的粤语—英语语码混合模式，这是该教会青少年的语言特征。他对这一现象的解释与Zentella（1997）对纽约波多黎各年轻人广泛使用的西班牙语—英语混合模式的解释大致相同。在这两种情况下，年轻人都找到了相似的方法来解决他们自己有限的语言能力问题，这与他们想和非英语母语者保持社会关系的愿望有出入。在这些情况下，社会网络分析不仅能用来解释双语社区中语言转移的社会轨迹，还能用来解释特定的语码转换模式（Milroy & Gordon 2003：126-127；徐大明 2006：220-221）。

4.3.3 语言、族群和社会网络研究

前文讨论的两项研究属于定量社会网络测度。本节探讨两项解释性

社会网络测度研究。族群是影响语言变化和变异的一个重要社会因素。Downes（2011：213）这样解释族群这一概念：

> 族群是一个与性别类似的范畴。换句话说，族群是一种共享的社会—历史建构，它以公认的历史经验，也就是以一个“民族”（people）的系谱（genealogy）为基础。对内，它是“我们感”（we-feeling，群属之感）和团结的焦点。对外，一个群体的族群身份可以被其他群体定义，可以用来代表群体外的“他者”（other）。无可避免的，它包含一种群体间身份的对立统一。

这两项研究中虽然没有明确使用共同体这一概念，但所调查的对象都是在群体及其他社会因素方面具有一致性的社会群体，关注族群对社会网络以及群体语言变化和变异的影响。

4.3.3.1 波士顿市调查

美国马萨诸塞州首府波士顿市是一个种族多元化的城市，少数族裔人口众多。Laferriere（1979）调查了波士顿的三个族群，分别是爱尔兰裔、意大利裔和犹太裔波士顿人，并描述这三个族群的身份如何与语言变异关联在一起。在该研究中，族群间的语言差异是造成语音变化的一个重要因素。

在波士顿方言中，许多带有*or*的单词都有两个变式，这些变式与form、short、horse这类单词发音中的元音高低有关。一个变式是方言音素[ɒ]，这是一个开后圆唇元音；另一个变式是标准发音[o]，这是一个半闭后圆唇元音。说波士顿方言的人，对于short这个单词的发音与shot类似。Laferriere就*or*的两个变式的使用进行了调查。

根据以下标准，Laferriere从这三个族群中选出29名调查对象，选择的标准为：（1）人生的最初18年以及最近5年都居住在波士顿地区；（2）上过公立学校或教会学校，而不是私立学校；(3) 在其话语中至少有一个波士顿方言的其他语音特征（如*ar*发成[a:]，*o*发成[ɒ]，或者[eᵊ]发成[iᵊ]）；(4) 最重要的是，他们对自我的身份认同为波士顿人。这些受访人的年龄在15岁到71岁之间。该研究通过访谈来引出说话者在不同语体情境（stylistic contexts）中使用波士顿方言的一些语音特征，包括随意语境（谈话）、阅读语境（文本）、正式语境（词汇表）和最小对立体（minimal pairs）。最小对立体是用来引出对发音正确性的判断。

研究发现，所有族群在随意语境中使用方言变式[ɒ]最频繁，在正式语境中使用得最少。虽然三个族群的变化趋势大体一致，但是他们在使用方言变式的程度上存在差异。在所有语体情境下，犹太人使用[ɒ]的比例最低，意大利人最高，爱尔兰人介于二者之间。这三个族群还有各自不同的语体变异模式。爱尔兰人和犹太人在随意语体和正式语体中使用[ɒ]的差别很大，对他们来说，话语语体越正式，使用更接近标准英语的变式[o]的趋势就越明显；而意大利人在不同语体中对于两个变式的使用差别比较小。此外，对爱尔兰人来说，阅读文本更接近随意话语，跟非正式的谈话近似；对犹太人和意大利人来说，阅读文本则更接近正式话语。

Laferriere还对族群内年龄不同的受访者所使用的语言变式进行了调查。研究结果显示，在随意话语中，所有年龄段的意大利人对[ɒ]的使用比例都很高（>85%）。与之相比，随着年龄的增长，犹太人和爱尔兰人对[ɒ]的使用比例发生了很大变化。对犹太人来说，这种转变恰好以一个年龄为分水岭：55岁以上的犹太人使用方言[ɒ]，年轻的犹太人更倾向于使用[o]，避免使用[ɒ]。对于爱尔兰人来说，这种转变与年龄之间没有呈现规律的相关性。三个族群在正式话语中对[ɒ]的使用趋势与在随意话语中没有太大的变化。由此可见，犹太人的语言使用与年龄的差异，或者代际的差异直接相关；但是爱尔兰人的语言使用则不能仅通过年龄这一因素来分析。

因此，Laferriere引入了新的参数——教育水平和百分点差（percentagepoint difference，PPD）。PPD是通过从个人的随意话语（casual conversation）中使用[ɒ]的比重减去正式话语（formal discourse）中使用[ɒ]的比重所得，标示着说话者对两个变式的语体差异的使用情况或意识情况。PPD高的说话者对从[ɒ]到[o]的转变的语用学意义很敏感，[ɒ]是实际使用的话语形式，[o]是纠正的目标。PPD低的说话者没有前者所表现出来的语言不安全感，他们几乎可以接受在所有语体中使用两种变式中的任一种形式。在三个族群中，只有爱尔兰人的教育水平和PPD呈现系统的相关性：受教育程度越高，PPD值越大。Laferriere认为，随着教育水平的提升，人们的社会和经济地位也得到了提高，这会促使他们的话语模式从方言向标准语转变。对爱尔兰人来说，教育水平的提升使他们意识到，变式[ɒ]可能会被某些听众污名化，这些听众可能更愿意接受变式[o]。

Laferriere提出了一个三阶段模型，来解释*or*变项的变异模式和变化模式。说话者的群体身份是该模型的主要形成因素，教育水平是次要形成因素。在第一阶段，即习得（acquisition）阶段，群体中的一些成员受到高等教育。他们会接触到某些语言变项的标准英语变式（standard variant），并赋予这些标准变式正面的评价标签，而给他们自己的方言变式负面的评价标签。群体中这些成员的PPD值普遍都很高。在第二阶段，即传递阶段（transmission），高PPD值的说话者将带有不同评价标签的变式传递给族群中的一些年轻人，使这些年轻人对语言变式的态度与使用发生了变化：与将[o]作为正确变式，但并不经常使用这一变式的长辈相比，他们将[o]作为正确变式，且经常主动使用这一变式。之前被污名化但常被使用的[ɒ]此时变为了被污名化且不常被使用的变式。在第三阶段，即传播阶段（spread），群体中的年轻人基本上都接受了被赋予新标签的标准英语变式。对于这个阶段的说话者来说，[ɒ]成为了那些尚未开始参与改变的说话者的负面声望标志。

Laferriere发现，犹太人完成了变化的全部三个阶段。相比之下，爱尔兰人处于第二阶段，意大利人则刚刚开始进行第一阶段。如果这一模式是正确的，它就可以说明一个群体或一个社会网络的“外部”(outside)运动是如何将来自群体外部的压力引入内部的。在这一研究中，教育是传播规范的一种方式。群体也很重要，因为每个群体的成员在使用频率和对其社会意义的感知方面都与变体有着不同的关系。Laferriere还注意到，民族和宗教群体往往会在大的文化氛围里形成一种亚文化，它们会为“传递该群体特有的受人尊敬的，教育、职业、语言方面的价值观提供一种文化力量(cultural force)”(Laferriere 1979：615)。*or*的发音方式起到了群体标记的作用，因为方言变式是群体认同的象征，所以群体的“文化力量”将保留方言变式。

4.3.3.2 南卡罗来纳州调查

Laferriere的波士顿市调查比较的是三个族群间的语言使用情况，而Nichols(1984)的美国南卡罗来纳州研究比较的则是黑人和白人群体的语言使用情况。关于黑人英语(Black English Vernacular，BEV)的研究也是考察族群内部语言变化情况的重要研究方向之一。Nichols探究了社会因素和族群语言模式之间的关系，以及它们对族群成员语言使用的影响。作为最早的殖民地之一，南卡罗来纳州沿海地区逐渐形成了白人和黑人两个主要族群。Nichols分别选择了一个全黑人社区(all-black community)和一个全白人社区(all-white community)进行调查。通过传统的社会分层方法，依据职业、教育、收入情况进行划分，全黑人社区属于工人阶层，全白人社区则属于中产偏下阶层。全黑人社区中大多数男性从事建筑工作，女性大多在旅游行业做服务员或零售店店员。全白人社区中的男性主要从事旅游业相关的服务性工作。一些白人妇女担任护士或教师等专业性较强的工作，其余的女性大多数是全职家庭主妇。

该研究对全黑人和全白人这两个社区中15—90岁的成年人进行录音，并分析他们的话语中是否存在具有他们社区话语特点的形态—句法变体。访谈录音显示，全黑人社区的多数中、青年女性仅使用标准变体。该社区的青年男子比中年男子使用的非标准变体多。相比之下，全白人社区的青年女性仅使用标准变体，而中年女性和老年女性较多使用非标准变体。该地区的男性被调查者中，无论青年、中年，还是老年男性，在使用非标准变体时都会掺杂标准变体特征。

与职业相关的语言模式，以及成员在其社区内的角色模型，都是与这些社区中的语言变化相关的因素。全黑人社区的中、青年女性，以及全白人社区的大部分青年女性都从事服务工作。这一工作需要她们与广泛的游客人群交往互动。白人社区一些青年男性也从事服务工作，而全黑人社区中大部分中、青年男性从事的工作都与建筑行业相关，这一工作不需要他们与其社区之外的人进行频繁互动。与全黑人社区的中年女性不同，全白人社区中这个年纪的女性通常是家庭主妇，因此在该社区之外她们没有广泛交往。由于两个社区成员的社会阶层略有不同，人们通常会预期全白人社区女性比全黑人社区女性社会地位高，她们会更多地使用社会声望较高的语言变体。然而事实恰恰相反，黑人女性更多地使用社会声望较高的语言变体。语言互动的模式，而不是社会变项，可以解释这种语言在共同体中的使用，因而凸显了社会网络在言语行为中的重要影响。

据此，Nichols提出三种社会组织模式：结构（structuralist）模式、冲突（conflict）模式和符号互动（symbolic interactionist）模式。与第三章讨论的共识模型和冲突模型不同，从Nichols的三种社会组织模式来看，Labov（1966）的纽约市调查是在结构模式的框架下展开的。这一研究视角认为社会阶层是相对静态的，虽然个人在社会阶层之间的流动是可能的，而且在相对开放的社会中是可以预期的，但阶层本身仍然相对固定。继Labov的纽约研究之后，对于社会中语言使用的研究会考虑到更多社会因素，而不是仅仅局限于语言变体和社会阶层之间的关系。Nichols的南卡罗来纳州研究进一步表明，职业网络中的个人参与度和子群体

(subgroup)参与度通常会影响人们的语言使用，并与其在家庭中的参与度所造成的影响程度类似。同时，家庭成员间的职业网络往往存在差异，这些差异会对他们的语言使用造成影响。

Nichols(1984)的冲突模式强调阶层划分的经济基础，认为社会冲突是社会组织的重要因素。这一模式中的“阶层”指的是由所有制和权力的社会关系决定的社会地位(position)，而不是由身份(status)、收入等因素决定的。Nichols(1984)使用“语言市场”(linguistic market)概念(Bourdieu & Boltanski 1975；Sankoff & Laberge 1978)分析全黑人和全白人社区青年女性与全黑人社区青年男性的经济活动之间的差异，并认为这一差异是由服务性工作和建筑工作之间的差异导致的。语言在经济活动的差异中起重要作用；使用标准变体是服务性工作的重要组成部分，但建筑工作通常不需要这种标准变体。尽管年轻白人男性所从事的职业与两个社区中的女性不同，但是他们也需要与不同语言背景的人进行面对面交流。因此，使用社会组织的冲突模式，我们能对这两个社区中小群体间在语言使用上的差异进行解释。

这一模式也存在一些缺陷，比如它没有解决说话者的主观选择或意图问题，而且“权势”(power)的定义受到了不必要的限制。社会组织的符号互动模式克服这些缺陷，将个人选择或意图以及特定社会中小群体间的关系考虑在内。这种社会组织观点将人与人之间的关系置于研究的中心位置，并认为互动本身就是一种塑造过程。在这一框架下，研究者从互动角度描述社会群体，而不是通过使用社会经济阶层的外部指标来定义社会群体。职业仍然是社会语言交往中的一个显著因素，这一研究关注的是在整个互动范围中职业互动所处的位置。例如，全白人社区的年轻女性在社区以外工作，在很大一部分工作时间都需要与非社区成员进行互动；该社区中的中年女性以家庭主妇为主。因此，与年轻女性相比，中年女性和老年女性拥有更紧密的社会网络，其频繁的社区内部互动使人们保留了非标准方言。在全黑人社区，青年和中年女性都在社区外与非社区成员一道工作。年轻和中年男性常常在建筑工作中彼此合作，很少需要和非社区成员互动。因此，与中、青年黑人女性相比，同年龄段的黑人男性更多地使用非标准语言特征。这本身并不是性别差异，而是他们社区内更紧密、复合度更高的社会网络导致的差异。

通过上述三种模式的讨论，我们可以看出社会阶层的结构模式不能充分解释性别差异或族群差异的语言行为。冲突模式试图从外部语言市场回报的角度来解释语言行为。但是这一模式注重人们的经济活动，而不考虑如亲属关系、友谊、社区等影响人们言语模式的因素。符号互动模式将社会阶层和个人经济活动的建构都纳入考虑范围，而不是假设任何一个因素是影响语言使用的首要因素。通过考察社交互动的性质和频率，社会网络分析解释了因社会阶层和经济活动而发生的语言互动，同时让我们也可以分析这些互动是如何对语言使用产生影响的。

这两项研究揭示出少数族群社区内部的语言变异和变化。一方面，不同的少数族群共有的语言变异在实现过程上存在差异，其成员有时会保留一些自己族群特有的语言特征，从而建构自己的种族身份。另一方面，种族也不总是解释族群内语言变异和变化的首要因素，有时候族群成员的社会网络构成比性别、年龄、种族等因素更能解释言语共同体内部小群体的某些语言变异现象。社会网络能帮助研究者了解更多的社会文化情况，在少数族裔内部以及种族间展开更全面、更充分的相关研究。此方面的更多研究可参见Labov & Harris（1986）对费城黑人英语的研究，以及Wolfram & Dannenberg（1999）对卡罗来纳州北部印第安人语言的研究等。

4.3.4 语言、社会网络和流动性研究

语言接触本质上关心的问题是当一个言语共同体中引入新语言时，会对说话者及其语言产生什么影响。对于居住于相邻地区、使用不同语言的人们来说，当他们之间的交际互动增加时，就会发生语言接触。常见的

语言接触还可以是通过征服和殖民来传播有声望的语言。徐大明(2006: 252)将语言接触的结果总结为三类：与语言保持情况有关的(包括借用和融合两种情况)；与语言转移情况有关的；与新接触变体的创造有关的(如皮钦语、克里奥尔语等混合语言)。当今世界全球化势不可挡，国内和国际移民、工业化和城市化等造成了频繁的人口流动，也导致了大量的语言接触现象。正如前文所述，一个紧密的网络结构会支持网络内部语言规范，并抵制来自网络外部的变化。与此相对，由弱关系构成的社区更容易受到外界变化的影响。Milroy & Milroy(1985: 367)提出，"语言创新者可能就是这样一些个体：他们正处在一个缔结很多弱关系的位置上"。因此，社会网络中的弱关系模式对于语言接触现象和语言变异现象具有解释作用。

一种语言的两种或多种可相互理解的变体(方言)，在一定的环境下，经说话人的接触，可能会产生该语言的一种新的、在一定区域内具备通用语地位的变体，这个新的变体一般被称为"柯因内语"(koine)。产生柯因内语的这个过程就称作"柯因内化"(koineization)。由于说话者在柯因内语出现之前就已经相互理解，因此柯因内化的过程不像皮钦化(pidginization)和克里奥尔化(creolization)那样激烈。与它们不同的是，柯因内化过程中没有目标变体，并且具有连续性，因为说话者不需要抛弃原有的语言变体。柯因内语是在原有方言的基础上发展起来的一种新的口语，它不改变任何现有方言，这一点将柯因内语与方言演变区分开来。

Trudgill认为柯因内化是方言接触的特例，通常在一个语言区内不同地方的移民迁徙至同一个新的地方时最容易发生(Trudgill 1986)。方言接触及其带来的柯因内化，是导致语言变化的主要外部因素之一。对于移民型柯因内语(immigrant koine)，Trudgill认为其柯因内化包括三个步骤：混合(mixing)、拉平(leveling)和简化(simplification)。他还归纳了柯因内化的三个阶段(见表4.2)，而在实际情况中有些发展阶段与下表并不一定完全对应。

表4.2　柯因内化的三个阶段

阶段	说话者	语言特征
第一阶段	成人移民	初步的拉平
第二阶段	第一代母语说话人	极度多样性，进一步拉平
第三阶段	随后的几代人	定型（focusing）、拉平、重新定位

（来源：徐大明 2006：263）

大多数关于柯因内化的研究都是事后（post-hoc）研究，考察先前已经稳定下来的方言的变化。因此，研究者能做的只是从理论上解释成年人和儿童是如何在一个柯因内化的环境中表现和学习，以及他们是如何形成新的规范。为了更好地理解柯因内化的微观过程和条件，Kerswill和Williams发起了一个定量的社会语言学研究项目，对英国Milton Keynes新城正在变化中的方言进行研究。该城位于英格兰东南部，在伦敦西北部的白金汉郡内，他们将该地区看作一个新的言语共同体。20世纪90年代以来，多部著作和论文报道了Kerswill & Williams的研究成果(如Kerswill & Williams 1992，1999，2000；Kerswill 1994，1996b)。本节主要讨论他们在2000年发表的一篇论文。该文以他们在Milton Keynes新城的研究结果为例，通过八项原则将柯因内化的过程与结果联系起来。

1967年，Milton Keynes被英国政府规划为新城镇，其人口规模迅速增长，到1990年该研究项目启动时已达到145,000人。该城市人口增长的80%来自移民，剩余的20%来自相对较高的出生率。与英国其他城镇相比，60岁以上居民的比例非常低，儿童的比例相对较高。正如大多数移民社区一样，Milton Keynes新城是一个年轻化的城市。其中，15岁以下的居民占25%，15—39岁的居民占43%。1981—1990年间，5—15岁的学龄儿童人数增加了32%，16—24岁的居民人数增加了54%，与全国情况形成了鲜明对比。同时，该城的外来人口覆盖英国各地，但76.2%来自英国东南部，仅伦敦就有35.2%左右。绝大多数居民从事体力劳动，调查样本中的所有家庭都是如此。

在Milton Keynes新城的一个混合社区进行试点研究后，Kerswill和Williams选择了十个语音变项作为主要研究对象。所选择的特征是英国南方口语特点，有证据表明它们已经发生了变异和变化。该项研究的样本是一个由48名儿童组成的社会同质群体，4岁、8岁和12岁的年龄组中各有八名男生和八名女生。他们要么在Milton Keynes新城出生，要么在出生后两年内移居到此地。1991年对他们进行了初次访谈录音，1992年底再次进行了录音。Kerswill和Williams还记录了每名儿童的主要看护者，46个孩子的主要看护者是他们的母亲，另两个孩子分别由姑姑和父亲照料。此外，为了获得Milton Keynes新城建造之前这个地区的方言样本，研究者还记录了六位自出生起就在该地区生活的老年居民。

受访家庭的儿童和青少年分别在两个相邻的社区上幼儿园、小学和中学。对样本家庭迁移模式的细分表明，他们代表了整个Milton Keynes新城的人口。然而，就社会经济地位而言，样本家庭并不跨越多个社会阶层，而是形成了一个单一的群体，即主要包括体力劳动者，他们主要租房居住。该研究选择儿童作为该项研究的对象，并认为儿童的语言使用和社会身份在其成长的每个阶段都存在差异，这些差异尤其与儿童与他人的互动方式有关。从以父母为中心的取向开始，儿童将社会交往的范围扩大到其他儿童，最终形成了青少年同辈群体。他们偏爱流行文化，反对成年人的规范。从语言角度观察，这一倾向反映在青少年对非标准语言的偏爱上。

Kerswill和Williams在他们自己及Trudgill等前人研究的基础上，提出了柯因内化的八项原则，在此我们着重探讨与社会网络相关的第五项，即说话者采用何种方言特征取决于他们的社会网络特征。Kerswill和Williams使用（ou）变项发音的定量研究结果来证明这一原则。coat和moan等单词中的双元音（ou）的第二部分可以“舌前音化”（fronted，发音在口腔中更靠前)，类似于标准英音（Received Pronunciation）中的kite

或mine。研究人员在从0到3的四级量表上量化了(ou)的舌前音化，0代表没有舌前音化，3表示最大的舌前音化。通过研究个人音位变项的得分(标志值，index score)来深入了解其背后语言以外的影响因素。

该研究显示，四个12岁的女孩得分在2.0—2.2之间。她们的母亲的得分都比她们要低。所有的女孩都比较善于交际，在学校里有朋友。有一个女孩与祖父母接触较多；另三个人与祖父母没有密切关系。这一年龄组中的两个得分最高的男孩，分别为2.2和1.8；他们的母亲的得分是1.6和1.4。两人都有姐姐，他们与家人都没有较多接触，但在学校都很受欢迎。其中一个男孩提出他的朋友主要是女孩，同时女孩们也认可他是她们的朋友。

12岁以上年龄组中有两个女孩的得分较低，分别为1.4和1.3，与她们的母亲的得分非常接近。其中一个女孩被形容为“害羞”，并且很少接触流行文化。除了母亲之外，她与其他家庭成员的接触也很少。另一个女孩和家庭成员互动较少，但她与邻居和学校朋友的关系很好。有两个男孩的得分较低，分别为1.4和1.2。他们的母亲的得分是1.4和0.2。第一个男孩个性孤单，没有人把他当作朋友。除了父母之外，他很少与其他家庭成员接触。第二个男孩也很少与非核心家庭成员接触，但程度不如第一个男孩严重。

由此Kerswill和Williams认为影响语言变化的主要因素是儿童对同辈群体的社交态度，也就是他们对同辈群体社会网络的融合程度。所有高分者都很好地融入了一个以学校为中心的同辈朋友群体；他们善于交际，经常被其他孩子称为朋友。相比之下，得分较低的人与同龄人之间通常保持一定的距离。这表面上看似乎有不同的个体原因：要么是孩子性格内向，或许还伴随着不融洽的家庭关系；又或者孩子没有机会接触到流行文化，因而成为了同辈朋友群体的局外人。然而，儿童的同辈社交状况超越所有其他因素，成为这一变化中的主导因素。儿童与非核心家庭成员的接触与(ou)变项在很大程度上并不相关，同辈社交才与(ou)变项显著相关。

这一结果与Trudgill(1974)的结论类似:"创新的不是社会边缘群体或下层阶层群体，而是拥有更多资源和更广泛社会联系的群体。"(p. 104)研究者同时对看护者的(ou)变项舌前音化程度对儿童的影响进行了定量分析。结果显示，儿童和其看护者之间的总体相关性并不显著。这表明，对于8—12岁的儿童，主要看护者的元音发音对他们的孩子没有影响，儿童与同龄人在接触方面的差异更能解释该语音变项的不同表现。

同时，Kerswill和Williams对英国Milton Keynes新城的研究也支持了Milroy的结论，即语言变化在移民人群中比在有较强当地基础及紧密社会网络的人群中的传播速度要快。与自己社区之外的人有较多弱联系的人最易使用新的语言变体，这些人也是推动语言创新形式扩散的重要力量。

4.3.5 我国社会网络研究

自Milroy & Milroy在贝尔法斯特的实证研究以来，社会网络分析模式在西方社会语言学中已经得到了广泛应用，并且逐步发展为一种经典的研究范式。然而，对于我国社会语言学研究来说，利用社会网络分析方法的研究还没有完全发展起来。本小节从社会网络分析视角探讨徐大明(2001)的包头社区调查，并介绍国内社会网络研究成果。

本书第三章从变异语言学角度讨论了徐大明及其团队关于我国城市语言变异和言语共同体的研究。徐大明在包头市昆区的研究第一次将社会阶层的研究模式与社会网络的研究模式有意识地结合起来，在城市语言研究中开创了社会网络研究的先例(李荣刚 2016：123)。统计结果显示，只有"家庭社会地位"、"社会网络"和"职业"与鼻韵尾"元音鼻化"和"鼻韵尾脱落"这两个音位变项有关。其中，"社会网络"对两个变项的制约能力(或"解释力")都明显大于"职业"和"家庭社会地位"的约束力，而"家庭社会地位"的解释力远没有"职业"强。调查发现，层化因素和网络因素可以同时制约语言变异，二者并不相互取代。但是，在改革开放之前的中国城市社区，网络因素的制约能力较强，而层化因素制约能力较弱。因此，徐大明认为，包头鼻韵尾变异的社会分层结构是模糊的，但是呈现出一个相对清晰的、基于家庭的社会网络结构面貌。对比西方言语共同体的垂直结构，包头言语共同体表现出一个相对扁平的结构。

徐大明团队2003、2004和2006的研究结果显示，昆区北方话的鼻韵尾变异已经和多种社会因素产生了相关性，处于更加有序的状态。比如，年龄、教育程度、性别和出生地都成为对元音鼻化的有效制约因素。而且，起制约作用的社会因素之间的作用力也发生了变化，职业、社会网络对鼻化和脱落的制约作用均有所加强。这也反映了昆区社会结构的变化。受市场经济的影响，人们对“单位”的依附逐渐变得松散，“干部”和“工人”的身份区别更加成为一种职业上的区分。新职业和新社会阶层的出现使得昆区类似西方社会的“垂直”分层模式越来越明显。有研究者认为，尽管社会网络对于昆区鼻韵尾变异仍然起着重要的制约作用，但是随着社会的进步发展，层化模式将越来越适用于中国社会(刘英 2009)。

近年来，国内学界也出现了更多对汉语社区中社会网络的实证研究。比如刘宏宇、李玉琪(2012)对达斡尔族社会网络中的母语保持情况调查，李荣刚(2016)对连岛社区(f)音的变化分析，以及佟秋妹(2018)对三峡移民社区内部网络和语言使用情况的统计分析。这些研究一方面反映出国内城市化进程对少数民族和乡村社区的社会网络和语言使用造成的影响，另一方面验证了前文所述Milroy的观点，即强关系的社会网络对土语的语音系统具有保护作用，弱关系则容易导致语言变化。

4.4 小结

社会网络研究主要是利用人们在日常生活中自愿结成的人际关系网，通过研究人与人之间的互动来解释语言的变异与变化机制(Milroy &

Margrain 1980)。语言变异学家发展了两种将社会网络分析应用于语言变异研究的方法：一种是将社会网络作为一种田野调查的工具或策略，另一种是既将社会网络作为一种研究方法论，也将其作为一种分析工具。关于社会网络的测度方法主要分为两种：一种是定量或融合性测度，另一种是定性或解释性测度。前者主要利用Milroy所提出的密度、复合度和聚合圈三个指标来描述社会网络的结构和内容特征，与研究人员所选择的语言变项一起展开定量分析；后者主要说明的是说话者的性别、民族、教育、职业等因素对社会网络具有显著影响，从而造成语言变异和变化。

社会网络既可以用于解释单语社区的语言变异和变化现象，也适用于双语社区的语言保持和语言转移，还可以解释地理或社会流动所造成的方言接触现象。总体来说，个体融入邻里关系网的水平会大大影响其使用方言的程度。一个紧密的社会网络结构会支持内部语言规范，并抵制来自社会网络以外的变化；一个松散的网络结构有利于产生语言创新。弱关系将紧密的群体相互联结起来，而且还和更大范围内乃至全国性的言语共同体联结在一起，更有利于语言的扩散和变化。研究人员还发现社会阶层与网络结构之间的关联，即松散网络主要与流动性强的中产阶级联系在一起，而紧密网络则与社会阶层地位较低或较高的语言使用者联系在一起。

在当代的社会语言学研究中，社会网络研究范式越来越受到重视，尤其在西方学术界得到了广泛应用。但是，对于国内社会语言学研究来说，社会网络研究还没有得到全面发展。目前我们更多的是在社会语言学著作中看到对社会网络理论、研究方法等方面的介绍，却比较少见到关于汉语社区中社会网络的实证研究。这一方面是由于我国快速的城镇化和频繁的人口流动造成的，但是另一方面迅速适应大城市生活的人们也不断构建新的社会网络，这种摆脱传统社会网络、重构新社会网络的动态过程将会是我国社会语言学实证研究的发展方向之一。

另外，一些学者认为社会网络框架没有进一步表明人们对所构成网络的态度，即是出于自愿的主动选择、出于功利的权宜之计、还是家庭或外部压力的迫不得已，等等。一些人倾向于社会流动，主动放弃了紧密度高、复合度高的社会网络，为了追求“大城市的生活”离开了原来生活的社区和原生家庭。与这样的地理选择和社会选择伴随而来的是语言选择。另一些说话者对于他们所处的社会网络位置几乎没有选择的机会，外部条件制约了他们的选择。虽然社会学冲突模型有助于我们理解他们的选择，然而社会态度和社会网络选择仍旧没有得到充分解释。社会网络的个人选择和态度也会是未来研究的发展方向之一。

社会网络研究范式综合了Labov式的社会方言学和Gumperz式的民族志学的研究特点，在研究程序、调查方法、统计检验上都有所拓展。该范式弥补了Labov研究忽视个体之间语言差异的缺陷，对个体的语言变异进行定量分析，并较详尽地显示出社会网络及其他社会因素对说话人语言变异的影响。然而，社会结构是动态的、不断变化的，这也反映在说话人的社会网络和语言使用中。实际上，语言的变化不仅能顺应社会网络的变化，语言自身还能成为调节社会网络的工具和手段。社会网络作为一个独立变项，在分析和解释语言变化方面具有多大的可靠性，还有待今后进一步探讨。

第五章 语言实践共同体

5.1 实践共同体研究概况

实践共同体（community of practice）概念源于人类学、社会学和教育学领域对人类学习的社会属性研究（Bourdieu 1977；Foucault 1980；Giddens 1984；Lave 1988；Vygostsky 1978）这一概念的发展经历了Lave & Wenger（1991）对实践共同体中情境学习和合法边缘性参与的定义，Brown & Duguid（1991）对实践共同体在工作、学习和创新方面的探讨，Wenger（1998）对实践共同体与学习、意义和身份的关系进行重新定义，Wenger *et al.*（2002）对于如何培育实践共同体的探讨，以及Wenger-Trayner *et al.*（2015）对实践共同体的景观化研究几个阶段，并与情境认知理论（situated cognition theory）和社会学习理论（social learning theory）等相结合，逐渐发展为一个重要的社会学理论。

Lave & Wenger（1991）认为一个实践共同体包括一系列个体共享的、相互明确的实践和信念，也包括成员们对长期追求共同利益的认同和理解。人们的行为方式、说话方式、价值观和权力关系的总和即为实践，这种实践是在成员们共同努力的过程中形成的（Lave & Wenger 1991：461-490）。Wenger（1998：72-73）发展了实践共同体理论，提出实践共同体由三个要素构成，即共同参与（mutual engagement），联合组织（joint enterprise）和共享话语库（shared repertoire）。Eckert & McConnell-Ginet（1992）把实践共同体的概念引入语言与性别研究中，并认为语言是一种实践，通过这种实践，语言使用者组成实践共同体。

尽管实践共同体这一概念出现时间不长，但其描述和解释的现象却由来已久。它继承并发展了美国实用主义创始人Peirce的探究共同体概念和实用主义哲学家Dewey的职业学习原理（Shields 2003；Wallace 2007）。作为一个社会学概念，实践共同体不同于传统的共同体，它是由其成员和成员所参与的实践共同定义的。

5.1.1 实践共同体理论内涵

实践共同体是近年来在社会科学领域最具影响力的概念之一，已经被广泛运用于成人教育、工作场所学习以及职业发展和管理等研究领域。然而，由于实践共同体概念始终未得到准确且具有可操作性的定义，因此学者们在使用这一概念时常常有所偏差，甚至有时会背离原有理论（Cox 2005）。研究显示，多部开创性著作对于实践共同体概念的定义有所不同，因此导致了实践共同体概念的多样化。同时，实践共同体概念本身比较模糊，这也使得研究者用各自不同的方式理解和使用它，从而导致原有概念产生语义上的偏差和变化（Murillo 2008）。此外，实践共同体还衍生出大量相似概念，如学习共同体、职业共同体、知识共同体、文化共同体等。有学者认为实践共同体概念的多样化已经导致了它最初所包含的重要思想有所流失，其批判性和核心理论思想都面临着走形的危险（Hughes *et al.* 2007）。因此，为了更好地理解实践共同体概念，我们梳理其产生和发展过程，并从五个方面探究这一概念的内涵。这五个方面也与本章开篇提出的实践共同体概念发展的若干阶段相重合。此外，本节指出一系列对实践共同体的常见误读，并讨论实践共同体的成员身份。

5.1.1.1 合法边缘性参与

首先是基于合法边缘性参与（legitimate peripheral participation）的实践共同体概念。Lave & Wenger（1991）的《情境学习：合法边缘性参与》（*Situated Learning: Legitimate Peripheral Participation*）提出了实践共同体的概念，他们的共同体思想来源于Scribner & Cole（1981）的《读写能力心理学》（*The Psychology of Literacy*）。20世纪80年代以前，行为主义与认知主义学习理论一直占据学习科学的主导地位，这些理论通常把学习看作一种从教师向学生迁移知识的过程，而把知识看作是能够从一个人向另一个人迁移的客观实体。但是Lave & Wenger（1991：98）认为实践共同体是人们、他们的活动和世界之间的一系列关系，这些关系是跨越时间的，并与其他相关或重叠的共同体发生联系。实践共同体是知识存在的条件，它为理解共同体的传承提供了必要的内在支持。知识存在于文化实践中，并参与到这种文化实践中去，是学习的一个认识论原则。此外，实践共同体不一定是成员必须共同在场，或是可以辨别的共同体，也不意味着一定具有看得见的社会边界。它意味着人们共同参与实践，参与者共享他们对于该实践的理解，而且这种理解与他们的行动以及该行动在他们生活中的意义有关系。也就是说，Lave & Wenger（1991）的实践共同体概念并不是假定在组织中存在一种新的非正式共同体或社会组织方式，而是强调任何实践都有赖于社会群体的参与。通过他们的参与，实践得到延续，而且人们通过参与实践不断进行学习。

合法边缘性参与是一个通过描述人们在实践共同体中的参与来分析学习过程的模型，参与程度在共同体成员学习的过程中通常逐渐由弱变强。Lave & Wenger（1991：95）认为新手的合法边缘性参与给他们带来的不仅仅是一个"观察"的机会，更重要的是，参与是一种学习方式、一种文化实践。在实践共同体语境中，学习者在充分参与之前，会先观察共同体成员的互动方式。换言之，合法边缘性参与是新手适应共同体、理解其基本规则并进行沟通的第一步。在一个实践共同体中，新手通常从一些低层次的工作入手，通过模仿共同体成员所从事的更重要的工作来参与实践。这样的过程被认为是学习的过程，新手从共同体“边缘”位置开始，然后逐渐成长为一个共同体“中心”角色。尽管新手处于共同体的边缘，但他们是“合法的成员”，并且他们从外围逐步进入，直至中心参与，最终成为该领域的行家里手。

从社会结构方面来讲，合法边缘性参与是一种社会实践再生产的过程，随着新手逐渐向能手的转变，新手自然而然地被吸收到共同体中，从而使得共同体的实践得到延续和强化。随着时间的推移，在实践共同体中习得的知识既构成了个人的社会身份，又成为他人眼中共同体身份的一部分，学习也成为社会实践的一部分（Lave & Wenger 1991：35）。Lave & Wenger（1991：117）通过聚焦合法边缘性参与过程，为理解个体的身份发展和实践共同体的再生产之间的关系提供了一种新途径。在这种学习理论看来，学习不是通过复制他人的行为而进行的，也不是通过获得教学中所传递的知识而实现的。学习是共同体成员在特定领域的实践过程中，通过成员从边缘向中心逐步递进的实践性参与而发生的。

5.1.1.2　工作、学习和创新之间的关系

实践共同体的第二个角度是从工作、学习和创新关系对这一概念进行定义（Browm & Duguid 1991）。和Lave & Wenger（1991）一样，Brown & Duguid（1991）的“组织化的学习与实践共同体：走向工作、学习和创新的统一”（“Organizational Learning and Communities of Practice: Toward a Unified View of Working, Learning, and Innovation”）一文也是实践共同体理论的先驱，Brown & Duguid（1991）也是工作场所学习研究、情境知识研究和知识管理研究等领域广为引用的开创性文献之一。在传统观念中，人们往往把工作、学习和创新三类活动看作是相互冲突的。但是Brown & Duguid（1991）否定这一观点，并将这三者整合起来，从而重新解释实践共同体在工作场所学习中扮演的角色。Brown & Duguid

(1991)关注的重点是共同体内的学习过程。他们提出从共同体形成、组织和个人身份改变的角度出发进行研究，可以对工作场所的学习得到最佳理解。学习的主要问题是让共同体成员成为真正的实践者，而不是去学习有关实践的知识。通过这种方式，成员从抽象的知识世界和想象的行为中剥离出来，设身处地参与实践；由此，知识的重大意义才能在实践共同体中得以真正实现(Brown & Duguid 1991：48)。在这里，他们把实践共同体描述为“间质共同体”(interstitial communities)，它存在于被组织正式布置的工作和需要真正完成的任务之间，而此处的组织则是“共同体的集合”或“共同体的共同体”。

Brown & Duguid(1991：41)以实践为基础，把学习看作是工作和创新之间的桥梁。为了便于开展工作，大部分组织希望将复杂的任务简化成为一套标准化程序，工作人员则无须太强的理解能力和洞察力就能够执行或遵守这些标准化程序。不过，Brown & Duguid(1991)认为这种程式化的工作方式和实践中真正开展的工作方式之间存在重大差异，他们把前者称为“标准化的实践”(canonical practice)，而把后者称为“非标准化的实践”(noncanonical practice)。与此相对应，他们把标准化实践所需要的知识称为“标准化知识”，而非标准化实践所需要的知识则称为“非标准化知识”。他们认为在实践中，工作方式不可避免地在抽象的描述和实际情境的要求之间发生变化(Brown & Duguid 1991：42)。

与Lave & Wenger(1991)建构的学习理论不同，Brown & Duguid(1991)的理论旨在阐述当标准化“描述不足以指导实践者完成实际工作时，工作人员可以通过叙述、协作和社会建构来解决工作当中遇到的实际问题”(1991：44)。出现问题时，工作人员通过叙述的方式可以反映出工作人员内部的复杂社会网络，以及叙述者和听众与具体实践事件之间的关系。叙述有助于工作人员对事件进行分析，通过对事件的正确分析，再对问题提出可行的解决方案。面对同一个困难，通过小组讨论，工作人员相互协作解决问题。由此可见，共同体的建构基于人们的叙述和协作，共同体成员就工作中遇到的实际问题进行描述和协商，从而创造性地解决问题，是共同体成员从工作、学习走向创新的一个动态发展过程。

5.1.1.3 学习行为和学习身份

实践共同体的第三个角度是通过聚焦实践和身份来分析人们的学习行为（Wenger 1998）。在《实践共同体：学习、意义和身份》（*Communities of Practice: Learning, Meaning, and Identity*）这部著作中，Wenger界定了一个比Lave & Wenger（1991）更加明确的实践共同体概念（1998：45）。他提出，人类的生活意味着人们持续不断地参与到各种事业的追求中——从保证我们的基本生存到精神层面的需求都属于这样的追求。当我们界定这些事业，并共同参与到这样的追求中去的时候，我们彼此互动，并与世界互动，我们相互协调关系，并协调我们与世界的关系。换言之，我们相互学习。随着时间的推移，这种集体的学习产生了实践——它既反映了我们对事业的追求，又反映了由此产生的共同体关系。因此，Wenger（1998：72-73）把这种共同体称为实践共同体。

在这一描述中，尽管实践共同体概念的定义仍然不是很严格，但是共同参与、联合组织和共享话语库这三个共同体要素得到了强调。Wenger通过使用这三个要素把共同体和实践概念整合为统一的结构，并且将这三个要素看作是实践共同体凝聚力的来源。这三个要素是实践共同体的构成维度，它们是构成实践共同体的必要且充分的条件。

共同参与（mutual engagement）是指成员通过共同参与共同体活动，从而构建共同体规范和共同体成员之间的关系。共同参与涉及成员们定期的交往，是使实践共同体得以存在的关系基础。比如在同一个部门里工作的同事会定期交往，他们可能会在走廊里遇到彼此、一起喝茶或者组成小组一起讨论某个项目。在一个组织里，某一团队成员定期见面并一起讨论工作问题，是一种比较常见的共同参与形式。

联合组织（joint enterprise）是指共同体成员通过他们之间的互动而

产生的相互理解，以及对共同体目标、规定、准则的理解。联合组织并不只是一个共同体成员共有的目标，而是一个共同体成员之间相互协商和妥协的结果，涉及由共同的责任所构成的复杂关系，而这种共同的责任也是实践共同体不可缺少的一部分。一个工作团队的目标会在他们的任务列表中体现出来，这个任务列表确定了他们每个人的角色，每个人都要为达到目标作出贡献。在Wenger的定义里，共同体成员们处于一个不断协商和妥协的动态过程中，这些妥协反映了成员们对于自己在这个组织中的角色的理解，他们所理解的角色也将成为他们定义实践共同体的特征之一。

共享话语库（shared repertoire）是共同体成员的共有资源，是在成员形成联合组织的过程中获得的语言的或其他具有象征意义的符号资源的总和。有学者将这一术语翻译为“共享的技艺库”(如王利敏 2016)，或“共享智库”(如王逊、张艺凡 2019)。但是我们从社会语言学角度出发，认为不论是技术、手艺，还是知识、智慧，都需要通过一定的话语进行构建、交流和传播，因此我们认为将这一术语翻译为“共享话语库”更为贴切，也反映出语言资源在实践共同体中起到的重要作用。一个实践共同体不只是一个工作小组或兴趣小组。实践共同体的成员们共享特定的资源，如共享的专业术语、表达方式，以及共同的经历、解决问题的方法等。实践消耗时间的过程，也是成员之间交往的过程。成员们构建共享话语库多数情况下都是出于自觉。比如汽车制造厂的发动机工程师们一起收集资料和数据，把他们所学到的内容汇总在一起，形成一个共享话语库。又比如在午餐时间聚在一起聊天的护士们也会不经意地分享自己的故事和经验，从而为同事们提供了共享的实践资源库。这样的闲聊会成为今后他们照顾病人的知识和话语来源(见5.1.3)。

Wenger(1998)聚焦共同体的意义。在这一著作中，意义(meaning)被看作是学习的最终目标。同时，Wenger(1998)假定意义需要得到持续不断的协商，因此他把学习看作是集体的、社会性的活动，并把意义协商(negotiation of meaning)界定为“一种过程，通过它我们体验世界”(1998：53)。这一过程嵌入在共同体的实践之中。Ernest(2002：460)在对Wenger(1998)的书评中提出Wenger的理论框架建立在四个相互连接的、相互界定的要素上:(1)身份，从学习者身份出发，学习即是成为(learning as becoming);(2)意义，就学习者本身而言，学习即是经历(learning as experience);(3)实践，在共同体中，学习即是实践(learning as doing);(4)共同体，对社会团体而言，学习即是建立成员和共同体之间的从属关系(learning as belonging)。

总之，Wenger(1998)明确地把实践共同体看作学习分析的基本单元，从而进一步远离了传统上基于个体认知心理的学习理论。此外，他系统地发展了Lave & Wenger(1991)中的一些相关概念，澄清了早期的模糊描述，并且更加明确地把“学习—实践—共同体—身份—意义”这一概念相关链条作为实践共同体讨论的核心问题。

5.1.1.4 知识管理研究

实践共同体研究的第四个方面是知识管理。Wenger *et al.*(2002)的《培育实践共同体》(*Cultivating Communities of Practice*)将实践共同体概念从理论建构推向实际应用，标志着实践共同体研究从学习研究视角转向知识管理研究视角。工作场所学习视角强调具有创造性的、非正式组织的实践共同体的理论发展，而知识管理视角强调实践共同体的商业价值，它的目标是识别、支持或驱动实践共同体来进行组织的知识管理。Wenger *et al.*(2002)把实践共同体描述为“由共享的专业技能和联合组织的激情非正式地连接在一起的共同体——它能够推动战略、产生新的业务、解决问题、促进最佳实践的传播、发展专业技能、帮助公司招募、留住人才”(Wenger *et al.* 2002：4)。而Snyder *et al.*(2003)则认为实践共同体以社会学习系统的形式运作；在这个系统中，实践者们为了实现共同目标而连接在一起，这些共同目标包括解决问题、分享思想、设定标准、确立工具等。

Wenger *et al.*(2002)描述了实践共同体发展“生命周期圈”。这个生命周期圈分为五个阶段，每一个阶段解决特定的问题，并且他们还为每一个阶段的发展提供了可行战略。从这个意义上来说，Wenger *et al.*(2002)是对早期实践共同体理论的简单化、工具化和商业化。尽管对实践共同体概念的推广和运用在客观上起到了积极作用，但是导致了实践共同体理论演变为知识管理的一种实践工具。

5.1.1.5 实践的景观化研究

实践共同体研究的第五个方面是对实践的景观化研究。在Wenger-Trayner *et al.*(2015)《实践景观中的学习》(*Learning in Landscapes of Practice*)一书中，基于Wenger(1998)的实践共同体概念，作者团队从实践景观化角度出发，对此概念进行了更加具象的阐述。他们认为如果专业知识的主体是一幅实践景观的话，那么个人的学习经历就可视作为穿越此景观的一个旅程。实践景观与共同体边界有重要关系。Wenger(1998)指出实践共同体之间存在差异和联系，它们构成了一个复杂的社会景观，其中包括实践共享、界限、边缘、重叠、联系和相遇(1998：118)。界限和边缘既指实践共同体的“边界”，又指他们与世界的其他部分相联系的接触点。然而，界限和边缘所强调的内容是不同的。界限强调的是共同体的不连续性和共同体之间的分界线，如内部和外部的区分、成员与非成员界定，等等。而边缘指的是共同体的连续性，也就是实践共同体之间相互重合和相互连接的区域。由此可见，在实践共同体中，界限和边缘是交织在一起的，边缘性也就由此而变得模棱两可而且充满矛盾，使得学习者既有成功进入实践的可能，也有被阻隔在外的风险。

《实践景观中的学习》一书对实践共同体中成员的学习者情绪、在多个实践共同体中成员的多重身份、高等教育中出现的学习问题等进行论述。学者们试图通过各个领域的具体实践案例来阐述学习、知识与实践之间的有机联系。景观化实践是一种隐喻，在此隐喻中，景观化实践的概念可被视作为Bourdieu实践观的一种抽象表达。Bourdieu（1972/1977，1978）在社会实践理论中提出了场域（field）、资本（capital）、惯习（habitus）的概念，他用数学关系来表示，即惯习与资本相乘再加上场域等于实践（[（惯习）（资本）]+场域＝实践）。作者团队提出的景观化实践的概念虽然不能等同于Bourdieu的实践公式，但其所涉及的专业知识就相当于文化资本，而个人经验化身为惯习，场域即抽象化为"景观"（曲强 2012）。由此可见，实践共同体概念中的社会实践观已趋于完善，并与Bourdieu（1972/1977，1978）中所阐述的实践观逐渐接近。

5.1.1.6 理论的理解与误读

在使用实践共同体概念时，人们对这一概念存在几点误读。实践共同体在不同领域的表现形式各不相同，因此没有一种可以概括所有共同体特点的模型。对于实践共同体的误读主要包括以下七种。

第一，一个常见的误读是"实践共同体总是自发组织的"。一些共同体确实是自发组织的，并且发挥了很大的自主性。然而大多数共同体是需要组织和培养的，以保证其成员能够找到适合自己的位置，发挥出自己的最大作用。

第二，"真正的实践共同体是非正式的"。虽然有很多非正式的实践共同体存在，但正式的实践共同体也占很大比例。当成员们想要提升自己的能力和表现、想更好地发展社会网络的效果时，他们就会通过一些更加正式的方式来组织这个共同体。

第三，"好环境是让成员们活跃的关键"。好的环境和好的设施往往并不是最重要的。成员们会因为其他一些原因参与到实践共同体中来。比起环境和设施，人们更看重的是这个共同体中的实践活动是否与成员紧密相关，还有就是成员们是否能通过实践获得积极正面的成果。好的环境和设施会让这些成果更加显著，但并不一定会成为成员们参与实践的先决条件。

第四，"实践共同体的功能是分享经历"。分享经历很重要，但是实践共同体还有着创新和解决问题的功能。成员们会进行新的探索、创造新的知识、发现新的领域，然后获得更多知识。

第五，“衡量实践共同体的影响力是一件很难的事情”。要想百分之百量化一个实践共同体的影响力确实会是很难，但是我们可以利用量化的数据和质性材料来测量不同类型的成果，并且追踪和总结共同体内成员们的成长轨迹。

第六，“在一个真正的实践共同体内是没有领袖的”。大多数实践共同体都需要有人作决策、分析环境并且展开战略讨论。并不是所有成员都能够将这些过程中的不同环节了解清楚，这时候就需要领袖，也可以叫作协调人或者管理者。他们会承担一定责任，帮助其他成员找到自己的角色，使共同体有序地维持下去。

第七，“实践共同体是一个和谐的地方”。实践共同体并不是完全没有矛盾的。成员们会有观点之间的碰撞和意见的不统一。一个运转正常的实践共同体应该是大家分享观点、提出问题、共同讨论、为了更好地学习实践而一起努力的地方。

5.1.1.7　实践共同体成员身份和动态轨迹

成员身份是实践共同体概念内涵的重要组成部分。实践共同体的形成也是身份认同构建的过程。人们通过实践逐渐形成共同体，在共同体内，成员们相互交往，对共同体形成一定程度上的认同。Wenger（1998：145-148）认为通过使用共同体概念来探讨身份问题并不是否认成员的个体性，而是把成员个体性的定义视为共同体实践的一部分，身份认同是共同体成员在完成工作，以及与他人互动的过程中协商的一种结果。因此，把身份视作一个抽象的集合或是一种狭义的个体都是一种误读。实践使得人们不断探索和协调自己与社会环境之间的关系。这种协调通常是在不知不觉中进行的，共同体成员们不需要直接谈论这件事，也能够在实践中与其他成员交往互动从而构建自己的共同体身份。在实践共同体中，身份通常是共同体成员们共同经历和共同实践的产物。也就是说，人们可以通过参与共同体活动从而确立自己的身份认同，也可以通过与共同体其他成员的互动来构建和修正自己的身份认同。同时，身份认同是一种学习的轨迹和积累的结果，人们通过已经获得的知识和即将学习到的知识来定义自己的身份。

共同体成员身份有三个特性。第一个是成员活动的共同性。在一个实践共同体内部，成员们学习如何与他人一起进行活动。对于如何与他人交往、人们应该如何互动以及如何一起工作等问题，人们都有自己的预期。在这些构成实践共同体的活动中，人们发挥主体能动性，在活动中构建自己的共同体身份。每个人的能力都是有限的，但同时每个人的能力对于共同体来说都是有价值的。通过共同的活动，每个人都成为了整体的一部分。

第二个特征是成员对共同体的责任感。当我们把自己置于某一个组织中进行发展时，我们通常会对这个组织产生责任感，而这种责任感使我们为这个组织作贡献，同时也塑造了我们看待世界的方式。比如作为保修专员、医生、社工、销售员，他们的视角是完全不同的。不同的视角让他们有机会了解多维度的信息，进而去思考解决问题的多重可能性。共同体身份使得成员们都参与到某些特定活动中，形成某种特定的理解，作出特定的选择，并且对于特定的经历作出评价。

第三个特征是成员们共享的话语库。共同体的实践活动使得成员们可以有机会创造、理解和使用共享话语。在共同体活动中，成员们逐渐形成了一套特定的话语。这些话语包括专业术语、惯用语、专门的表达方式、共享的故事或叙事（narration）以及其他具有象征意义的符号、表情或手势。共享的知识和技术也需要通过话语进行构建、呈现和传播。此外，成员们还通过话语相互认可彼此的实践。成员们逐渐掌握共同体成员共享的话语库，从而构建他们的共同体身份。他们是共同实践过程的亲历者，实践也成为他们的一部分。能力的维度可以向身份的维度转换，身份的维度也可以向能力的维度转换。当人们有了新的实践，积累了新知识，掌握了新话语，他们就进入了一个不熟悉的领域进行探索。在未知的领域中，他们从起初不知道如何与他人交往，不了解这个组织的内部结构，也没有与其他成员共享的知识技能，到后来的熟练使用共享话语库进行交流，以及熟练掌握共享知识技能，成为共同体的真正成员。也就是说，不仅人们能够做到的事情、拥有的知识塑造着他们的身份，他们不能够做到的事情、不掌握的知识也会对他们身份构建起到作用。

同时，共同体身份还具有身份认同的一般特征，比如共同体身份具有暂时性、动态性和多重性。身份不是一个静态的存在，而是以一个不断协调的动态过程而存在的。当人们与这个世界相互影响、与其他人相互交往时，他们在这种互动中同时构建他们的身份。身份的塑造也是一个持续不断的过程，它并不是一个人已经拥有的一部分，也不是在某一个时间点突然获得的，而是通过人们的不断实践而形成的。实践共同体的成员资格只是我们身份的一部分。比如餐厅服务员通过工作实践而获得的并非全部身份。他们各自有着自己的家庭背景、成长经历和兴趣爱好，“餐厅服务员”只是他们身份认同的一部分。而且，身份也不是可以随时获得和放弃的。餐厅服务员来到餐馆上班，虽然没有把小孩也带上，但是他们仍然是父母。尽管从餐馆回到家，他们实践的地点变化了，但仍然具有餐厅服务员的身份。参与多种实践并没有将他们的身份碎片化，也没有给不同的身份之间划定严格的界限。从微观层面看，我们总是在处理当下发生的事件；但是从宏观层面看，我们也同时经历某些特定的历史阶段，并逐步走向未来。因此身份是不断变化的，身份并不是一成不变的，而是一个具有多重维度并且持续变化的过程。

人们的身份在实践共同体内部和实践共同体内之间形成了动态轨迹（trajectories）。轨迹并不是指一个固定的过程或者一个可以被观察的路径，而是持续的、动态的，可以连接过去、现在和未来。在实践共同体背景下，身份构建有着不同类型的轨迹。Wenger（1998）对身份轨迹进行了比较详细的论述。他指出实践共同体有着各种类型的轨迹（trajectories），如外围轨迹、向心轨迹、局内人轨迹、边界轨迹、离心轨迹和范例式轨迹。外围轨迹（peripheral trajectories）是指那些不会让人完全参与到实践共同体中但可以给人们提供进入一个实践共同体的轨迹，因此外围轨迹对于人们成为共同体一员并且塑造身份有着重要作用。向心轨迹（inbound trajectories）是指实践共同体的新成员希望通过充分的实践，获得完整的参与而进行的向心运动轨迹。尽管通过这一轨迹进入共同体的成员初期有可能是外围参与者的身份，但是他们会在将来的参与中逐渐构建自己的共同体身份。局内人轨迹（insider trajectories）是用来描述成熟的实践共同体成员的身份轨迹。即使获得完整的参与和实践之后，他们的身份构建仍在继续，新的实践、新的需求以及新的参与者都在为重新塑造一个人的身份创造条件。边界轨迹（boundary trajectories）是指一些在不同实践共同体的边界之间起到连接作用的轨迹。离心轨迹（outbound trajectories）是指一些向实践共同体外部伸展的轨迹。人们常常关心的是如何进入一个共同体，然而离心轨迹也会带来新的关系，会让人们从新的角度审视自己和自己所处的共同体。

实践共同体为身份轨迹的构建提供了一系列模型，并提出范例式轨迹（paradigmatic trajectories）。范例式轨迹不仅是被具体化的里程碑，是职业生涯的阶梯，他们更是代表了共同体实践者的参与过程和身份变化的过程。这些范例式轨迹是由实实在在的人们和他们的经历构成的。对于那些刚加入一个实践共同体的新手来说，能够接触到这些范例式轨迹是非常重要的，并对他们在共同体中的顺利成长具有很大影响。正是共同体成员们通过参与共同体的实践活动，为新加入的成员们创造了一系列可能性，使得新成员们在自己的轨迹中进行探索。新成员们一旦掌握了参加实践的范例式轨迹，他们就会从共同体的实践中获得真正有价值的知识。从这个角度来看，实践共同体是人们不断变化的身份集合，并且人们在共同体中不断构建新的身份。在这里共同体成员并不只是旁观者，也不只是共同体历史的学习者，更会实实在在地去经历共同体历史、创造历史。一个实践共同体是一个从过去贯穿到现在并延伸到未来的实践者身份集合。

身份构建作为多重轨迹相互影响、相互妥协的过程，其中的新老碰撞远比线性的继承发展更加复杂，也更加具有普遍性。在这样充满矛盾和相互影响的身份交织中，个人的身份轨迹与过往的实践联系在一起。共同体新老成员的身份是在历史的不同时期形成的，因此他们看待自己的经历有各自不同的视角。对于新成员来说，过往的实践经历越少，他们需要考虑的共同体历史就越少。而对于老成员来说，对未来的期望越少，构建共同体身份的紧迫性也就越低。实践中的学习是多个身份之间的协商过程，而身份的最终建立是在过去和未来之间的融合中进行的，因此新老成员都能在彼此身上找到共同体实践历史的痕迹。为了参与到共同体中，新成员必须不断地塑造自己的身份。他们需要获取共同体的实践历史，并把共同体的历史转化成自己的一部分，才能为创造新的共同体历史作出贡献。因为新成员在共同体中相对脆弱，所以他们需要对自己的身份构建进行持续投资。虽然他们并未参与共同体的历史，但是他们需要将这段历史纳入自己的身份认同，并努力使共同体历史在自己身上延续下去。与之相对应，老成员们已经处于共同体之中，并且对于自己亲身参与过的历史非常熟悉。他们会对未来的实践进行投资，但他们不一定着重寻求延续性，而是去寻求新的发展方向。因此，他们可以和新成员形成互补，也会为新成员们带来更多的可能性。

5.1.2 实践共同体的理论基础

由于实践共同体研究多使用民族志研究方法（见第二章），所以本章不单辟一节讨论研究方法，而是聚焦实践共同体与相关社会学理论。这些社会学理论是实践共同体概念形成和发展的理论基础，只有深入探讨这些理论基础，才能在广度和深度上对实践共同体概念进行拓展。

5.1.2.1 实践共同体与情境认知理论（situated cognition theory）

实践共同体概念的理论支柱之一是情境认知理论。在实践共同体中，情境、学习与实践密切相关。情境认知理论是继行为主义“刺激—反应”学习理论与认知心理学的“信息加工”学习理论后，与建构主义同时出现的重要研究方向。情境认知理论纠正了“刺激反应”和“信息加工”理论的偏差，认为实践不是独立于学习而存在的，意义也不能与实践和情境相分离，意义正是在实践和情境脉络中加以协商的。

Dewey（1902）认为学校情境应该包括促进儿童学习和成长的其他环境，比如家庭、同伴等。Brown *et al.*（1989）的“情境认知与学习文化”（“Situated Cognition and the Culture of Learning”）系统、完整地论述了情境认知与学习理论，认为活动与知识密不可分，并首次提出用认知学徒制模式改造传统教育。其中的观点被研究者们广泛引用，成为情境认知与学习理论研究领域中的权威之作。

进入21世纪，以计算机建模为基础的认知心理学崛起，跨学科研究的“认知科学”也得以创建，辅以新研究方法与工具的运用，形成了挑战行为主义学习观的新理论——认知的信息加工理论。教育心理学已从实验室模拟学习任务转为自然环境中学生对学习任务的认知过程研究。这种方式以学生为被试，对其认知加工过程中的刺激、注意力选择、信息组织、解释、反馈等一系列问题展开研究，学习过程成为一种包括输入与输出的信息加工过程，学习者的个体性得以凸显。认知信息加工理论的主要倡导者Simon（Simon 1967；Simon *et al.* 1998）和认知心理学的开创者之一Neisser（Neisser 2003；Neisser & Jopling 1997）分别对认知心理学的信息加工模型进行反思，提出了认知心理学应该作出更加贴近现实的转变，主张以生态学方法取代信息加工方法，强调研究自然情境中的认知，更多地关注环境对认知和学习的影响。由此，研究者更为关注在一定的社会文化和历史背景中，如何提供有意义的实践来促进知识向真实生活情境的转化，实践者又是怎样通过与环境的互动来构建个人身份的。

认知学徒制（cognitive apprenticeship）由美国认知心理学家Collins *et al.*（1989）在“应用认知学徒制：讲授阅读、写作和数学”（“Cognitive Apprenticeship: Teaching the Craft of Reading, Writing, and Mathematics”）一文中首次提出。他们从心理学角度提出了认知学徒制的教学设计模式，一种新的并且非常有效的教学模式，能促进学习者获得高级思维技能和知识迁移的能力。认知学徒制是基于情境认知理论建立起来的，它作为一种比较典型的教学活动形式，强调学生要在专家的“呵护”下进行学习，其最终的目标是帮助学生建构自己对问题的理解。它的诞生给教育实践理论带来了比较大的影响，产生了一些较为有效的学校教学模式，也被一些学者称为“人类有史以来的第二次教育革命”（陈家刚、张静然 2009：3-4）。

从20世纪80年代到21世纪初，情境认知与学习理论研究中发生了一次重要的研究视角转换，即由教育心理学领域向人类学领域的转变。人类学家的加入扩展了这一领域的研究视野，使人们从更广阔的背景中反思之前的认知学徒制。人类学家Lave & Wenger（1991）跳出学校教育范畴，关注日常生活中以实践共同体为基础的认知学徒模式，运用民族志研究方法，通过对助产士、水手、舵手、屠夫等学徒模式案例的研究，基于成员的合法边缘性参与，提出学习是一种情境活动，并认为学习是整体的、不可分的社会实践，是现实世界中创造性社会实践活动中的一部分。以Lave等人（如Lave & Wenger 1991；Wenger 1998；Collins *et al.* 1989）为代表的情境认知的社会人类学研究，强调社会实践与社会生活的参与在实践共同体中的重要作用。这一流派的学者认为情境学习是一种合法边缘性参与，他们强调学习是通过有目的的模仿活动而构建的，也强调实践与共同体二者之间是相辅相成的，并认为在实践共同体中，学习者沿着从旁观者、参与者到成熟的实践示范者这一轨迹前进，即从合法的边缘参与者逐渐成长为共同体的核心成员，学习者的身份也在这个实践参与的过程中得到确认并发展起来。

5.1.2.2 实践共同体与社会学习理论（social learning theory）

实践共同体概念的另一个理论支柱是社会学习理论。社会学习理论是美国心理学家Bandura于1977年提出的。该理论着眼于学习和自我调节在引发人的行为中的作用，重视人的行为和环境的相互关系（Bandura 1977）。Bandura探讨个人的认知、行为与环境因素三者之间的关系，以及这三个因素对人类学习行为的影响。如果社会学习完全建立在奖励和惩罚的基础之上，那么大多数人都无法在社会化过程中生存下去（Bandura 1969）。按照Bandura的观点，以往的学习理论忽视了社会变项对人类行为的制约作用。传统的研究通常是用物理方法对动物进行实验，并以此来建构他们的理论体系。这对于研究人的社会行为来说，不具有科学的说服力。Bandura还认为行为主义的刺激—反应理论无法很好地解释人类学习现象。因为刺激—反应理论无法解释为什么在相同的刺激下，个体会表现出不同的行为，以及为什么个体在观察榜样行为后，这种榜样行为可能在数天、数周甚至数月之后才在个体行为中出现。人生活在一定的社会环境中，社会因素错综复杂又时刻变化，所以Bandura主张要在自然的社会情境中研究人的行为，而不是在实验室里闭门造车。

基于社会学习理论，Wenger(2000)提出组织的成功取决于其将自身设计为社会学习系统（social learning systems）的能力，以及参与到更加广泛的学习系统(如行业、地区和联盟)的能力(2000：225)。在社会学习系统中，学习是人们依据其社会能力和个人经验参与到复杂的社会系统中的一种行为。这一概念赋予了学习一种社会性定义，即学习不仅仅是一种个体自发的认知行为，而是一种依赖于一定组织和团体的社会行为。

一个实践共同体本身可以看作是一个简单的社会学习系统，而一个复杂的社会学习系统是许多相互关联的实践共同体的集合（Wenger 2010）。Wenger从社会维度反思学习行为，将学习行为置于个人与世界的关系中进行分析和解释。人是社会的一员。在学习实践中，人与社会相互影响、彼此塑造，正如使用同一语言的人们在学习、使用、记录语言的过程中，也在不断地发展、更新语言，使这一语言可以随着时代的变化而变得更加丰富，而同一共同体中的实践者又需要对语言进行不断地学习。从这个角度看，言语共同体是众多实践共同体中的一个。

Wenger(1998)提出社会学习理论必须整合多种学习过程要素。如图5.1所示，这些要素包括以下内容：

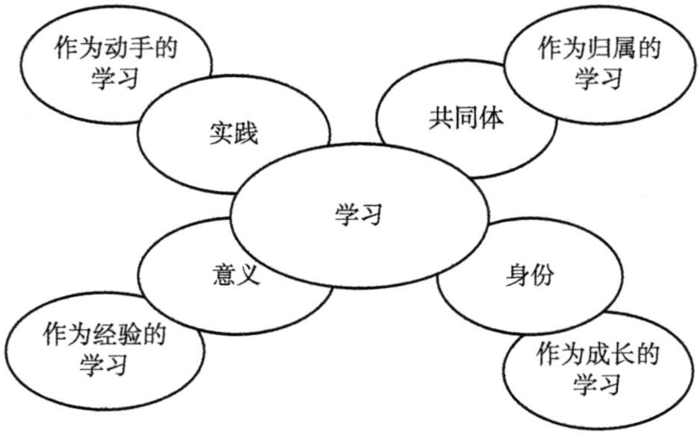

图5.1　社会学习的要素

(转译自：Wenger 1998：5)

图5.1中可以看出，社会学习既是一种积累过程，又是一种知晓过程，也是一种社会参与过程。在其过程要素中，实践(practice)对应的是动手的学习，共同体(community)对应的是作为归属的学习，身份(identity)对应的是作为成长的学习，意义(meaning)对应的则是作为经验的学习。

具体来说，学习是社会系统中一种意义建构的过程。成员参与社会环境中的实践过程，同时也意味着意义建构(meaning making)。一方面，人们直接参与到阅读、劳动和或他形式的个人实践中。另一方面，实践创造了丰富的成果，涉及我们的语言、文字、图像、符号以及其他成果形式。实践与实践的成果都是人们的经历(experience)，也能反映出人们是如何组织实践行为的。在社会环境中，有意义的学习既需要实践又需要成果的物化。没有实践的学习缺乏身体力行的基础，这样的学习是不可靠的；同样，没有成果的实践也通常是没有意义的。在学习中，我们把实践的过程与成果结合起来，不断赋予学习以更丰富的内涵，从而使得意义建构过程是动态鲜活、生机勃勃的。

学习的过程也是身份构建的过程。在社会层面上的学习不能取代人的主体性作用，而是将人当成社会参与者来看待，把人看作是能够创造意义的个体，而社会为他们提供构建身份的资源。人在创造意义的过程中，不仅具有认知能力，更是一个拥有多种社会关系、丰富的经历且处于某一历史阶段的人。学习的经历塑造着每一个人，使其成为独特的个体。学习不仅是获取技能、信息和知识的渠道，更是具有学习能力的人们在一个共同体中，根据社会环境的要求对自己的能力、身份和实践进行评估、运用和实现的过程。

共同体成员拥有自己独特的实践经历，而学习是对实践经历的重新排序。当一个人加入新的实践共同体时，他所具备的能力反映了他加入这个共同体之前的学习成果。随着他在这个共同体内不断参与实践，他的经历则可以成为这个实践共同体共享话语库的一部分。同样，如果新成员为实践共同体带来了一些新元素，那么这些新元素也有可能成为当前实践共同体的一部分。不过这取决于这个实践共同体是否接受这些新元素。比如，一个人参加了某个会议，获得了许多对自己单位有用的信息和观点，这时候他如何说服单位里的领导和同事们接受这些新信息和观点，则是他个人经历是否可以成为共同体一个重要部分的关键所在。

5.1.3 语言与实践共同体

5.1.3.1 语言与实践

语言是实践的一种重要形式。在共同体中，成员通过语言交换信息、分享经验、增进情感并构建共同的话语库。共享话语库是实践共同体的三要素之一。话语库包含物化和参与两个方面。物化是指实践共同体成员为表述世界而创造的有意义的话语；参与是指他们为了构建和表达自己的成员身份而形成的语言风格（Wenger 1998：82-83）。共享话语库是共同体成员的共有资源，是成员在形成联合组织的过程中获得的语言的、图像的、符号的或其他形式的资源。在实践的过程中，成员需要逐步掌握一定的技能，并按照共同体公认的惯例行事，才有可能获得共同体成员的资格。一位新成员若想要获得成员资格，不仅要以中心成员为榜样，还需要以共同体的价值观、理念以及惯例等作为行动导向，逐步形成共同体身份认同。在共同体成员身份建构和认同形成的过程中，共享话语库起着导向性和规范性的作用。

法国社会学家Bourdieu（1978/1991）和Certeau（1984）都将语言放在与其他社会实践的相互关系中进行分析。在Bourdieu的实践理论中，惯习（habitus）是一个核心概念。惯习是一种行为上的倾向(比如说话、走路、阅读、饮食)。人们在进行这些行为时有他们的特定方式，这些行为方式在社会化过程中被不断重复，并通过实践形成固定的倾向。语言是惯习中的一种。在实践理论中，研究者对语言实践和非语言实践以相似的方式进行研究。正如Bourdieu（1991：89）观察到的，人们的语音、词汇等特征也与语言的其他层面特征相关，他们的语言惯习也与他们的整体社会属性，如阶级、阶层、身份、种族、年龄，以及体型、外貌、化妆、衣着等因素紧密相关。

Bourdieu（1984，1991）的理论为社会语言学研究提供了两个重要启示。首先，非语言的实践也带有重要的语言学信息。其次，严谨的社会语言学研究应该对语言进行多层面多角度的分析。实践尤其是语言实践，在一定程度上被阶级和文化惯习所影响，通常表现为对已经存在的社会秩序和社会结构进行内化（internalization）和再生产（reproduction）。虽然Bourdieu（1991）强调惯习，但是他并没有忽略主体能动性对实践的影响。说话者没有被他们的惯习完全左右，而是在惯习的影响下，根据具体环境和人们的能动性使用语言，人们在多重因素共同影响下展现出得体的言行。由此可见，Bourdieu（1991）认为人们的实践在很大程度上受到社会结构的影响，但是社会结构不能完全决定人们的实践，人们同时还受到主体能动性的支配。

Certeau（1984）则重点强调个人能动性。他认为每个人都具有他们各自不同的主观意志，因此他研究的重点是一种对社会秩序的重构和再生产。与Bourdieu一样，Certeau也在语言研究中找到灵感。他认为可以将个人的语言作为一个理论模型，与已经建立起来的词汇和句法结合起来。在语言学中，语言运用（performance）和语言能力（competence）是有区别的；话语特征，尤其是人们的发音（enunciation）策略，对于语言能力和语言运用研究都是不可或缺的。发音是Certeau（1984）的主要研究对象，他认为发音会影响说话者语言的合宜程度（pragmatics）。他构建一个与说话者所处的时间和空间相关的“现在”（present），并通过说话者的社会网络与其他人（如对话者）建立关联。Certeau（1984）对于语言和其他社会实践之间的关系非常重视。他将语言实践和非语言实践看作具有同等社会效果，并认为实践是个体对其行为进行合宜调节的结果总和。他探究文化共享资源（比如语言）是如何为个人的具体社会需求服务的。这些需求有可能强化社会现状，但也有可能改变和重构社会现状。

此外，Ortner（1974，1996）将女性个体作为实践理论的核心对象，构建了一个既包括社会结构也包括主体能动性的理论框架。尽管语言并不是Ortner（1996）的主要研究对象，但她将社会结构本身看作天然的语言学系统背景，认为在这一系统中，个人根据他们所处的社会结构对自己的言语行为进行合宜的调节。因此Ortner（1996）提出要对性别进行完整分析，尤其是需要着重研究语言和性别的关系，而不能只关注文本。她认为只关注文本的研究可能会造成研究结果不完整、甚至具有误导性。这些文本必须能够在现实的情境中、在真实的人物身上得到实践的印证，否则都可能导致研究结论不准确。同样，很多文本分析缺少对社会结构和文化内涵的研究，而且没有把语言行为置于真正的实践中进行讨论。如果只对语言进行分析，忽略主体能动性，就会具有误导性，乃至产生错误结论。

5.1.3.2 实践共同体和言语共同体

言语共同体(见第二、三章)是自诞生起就在社会语言学中占有重要地位并广泛应用的概念。一些学者(如Eckert 2000；Holmes & Meyerhoff 1999)指出言语共同体概念与“实践共同体”概念有相似之处。实践共同体和言语共同体都强调动态研究，都以社会建构理论为基础，都注重结构和主体性之间的辩证关系，也都是对本质主义(essentialism)研究的批判和修正。不过，言语共同体的关注点是语言，因此社会活动中非语言因素或多或少会被边缘化。而实践共同体将实践视为语言行为的出发点和背景，将语言视为实践中的一种，使得实践活动本身成为了研究的核心。由此可见，实践共同体和言语共同体之间既存在着许多共通之处，也有着各自的不同之处，二者之间有比较好的呼应(刘永厚 2015)。同时，实践共同体所涉及的研究层面和研究维度更加广泛，从而进一步拓宽了社会语言学的研究范式和研究领域(Meyerhoff 2002)。

二者之间有几点重要区别。首先，Labov(1972)认为言语共同体应该围绕一定的语言学规范而进行构建。许多研究者都采用了这一观点(见第三章)。语言规范将言语共同体中一部分成员默认为核心成员，而另一部分成员则成为边缘成员；核心成员的语言规范成为共同体认可的规范，而边缘成员的语言则被定义为“不符合规范”。虽然言语共同体承认其成员的异质性，分析中也会涉及共同体边缘成员，但是其主要研究对象仍是核心成员。当说话者的身份和语言特征不同于言语共同体内大多数人时，就很容易被忽视。一些社会语言学家批评这一言语共同体定义(如Bucholtz 1999；Milroy 1992；Rickford 1986)，认为对于“规范”的关注使得人们忽略了一个事实，即有权力的一方会将有利于他们的语言规范加诸民众。

（“权力”概念见Bourdieu 1991）此外，从事性别与语言研究的学者也认可这一观点，他们认为正是这一原因使得女性的语言常常处于劣势（如Cameron 1992）。

其次，言语共同体概念强调共同体内部共享语言规范，因而有可能忽略来自共同体外部的影响。对于言语共同体内部活动的重视，也使得研究者在一定程度上忽略不同共同体之间的互动。与此相对，实践共同体探讨成员的合法边缘性参与，并为共同体身份轨迹的构建提供了一系列模型，比如外围轨迹、向心轨迹、局内人轨迹、边界轨迹、离心轨迹和范例式轨迹。这些轨迹有的是通往共同体内部中心，有的是向实践共同体外部伸展的，也有的是处于共同体之间的。多重轨迹相互影响、相互妥协，不仅能够使人们观察共同体内部实践活动，也可以把来自共同体外部的影响以及共同体之间的相互作用纳入共同体研究之中。

此外，言语共同体研究通常关注成员之间的相同或相似之处，而不是差异性。语言变异视角下的言语共同体往往优先考虑集体，但却有可能忽略个人在研究中的语言行为倾向（Bucholtz 1999；Johnstone 1995）。然而实践共同体模型以差异和矛盾取代统一和共识，并视之为集体的正常状态。实践共同体研究重视异质性，因而边缘成员也成为重要的研究对象（Lave & Wenger 1991）。个体的实践行为以宏观的社会秩序为背景，同时社会结构赋予个体行为以意义和价值。不同于言语共同体，实践共同体同时关注个人和集体；也就是说，实践共同体解决了社会结构和主体能动性之间的矛盾，并将二者有机地结合起来。在这一点上，实践共同体与交际互动视角下的言语共同体更为接近。

Bucholtz（1999）从多个角度对言语共同体进行批判，认为言语共同体在语言与性别研究中具有很大局限性。除了上述学者对言语共同体概念的批评，她还指出言语共同体将身份视为静态的范畴，并从研究者的角度看问题，因而忽视了参与者本身对于实践的理解。但是言语共同体是一个复杂的概念，不同学术流派对它的定义有很大区别，所以不能一概而论。

例如，以Hymes和Gumperz为代表的言语共同体研究（见第二章）注重个体成员，并且积极探索共同体边缘成员。交际互动视角下的言语共同体研究并非静态，而是关注动态的发展变化；交际互动学者们使用民族志研究方法，不单单以研究者角度看问题，而是同样注重研究参与者的声音。尽管如此，实践共同体将语言视作实践的一种，对言语共同体理论的发展有积极的影响，为言语共同体提供了一种新的理论发展方向。

总之，实践共同体理论是近二十年来日臻成熟的研究范式，在语言学、社会学和人类学研究中已经显示出重要优势，并且对言语共同体的一些理论困境提供了重要的理论补充。实践共同体概念对言语共同体的理论补充主要体现在以下三方面。第一，实践共同体关注动态的实践活动，同时兼顾社会结构和实践者主体性。第二，实践共同体认为社会实践是语言交际的重要情境，语言是实践行为中的一种，和其他社会实践一起产生意义和建构身份。理解语言也需要将之与其他社会实践活动联系起来，如此才能做到对语言进行更加全面的分析和解释。第三，实践共同体认为身份来自活动，而非范畴，这一视角有助于捕捉具体语境中的多重身份构建。在这些方面，实践共同体和交际互动视角下的言语共同体更为接近，是一种自下而上的研究范式，研究者采用民族志的研究方法，从个体的实践出发，旨在发现实践的意义，着眼于即时的诠释。

5.2 语言实践共同体代表性研究

自实践共同体概念提出以来，国内外许多学者在各自不同领域、从不同视角和维度，提出了自己的观点和看法。本章从社会语言学出发，关注其中具有代表性的研究，包括Eckert、Bucholtz等人的共同体语言实践身份认同研究和Norton、Pavlenko等人的二语习得和教师想象身份认同研究。此外我们也对国内相关研究进行了简单梳理和回顾。

5.2.1 Eckert、McConnell-Ginet 和 Bucholtz 的共同体语言身份认同研究

Eckert(1989a，1989b)对共同体内学生身份认同进行研究。这一研究是实践共同体研究的先声和探路者。Eckert(1989a)研究美国郊区高中的典型社会组织，发现学生们的社交世界和身份认同可以由两个相反的共同体来定义：向往中产阶级价值观的Jocks(优等生)和在高中结束时更倾向于找工作而不是上大学的工人阶级Burnouts(非优等生)。尽管这种二分法将学生简单地分成了两类，但是他们却可以在同一个共同体中统一起来，因为两个共同体的成员们都有一个共同目标，就是要做“酷少年”。他们的区别在于两个共同体如何定义“酷”这一流行文化关键词。

然而并不是所有高中生都认可Jocks和Burnouts共同体中对于酷的定义。因此出现了第三个共同体，nerds(学呆)。这个共同体的定义与“酷少年”的定义完全相反。学呆站在了Jocks和Burnouts的对立面，正如Eckert(1989a)提出的，如果说Jocks是Burnouts的反面，那么学呆就是两者的反面。社会学者Kinney(1993)对于学呆的研究表明，为了获得社交上的成功，学呆们采取了一种“身份的修复”的过程，这个过程涉及拓宽朋友圈、参与课外活动以及与异性交往等内容，并认为他们在努力变成Jocks。Tolone & Tieman(1990)则分析了学呆们的其他行为，并且提出学呆有可能变成Burnouts。

Eckert & McConnell-Ginet(1992)通过把更加广泛的范畴如社会阶层、教育背景、种族等与语言实践联系起来，提出了一套研究语言和性别的理论方法。通过这种理论方法来理解语言和性别之间错综复杂的关系，从而取代传统的把性别视为一组由社会强加于个体的实践行为。Eckert & McConnell-Ginet(1992：462)从共同体的日常社会实践出发，认为性别和语言相互作用，共同构建。许多学者接受了这种观点，并将性别视为一种动态的社会建构，这种社会建构可以后天习得，可以通过实践进行展示，也可以被颠覆。

然而，Eckert(1989a)以及之后的一系列研究都强调“学呆不是失

败的Burnouts或者不够格的Jocks"，但却忽略了他们有可能拒绝成为Jocks或Burnouts，或者任何其他年轻人所定义的酷少年。尽管之前的研究认为学呆的身份不成立或者有缺憾，但实际上，学呆就像是Jocks和Burnouts一样，在很大程度上由个人自主选择，并且通过语言和其他社会实践进行构建并展现出来。有学者认为学呆是一种社交失败，但Bucholtz（1999）认为美国高中的学呆并不是一群被孤立的社交失败者，而是一群独特的、完全不同于其他群体的共同体。

Bucholtz（1999）的田野调查是于1994年至1995年在加州的一所高中进行的，Bucholtz将其称为"港湾城市高中"（Bay City High School)。该调查的关注对象是学呆女孩的社交团体。这个社交团体很小，成员之间的友谊却很紧密，主要有四个核心成员和两个外围成员，其中绝大多数都是欧洲裔美国人。这个团体成立了一个俱乐部，称为"超级瑞恩俱乐部"（Reigns Supreme Club）。

超级瑞恩俱乐部主要是为了保持学呆身份的反霸权特点，因此超级瑞恩俱乐部与通常意义上的俱乐部非常不同。这个俱乐部成员们的表现各自不同，但有共同的个人爱好，比如他们都喜欢电视剧《芝麻街》和《老友记》。但是，俱乐部并不是围绕着某一共同爱好建立的；相反，其成员的任何爱好都可以成为俱乐部的一部分。这六位成员是俱乐部的联合主席，他们强调俱乐部结构中的"随意性"。俱乐部的结构与多数校园团体的等级结构完全相反。通常的校园俱乐部是为了将人们聚到一起，从事同一个实践；超级瑞恩俱乐部则不是以特定的活动，而是以成员的日常实践而为重点。俱乐部没有特定的目标，也没有需要执行的项目或者日常的会议。然而俱乐部能够在学校的俱乐部年鉴上占据一席之地，成员们为此感到很自豪。女孩子们为俱乐部年鉴拍摄的照片也颇具意义。照片记录了这个友谊小团体的诞生和发展，并且要求获得与其他以活动为基础的俱乐部一样的资格。正如年鉴照片所反映的一样，女孩子们使用的语言不仅表现了她们的学呆身份，也表达了她们希望与众不同的诉求。

Bucholtz（1999）描述了学呆的社会身份，对他们的语音、句法、词汇以及话语实践进行了不同层面上的详细描写，从而对学呆们的身份进行语言分析。Bucholtz对这类实践的分类建立一个框架，其语言学指标可以分为两类：消极身份实践和积极身份实践。消极身份实践即个人通过这类实践来回避他们所拒绝的身份；而积极身份实践则是人们通过积极地从事这类实践，构建他们所选择的身份。也就是说，消极的身份实践定义了他们“不是”什么样的人，从而强调了共同体间的身份区别。而积极身份实践定义了他们“是”什么样的人，因此强调社会身份在共同体内部的体现。

表5.1 港湾城市高中学呆们的语言学身份实践

语言学层面	消极身份实践	积极身份实践
语音	（uw）和（ow）更少用前舌位发音	
语音	拒绝使用通俗的发音方式，比如省略元音、简化多个辅音以及缩写	使用十分标准和正确的发音方式（比如对拼写和发音的强调）
句法	避免使用不标准的句法形式	使用标准和过于标准的句法形式
词汇	避免使用俚语	使用正式的词典中的词汇（比如希腊—拉丁词汇）
话语		倾向于双关语、排比或者合成词等语言形式

（转译自 Bucholtz 1999：212）

表5.1中所列举的消极的身份实践使得学呆和非学呆区分开，尤其是与那些酷少年区分开。学呆们采取这些实践，意味着他们拒绝追求“酷”，与拒绝追求酷的少年一样。同时，表5.1中的积极身份实践则让他们塑造了一种聪明学生的形象，这也是学呆身份中的基础价值观。这些语言学实践在其他形式的积极和消极身份实践中都有相应的体现。

Bucholtz（1999）还指出Eckert & McConnell-Ginet（1992）的发现挑

战了社会语言学的传统观点。社会语言学，尤其是变异视角下的社会语言学一般认为“在稳定的变项中，在相同的社会阶层和年龄条件中，女性使用的非标准变项要少于相同环境下的男性”（Chambers 1995：112）。而Eckert & McConnell-Ginet（1992）在Jocks和Burnouts的研究中采用了实践共同体理论，通过语言学分析发现这两个共同体对元音的转换参与度不同，特别是Burnouts中的女孩尤其偏爱非标准的元音用法，这对于其构建社会身份是一个明显标志，而此结论显然与上述社会语言学的传统观点相悖。

研究者认为Burnouts女孩的元音使用对于她们来说是塑造其“街头范”和强硬形象的重要资源。男孩可以通过身体的攻击性展现其强硬形象，但是对于女孩来说，打架是不合适的，所以女孩通过语言符号来展现其身份。因此在他们的实践共同体中，Burnouts女孩和男孩都有着对强硬形象的追求，然而两个性别对于实现这一形象的方式却不尽相同。Eckert & McConnell-Ginet（1992）将语言视为与其他社会实践同等的一项实践，他们解释了Burnouts女孩的元音系统所带有的语义学含义，并且展示了语言是如何像肢体力量一样为实践者获得其身份认同的。

当然学呆获得其身份认同的方式不同于Jocks和Burnouts。一个基本的不同点在于他们十分看重个体性。Jocks和Burnouts在一些亚文化方面受伙伴和集体的约束，比如通过一定的穿着、语言以及其他社会实践方式展现自己的身份。不过学呆们受伙伴和集体的约束更小。对于女孩来讲，要避免强势的女性形象——与女性智慧和能力相反的形象，学呆形象是一个不错的选择。学呆女孩们想表现得与强势形象相反，这种需求体现在她们生活的各个方面，从语言到身体、到自我形象中的其他方面。当酷女孩在努力塑造一种可爱、精致或者特立独行的个人风格时，学呆女孩则着力体现自己的呆滞。比如酷女孩会踢足球或者打篮球，而学呆女孩则喜欢打羽毛球；酷女孩看时尚杂志，而学呆女孩看小说；酷女孩穿紧身衣裤，而学呆女孩不会穿紧身或者时尚的衣服；酷女孩喜欢彩色服装或者深色调服装，而学呆女孩会选一些浅色的基本色调。这些实践在个人身上各有不相同的体现。

实践共同体模型包容了不同的共同体成员个性。Bucholtz（1999）的研究发现共同体成员之间的紧密关系使得学呆女孩团结起来，但个性仍然是最重要的。通过使用实践共同体概念，我们可以用Eckert & McConnell-Ginet（1992）研究Burnouts女孩的方法来观察学呆女孩们，并将她们既视作是话语发出者，也视作是社交表现者；她们是独立的个体，同时也是共同体中的成员。

5.2.2 Norton、Pavlenko 的二语学习想象的共同体研究

"想象的共同体"（imagined community）的概念是由人类学家Anderson（1991）首次提出的。作为一名建构主义学者，Anderson在《想象的共同体：民族主义的起源》（*Imagined Communities: Reflections on the Origin and Nationalism*）一书中认为"民族"是"一种想象的政治共同体，并同时享有主权的共同体"，它是人为构建出来的"文化人造物"。他将"民族主义"定义为"一个虚构的政治团体意识"、"一种本身存在局限性但同时具备独立自主的追求"。想象的共同体从民族意识的角度探讨现代民族国家的建构，突破了以往民族主义理论的政治经济学范畴，从而在后结构主义与马克思主义之间搭建起一条连通的路径。

实践共同体概念的发展得益于想象的共同体观念。Wenger（1998）在其实践共同体概念中运用了"想象"这一概念。Wenger把"想象"定义为"通过自我经验的推断，穿越时空，创造世界图景，领会内在联系"（Wenger 1998：173）。他认为"想象"是我们体验世界以及在世界中定位自我的重要组成部分，在实践的过程中，人们固有的身份体验和学习潜力存在着巨大差别（Wenger 1998：176）。"想象"这一术语有时被用来表达个人幻想。通过幻想，人们可以超越时空创造出一个全新的"形象"和生成一个崭新的"自我"。在想象的基础上，如果人们加之以相应的学习与

实践，那么他们的想象就有可能转变成现实。这就如下面的故事讲述的那样。曾经有三个泥瓦匠正在砌墙，有人问他们说："你们在干什么？"第一个人说，"我在砌墙。"第二个人说："我正在建一座高楼。"第三个人说："我正在建设美好生活。"十年过去了，第一个人仍在砌墙，做泥瓦匠，第二个人成了一位工程师，而第三个人成了两个人的老板。三个泥瓦匠因在实践中想象的身份体验和自我定位的不同，他们十年之后在身份上有了巨大的差别。Wenger借鉴了Anderson(1991)"想象的共同体"概念，把"想象"视为三种归属模式中的一种以及实践共同体的来源(高一虹 2007)。例如，A城的某出租汽车司机，可以想象自己与其他城市并不相识的人同属于"出租汽车司机"共同体；尚未成为正式司机的学徒，也可想象自己将来会成为该司机群体的一员。从某种程度上来讲，想象为人们的社会实践描绘出了一幅蓝图，人们基于各自的实践经验，在想象中完成自我定位，从而形成想象中的身份认同。

语言与身份认同之间的关系是社会语言学中的一个重要命题。尽管一些语言学家会和Chomsky一样，认为身份认同的问题不属于语言理论的核心，但Norton则认为我们作为第二语言教育者应该严肃认真地对待这一问题。Norton(2001)在借鉴Lave & Wenger(1991)和Wenger(1998)的基础上，首先将"想象的共同体"引入二语习得研究，并将其与"想象身份认同"和"投资"的概念明确联系起来(高一虹 2007)。想象的共同体理论和想象的身份(imagined identity)概念有助于人们更好地理解二语习得，因为学习者对他们的未来或是他们孩子的未来充满希望，而这正是学习者身份认同不可或缺的一个组成部分。对于许多学习者来说，目标语言共同体不仅是对以往共同体和历史性组成关系的一种重构，而且也是一个想象的共同体——一个可以为未来提供更多身份选择的理想共同体。学习者在想象的共同体中拥有想象的身份，在这种语境下，他们对目标语的投资就能够被他人所理解(Norton 2001)。

Norton用此概念来解释对加拿大成年移民英语学习者的调查结

果，特别是对两例拒绝参与英语学习的学习者进行的个案研究（Norton 2001）。其中一位是成年后从波兰移民至加拿大的Katarina，另一例个案中的学习者是来自秘鲁的Felicia。Katarina在波兰是很有经验的教师，当她向英语老师表示想上计算机课时，遭到老师的拒绝，暗示其原因是她说的英语不够地道，是“移民英语”，然而在Katarina的想象中自己仍然是教师共同体中的一员，她感到老师的回应将自己定位于“仅是移民”，否定了她的想象共同体成员身份，于是倍感羞辱的Katarina拒绝再参加英语课。在Felicia案例中，一次英语课上，老师请每位学生向大家介绍自己国家的情况，但在总结大家的发言要点时，老师却没有提到Felicia有关秘鲁的介绍。Felicia问老师为什么漏掉了秘鲁，老师回答说，秘鲁不是一个重要的国家。Felicia十分气愤，她的想象的共同体是秘鲁，想象的身份认同是“富裕的秘鲁人”。由于自己的想象的共同体和想象的身份认同被老师否定，她感到自己遭到排斥，便拒绝再回到英语课堂。由此可见，Katarina和Felicia拒绝参与英语课的根源都在于教师对学生的定位与学生想象的共同体之间有错位的情况。在这两个案例中，Katarina和Felicia在学习实践中所认同的共同体是想象中的共同体——可以被称为想象的共同体（Norton 2001：164）。

此外，Pavlenko（2003）关注TESOL教师认同的重新想象，对二语学习者和教师身份认同进行研究。传统的二语学习研究通常关注“英语本族语或母语教师”和“英语非本族语或二语教师”之间的二元对立，并将英语非本族语或二语教师置于“二等公民”的弱势地位（2003：251）。但是Pavlenko（2003）提出把二语教师置于这样的不平等体系中不利于他们发挥职业主体性和构建职业身份认同，并会削弱他们对英语教学的合法参与度（professional legitimacy）。Pavlenko（2003）基于Anderson（1991）的想象的共同体理论、Wenger（1998）的共同体学习理论以及Norton（2001）的二语学习投资理论，对英语教师的想象身份认同进行研究。这一研究认为Cook（1999）的“多元能力语言使用者”身份认同可以打破“英语本族语或母语教师”和“英语非本族语或二语教师”的传统二元对立，成为母语和二语之外的另外一条可能道路。

Pavlenko(2003)使用语言自传体写作(linguistic autobiography)研究方法，收集二语教学硕士研究生(MA TESOL)关于自身语言学习以及英语教学的经验反思。该研究对象共有44人，其中有24位是美国人，其余的来自东亚、南亚、欧洲和南美，所有人都有英语教学经历。其中有些研究对象是多语使用者，如一些中国人、印度人以及来自南亚其他地区和欧洲的研究对象都可以熟练使用两种以上的语言。有些美国受访者也可以使用多种语言。研究结果显示，并不是所有的老师都在自传体写作中提到“母语教师/二语教师”的二元对立问题。30名研究对象在自传体写作中提“母语教师/二语教师”的二元对立问题，或是提到“英语非本族语”的概念。其余14名研究对象提到“关键期理论”或“语言交际能力”理论。该研究对自传体写作文本进行叙事内容分析，认为有些研究对象构建“本族语或母语使用者”想象的共同体，有些构建“二语或外语使用者”想象的共同体。但是，通过不断的学习和讨论，也有的研究对象开始跳出“母语教师/二语教师”的二分法禁锢，而是重新想象并构建一个“多元能力语言使用者”共同体，从而对抗作为二语教师的不利地位，并重新定位自己在这一想象的共同体中的身份定位。

文章的结论认为，想象是实践共同体成员身份归属的重要形式，可以积极地运用于批判性教育研究领域。课堂话语在想象的共同体认同建构过程中起着尤其重要的作用。另外Golombek & Jordan(2005)描述了准英语教师的想象认同转变，这一研究聚焦于与英语语音相联系的学习者和教师认同。与Pavlenko(2003)有所不同的是，Golombek & Jordan(2005)在描述想象的共同体和认同转变的同时，着重揭示了主体在现实情境压力下的认同矛盾和斗争。

总之，学习是想象的共同体的实践，且每一个想象的共同体都与想象的身份认同密切相关，因此共同体身份认同是学习者无法回避的问题。无论从语言学习还是从语言教学的研究角度出发，语言与话语、身份认同的建构之间的关系始终是实践共同体形成过程中无法回避，也不能忽略的一个问题。

5.2.3 国内实践共同体研究现状及进展

实践共同体这一概念自1991年提出至今已将近三十年，国内学界对于这一理论给予了很高关注，并将这一理论广泛应用于我国的教育领域。在国内，华东师范大学高文教授较早开始关注国际学习理论研究的前沿，并与她的学生们陆续将国际主要学习科学著作翻译成中文。自20世纪90年代起，其团队翻译的丛书“21世纪人类学的革命”，包括《教育中的建构主义》(2002)、《情境学习：合法边缘性参与》(1997)、《学习环境的理论基础》(2002)等，为国内实践共同体研究提供了理论支持。此外，以张平教授为代表的华东师范大学教育科学学院博士团队，共同承担了上海市教育科学规划课题“教师实践共同体的理论与实践”的研究。“校本教师实践共同体的构建策略与基本经验”(张平 2009)一文从校本层面着手，将“教师实践共同体”的理念从理论转化为实践。其中“从‘一头雾水’到‘恍然大悟’——一位小学数学教师在实践共同体活动中的成长与收获”(文静敏 2009)一文从教师个体研究出发，以一堂数学课为平台，探讨教师在实践共同体中的参与、反思以及成长的实践过程。“教师实践共同体：教师专业发展的新视角”(张平、朱鹏 2009)一文介绍了教师实践共同体的内涵和特点，以及教师实践共同体的内部结构和外部支持。教师实践共同体用来解决教师教学中的实践性问题，和教师专业发展中的身份十分符合。

教师实践共同体是一个包括教师、专家、校长等不同角色在内的学习者组团队形式，是以教育教学实践为基础，按照自愿原则，自行组织的学习型共同体。成员们在共同愿景与目标的引导下，对教学实践中出现的问题、产生的意见与分歧等发表看法，共同分析与探讨解决问题的方法。此外，教师实践共同体还根据教学实践中存在的问题，彼此交流经验、分享教学成果，以个人的优秀促进整个共同进步与发展。由此可见，教师实践共同体以“共同体”为载体，以共同的愿景为导向，以协商文化为机制，以分享教学经验和解决实践中遇到的问题为目标。因此，构建教师实践共同体可以从三方面尝试：形成相互介入的氛围，加强教师之间的专业合作；构建共同的事业意识，达成对教师职业的认同；搭建共享的话语库、知识库和技能库，形成资源共享平台。同时，创建教师实践共同体，需要创建教师合作文化机制、教师实践共享机制、项目任务引导机制和发展性评价机制。教师实践共同体的组织形式多样，如博客、沙龙、项目组、学习小组、工作坊、工作室、读书会等。在这些实践共同体中，教师个人知识建构逐渐形成，并在参与教学实践中追求自身专业知识的发展。教师实践共同体根植于教学实践，在平等开放的合作中，对教育教学改革中不断出现的新情况、新问题进行讨论和探索，共同解决教学实践的问题，从而实现个人专业能力的提升与发展。

在线实践共同体（online community of practice，OCOP）借鉴了Wenger等人关于实践共同体的定义，并对这一概念进行拓展，是实践共同体和互联网技术相结合的产物。在线实践共同体是指在时间和地理上分离的一群人，他们有着共同的关注点、同样的问题，或者对同一个话题富有热情，并通过互联网聚集在一起。他们在虚拟环境下分享经验、交流思想、互相帮助，从而获得在某一领域知识和专业技能的提升（张际平、张丽 2011）。在线实践共同体可以借助一些互联网信息技术（如QQ平台、博客等），或者基于一些软件（如Moodle平台、Sa Kai平台等），也可以是网络教研（王利敏 2016）。然而，在线实践共同体不是实践共同体向网络环境的简单迁移，也不是“在线共同体”与“实践”的简单叠加（Merriam 2001；Wang & Lai 2006）。“在线”环境虽然对实践共同体的交互行为与存在方式有一定影响，但它也可以使共同体较少受到时间和空间的限制，通过在线的学习或实践从而拓宽实践共同体的范围和意义。

不过，国内学界对在线实践共同体的深入研究依然较少，实践者们在构建在线实践共同体时也缺乏对共同体成员之间互动的基本规范和评价体系。谬静霞（2010）指出国内在线实践共同体所基于的网络平台类型日趋多样化，有基于博客的在线实践共同体研究如“海盐教师博客”；有基于Moodle的在线实践共同体研究如“Intel未来教育”网络课程；有基于Google网上论坛的在线实践共同体研究如“淄博信息技术教师自生长社区”等。不过目前仍然没有一个统一标准对在线实践共同体的互动情况进行全面的监控和评价。缪静霞立足于前人的互动研究，将研究对象锁定在实践共同体上，研究这一特殊团体中的互动情况以及影响互动的主要因素，从而提出有效的互动策略。

提升在线实践共同体成员之间的交往和互动，就需要相应的规范和评价体系。成员参与在线实践共同体，并从中获得实践性知识，这也需要他们运用一定的策略。马晔（2014）认为阻碍教师实践性知识获取的常见因素包括多个方面，比如教师的专业理论学习较为欠缺、教学案例资源较少、教师缺乏自我反思的习惯、学校的学习团队意识薄弱、教师局限于个体学习、对于学习的积极性不高以及与其他学校同行的交流机会较少等。马晔（2014）提出了三个维度的教师实践性知识获取策略，即教师个体策略维度、教师小组策略维度和教师群体策略维度。这一研究基于知识管理和经验学习圈等相关理论，并依托“基于网络的教师专业发展”项目，将教师实践性知识获取策略模型应用于项目的具体经验获取阶段，并对参与项目具体经验获取阶段的教师活动效果进行评估，对策略的有效性进行验证并加以修正和完善，用于指导教学实践。

无论是教师实践共同体还是在线教学实践共同体，其参与实践的成员主体是教师。这些实践共同体的发展，促进了教师的专业发展，提升了教学的实践研究，拓宽了教师的学习形式，为教师扩充了实践性知识的来源途径，也为进一步改进区域性的教学质量提供了思路。

除了基于教学的实践共同体研究之外，基于想象身份认同的想象的共同体的研究也得到了长足的发展。身份认同是教师专业发展的重要组成部分，是影响教师专业发展的主要变项之一，也是理解教师专业化发展的重要理论工具。因此，一些学者对师范生英语教师的身份认同进行了相关研究，并有一部分学者开始关注教师实践共同体中新教师或实习教师从想象认同到实践认同转变的过程及其原因，比如徐其涓（2011）和王琼（2019）从职前准备角度出发，以叙事和田野调查的方式研究职前教师和实习教师的想象身份认同的形成与转化。

其中，徐其涓（2011）基于Wenger（1998）的实践共同体理论和Norton（2001）的想象的共同体概念，通过对女硕士生叙事研究，提出教师身份认同的形成是一个高度复杂的过程，其间充满了关联性、经验性、参与性、个体性和社会性，而参与性是教师身份认同形成过程中的核心要素。此外，在教师身份的形成过程中，意义的认同与协商之间可能产生多种冲突，而这些冲突将使实践个体在共同体中采取不同的实践形式，改变与共同体成员之间的关系，并在话语中建立新的权力关系。与此同时，冲突还可能导致学习者在共同体中被边缘化和出现零参与的状态。新教师在实践共同体中处于边缘地位，缺乏话语权，没有足够的参与度。针对这些现象，实践共同体中的核心成员应该尽力减小共同体中导致权力不均衡的因素，为新教师提供更多的合法参与性，以便他们在共同体中提升业务能力并获得更多的发展机会。

王琼（2019）认为，师范生英语教师从想象认同转化为实践认同的过程意义重大，会影响他们的职业认同、教学态度和教学实践，并在一定程度上决定了他们是否愿意继续从事教师这一职业。该研究选取了四位师范生英语教师作为参与者，研究他们在教学生涯的最初阶段，尤其是他们由想象认同向实践认同的转变过程，并探讨其转变原因。研究结果如下：四位参与者在进入师范学校之前都预先假定了英语教师的想象身份认同。经过三个月的实习，他们都成功地将英语教师的想象认同转变为实践认同。其中两位参与者June和Sunshine将预期的消极的想象认同转化为积极的实践认同。在实习前，June认为自己会打扰实习班级正常的教学活动，而Sunshine则认为自己会是一位被动的任务执行者。在实习后期，June意识到自己实际上帮助指导教师承担了部分教学工作，是实习班级的帮助者；Sunshine意识到自己实际上已成为一位积极的学习者。另外两位研究参与者预期的想象认同也成功实现了转化。经过两个月的实习，Zoey最终成为一名学生学习的合作者，而Dora则从有经验的资深教师那里学到了诸多教学方法。外部因素如他们所在实习学校的学生和指导教师，内部因素如个人的教育背景以及自主发展意识等，都能够促进想象认同向实践认同的转化。

在国内专家学者的努力钻研下，实践共同体的研究取得了许多丰硕的成果，为实践共同体理论的发展和完善作出了巨大的贡献。然而，美中不足的是该理论的研究范围和领域依然比较狭窄，主要集中于教育教学领域中基础理论的应用和探究，如若能把实践共同体的理念和思想应用于更加广阔的科学和实践领域，尤其是语言学研究，定能结出更多更加喜人的丰硕果实。

5.3 小结

共同体的结构和成员身份认同是实践共同体理论的重要组成部分。就共同体的结构而言，Wenger和Eckert都认为不应把社会权力中的等级制度简单地平移到实践共同体概念中去。也就是说，一个具体的实践共同体中存在什么样的等级结构应该是由其成员通过实践构建的，而不是由社会中存在的等级结构来定义的。就共同体成员身份而言，一个人的成员身份不是与生俱来的，它是一种动态的、复杂的社会现象，其中语言的使用起到重要作用。在实践共同体中，语言不仅体现、建构身份，而且在不同的话语情境中塑造不同的共同体身份。实践共同体话语库与成员身份之间是一种相互构建的关系。

实践共同体为语言教学研究提供了新途径。对于许多语言学习者和语言教师来说，共同体是想象的，它也在某种程度上是对以往历史关系的重构。从本质上看，每一个想象的共同体都预设了一种想象认同。将想象的共同体概念运用到语言教学领域可以给教师培训者以及二语习得研究者们提供一个全新的理解视角，使他们能够把语言学习者和语言教师视作具有想象身份认同的个体。无论是在实践过程中，还是身份认同的转化中，想象对实践者而言都是他们自我定位和自我认同的一个特殊阶段，对他们后期的学习实践和身份认同起着或是积极，或是消极的作用。想象的身份认同和想象的共同体最终都需要以实践的方式来实现其社会意义和价值。也就是说，在语言学习研究过程中，无论是关注学还是教，人们对语言学习和教学的期待和展望，都必须通过具体的学习和实践才能成为现实。

实践共同体对性别研究不仅关注性别语言，而且提供了性别理解的文化视角。性别在社会实践中不断塑造，而又与身份构建的其他因素相互交织，这就需要人们在不同的实践共同体之间对自己不同的成员资格身份进行协调。个体在一个实践共同体内性别身份的发展与这个实践共同体持续的性别塑造分不开，也与阶级、种族和其他因素相关的身份构建有关。实践共同体概念将性别与语言置于共同体之中，借助以共同体为基础的实践理论，将性别、语言以及两者之间的互动视为动态的社会实践。与此同时，实践共同体理论摈弃了许多关于性别和语言关系的陈旧观点，提出实践塑造着性别关系，同时实践本身也被“性别化”。在实践共同体内，性别并不只是具有生理含义；实践使得人们从文化的角度去理解和看待性别，并赋予性别以社会内涵。

综上所述，实践共同体概念弥补了言语共同体，尤其是语言变异视角下的言语共同体的某些不足，同时也为语言变异、学习理论、性别研究、身份构建研究、二语习得研究等领域提供了新的视角。言语共同体和实践共同体作为两种不同的研究范式，在社会语言学研究领域互为补充，给研究者们提供了一个更加广阔的思维和研究空间。从已有研究来看，不论是国外还是国内，对于实践共同体的探讨多限于理论层次，缺乏从理论探讨转向实际运用的衔接研究。实践共同体研究若能与话语分析、二语习得等社会语言学和应用语言学领域的命题进行有机的结合，将会给后结构主义语言学提供一个更加具有时代意义的研究视角。

第六章 语言全球共同体

6.1 全球化理论概况

传统的全球化研究主要涉及经济和文化两个方面。不过随着全球化进程的深化和发展，语言全球化越来越受到学者们的关注，并逐渐成为全球化理论中的一个重要部分。语言全球化影响着全球化进程中的每一个群体及个体；人类的一切经济和文化活动都不能脱离语言这个载体而存在，因而语言全球化也是经济全球化和文化全球化得以发展的载体。语言全球化研究有效地建立了本土与全球层面的对接，促进了共同体概念的进一步发展，同时也有助于我们探索全球化问题在不同语言层面的发展趋势和意义。

虽然不同的社会语言学流派都对语言全球化进行讨论，但是交际互动视角下的语言全球化研究发展迅速、成果突出，成为语言全球化研究的引领者之一。因此本章与第二章联系紧密，在交际互动社会语言学框架下，结合社会网络和实践共同体研究，进一步探讨语言全球化和共同体理论发展和实证研究。本章首先对全球化理论在社会学、文化研究、人类学等学科领域中的发展，以及语言全球化进程中的共同体理论内涵进行梳理。由于多数全球化研究采用民族志方法，因此本章和第五章相似，不单独讨论研究方法，而是着重探讨语言、全球化和共同体之间的关系。本章的第二部分在理论梳理的基础上介绍语言全球化代表性实证研究，以及我国语言全球化研究的发展现状。

6.1.1 全球化理论的内涵

全球化理论具有强烈的跨学科特点，社会学、文化研究、语言人类学、社会语言学等多个学科都对其进行过不同程度的探讨。本章着重回顾社会学中Wallerstein的世界体系理论，文化研究中Appadurai的文化景观理论和Castells的流动空间理论，语言人类学以及社会语言学中的语言意识形态、指向性以及互文性等概念。

6.1.1.1 社会学中的全球化理论

全球化问题一直是社会学家们所关注的一个经典研究话题，而现当代全球化理论中影响最大的要属以Wallerstein为代表的一批新马克思主义学者所建立的世界体系理论。Wallerstein是美国著名的社会学家、历史学家和政治理论家。从1974年开始，在长达30年的时间里，他相继出版了四卷本巨著《现代世界体系》(*The Modern World-System*)(1974，1980，1989，2011)，标志着世界体系理论作为一个完整的全球化理论的诞生，为学者们分析现当代资本主义世界体系的深层问题以及未来世界体系的发展方向提供了一套完整的评价体系和方法论。

从历史来源上看，世界体系理论是对马克思理论的继承和发展。二战后，亚非殖民地国家纷纷走上了民族独立的道路，开始探索适合本国的发展道路。由于新兴民族国家(nation-state)的崛起和社会主义发展模式的探索，传统的资本主义统治体系开始动摇。自20世纪60年代开始，世界范围内的民族主义运动、民权运动、美苏冷战等一系列社会变革情况层出不穷，社会研究学者们开始认识到，传统的现代化理论并不能解释发达国家和发展中国家所面临的发展困境。比如Parsons的社会现代化理论、Almond的发展区域政治理论、Apter的政治现代化理论以及Rostow的经济成长阶段论等(吕叔湘、朱德熙 2013)。这些现代化理论只是以孤立的民族国家作为研究对象，并把一个国家的独立和发展困境归结为本国的社会、政治、经济和文化因素。这种分析范式受到了Wallerstein的质疑。在研究非洲民族国家的独立和发展问题时，他意识到不能单纯地把非洲国家发展滞后归结为自身政治历史的局限性，而是应该从世界资本主义体系的角度来解读这一问题(Wallerstein 1974)。把民族国家的历史发展纳入一个更广阔、更完整的世界体系中进行分析，才能正确客观地看待平等与不平等，发达与不发达等一系列社会发展问题。

在此基础上，Wallerstein进一步批判了传统的“依附论”思想。这一理论将世界体系划分为“核心—边缘”的二元对立结构。传统的资本主义发达国家在这一体系中处于核心地位，广大的发展中国家处于资本主义世界体系中的边缘地位。处于核心地位的发达国家代表了现代性，是现代社会发展的“正确方向”，而发展中国家则是落后贫穷的代表。因此，“依附论”学者给发展中国家提出的发展方案是：通过总结西方现代化进程的历史经验，沿着西方现代社会的政治、经济和文化发展道路对本国的政治、经济、文化体系进行改革，以期实现所谓的“现代化”(江华 2007)。这种“边缘依附核心”的理论实际上是欧洲中心主义(eurocentrism)的体现，并不能真正解决发展中国家的自身发展问题。相反，它会进一步加深世界体系中发达与不发达、平等与不平等的对立和恶化，最终使发展中国家成为西方发达国家经济和政治上的附庸。

据此，世界体系理论提出，研究全球化问题应该克服传统上以民族国家为基本单位的分析范式，反对依附论的简单二元结构对立。同时，Wallerstein强调要从全球历史角度来整体分析资本主义所构建的世界体系。一方面，Wallerstein继承了马克思主义的主张，对资本主义的剥削本质进行了深刻的反思和批判，对资本主义的内在结构性弊端进行了长时间、大范围的深入研究，并再次肯定了马克思关于资本主义必将走向终结的历史判断；另一方面，他创造性地把资本主义世界体系分析和民族国家社会发展问题的研究结合起来，认为对世界体系的分析才是研究全球性社会发展问题的落脚点。这为发展中国家解决自身发展困境提供了一种重要的解决方案。

Wallerstein对世界体系的分析主要有三个维度，即世界经济、国家政治体系和世界文明。他从这三个维度对资本主义的剥削本质进行批判，同时也尝试重新构建起一个新的、平等的世界体系。

首先，在经济方面，Wallerstein借鉴了马克思关于资本主义经济体制的相关概念，说明了经济全球化本质上是资本主义经济剥削扩张。从16世纪开始的资本主义扩张为资本主义国家完成了原始积累的过程，使得世界上绝大多数国家都被纳入到这一世界经济体系之中。一方面，这一体系使得一国的经济发展不再受限于该国的社会历史因素，而是依赖于其在整个世界经济体系中的劳动分工和地位；另一方面，这一体系也使得整个世界经济体系中出现了三个严重不平等的社会经济结构体系，即以西欧和北美为中心的“核心”地带，以亚洲、非洲和拉丁美洲等不发达地区为主的“边缘”地带，以及在中间起到中介和过渡作用的“半边缘”地带。这种不平等的体系超越了既定的政治界限，出现了经济上隐性的不平等交换，具体表现为低附加值的资源类产品和工业半成品由边缘地带向半边缘，再向核心地带流动，而高附加值的工业成品、高科技产品和服务则由核心地带向半边缘、边缘地带流动。这种双向的流动看似是经济发展的必然结果，实则是严重的经济剥削，导致了当今世界范围内经济发展的两极化倾向愈发严重，特别是发展中国家深受这一世界经济体系的危害。资本主义世界经济体系周期性的扩张和收缩，必将造成广大发展中国家经济的动荡，成为这一经济体系中边缘化的牺牲品。因此，在Wallerstein这一理论框架下，发展中国家的经济发展困境一方面受制于本国的社会历史原因，但更为重要的是，这是由整个世界经济体系结构性的不平等造成的。

其次，在政治方面，如前文所述，Wallerstein不再将单一的民族国家作为基本的分析单位，而是将其看作是一个世界性国家体系中的一部分。在这个国家体系中，不但存在经济上的“不平等交换”，同样存在政治上的压迫与被压迫，剥削与被剥削，平等与不平等现象。资本主义诞生之初就产生了雇佣者和被雇佣者的剥削关系，产生了资产阶级和无产阶级本质上的矛盾。而后，随着资本主义的扩张以及工人运动的发展，社会主义与资本主义的矛盾愈加激烈，二战后民族国家的独立运动则加深了这种国家体系内部的矛盾。在Wallerstein看来，世界政治体系是一个多重性的、不平等的政治矛盾体系。在这一体系中存在着压迫与反抗的矛盾关系，西方发达国家处于这一体系中的核心地带，他们通过强大的国家机器侵略处于边缘和半边缘地带的发展中国家。与经济体系类似，政治体系中也存在核心国家和边缘国家，英法美等属于政治上的核心国家，而边缘国家则包括广大地区中的发展中国家。政治上的压迫常常与经济上的剥削共同发生。资本主义强国通过政治霸权控制边缘国家，将其变为半殖民地或者殖民地，进而在经济上把边缘国家变成自己的原料产地和商品销售市场。因此，世界政治体系中的边缘国家常常遭受政治上和经济上的双重剥削。Wallerstein倡导，要改变这种政治经济上的压迫，就必须改变整个世界政治经济体系的秩序。

最后，在文化上，Wallerstein认为资本主义文化在世界体系的文化维度上占有绝对的核心地位，而处在边缘和半边缘位置的发展中国家在文化上处于弱势地位。二战以后，随着一大批民族国家在政治上纷纷独立，资本主义的世界体系出现了结构上的变化和调整。由原来政治上的压迫，转为经济的剥削和文化上的同化。Wallerstein将这种资本主义文化称为“大众的鸦片”，即它试图以资本主义的“精神鸦片”来麻痹人们的思想，同化他们的行为，进而建立一种同一的资本主义文化秩序。这种世界资本主义文化体系实质上是欧洲中心主义的另一种表现形式，即文化霸权主义（cultural hegemony）。典型的资本主义文化包括物质主义（materialism）、个人主义（individualism）和种族中心主义（ethnocentrism）。它们在全球文化体系中处于中心地位，对发展中国家的文化发展有着巨大的影响

（Wallerstein 1991）。Wallerstein所揭示的这一世界文化体系说明全球文化有趋同的倾向，但同时每个地区和国家都有本民族的文化，全球文化同样存在丰富的多样性。这启示广大发展中国家在保存自身文化多样性的同时，也要时刻警惕资本主义文化所带来的趋同倾向。

从以上对Wallerstein世界体系理论中经济、政治和文化三个维度的分析可知，Wallerstein将其对世界体系的认知由原来二元对立的“核心—边缘”结构扩展为“核心—半边缘—边缘”的认知结构，这既是对马克思主义的继承性发展，也为在全球化背景下研究社会发展问题，特别是发展中国家的发展问题，提供了一种合理的分析范式和理论框架。这一结构本身是稳定的，但也是动态、多中心和多维度的。比如，在16世纪和17世纪的殖民扩张时期，西班牙和葡萄牙是早期资本主义世界体系的绝对核心，而印度半岛、东非和拉美等殖民地则是边缘地区；到了19世纪和20世纪，随着两次工业革命的发展，英法德美等国成为了新的核心国家，西班牙、葡萄牙和意大利等则是半边缘国家，非洲、拉美、中东等则成为了边缘地区（Wallerstein 1974）。文化上，中华文化一直是亚洲的核心之一，直接或间接地影响了日本、韩国、东南亚等广大区域。因此，“核心—半边缘—边缘”的世界体系结构是多中心、多层级、多维度的。这一理论在一定程度上突破了传统的欧洲中心主义的束缚，使得我们能够站在一种更为广阔和动态的历史角度看待社会发展问题。当然，正如一些社会学者所指出的那样，Wallerstein的世界体系理论也存在一定的局限性，比如过于强调经济影响，忽视了文化的作用，容易陷入消极悲观主义和历史虚无主义等（Pieterse 1988；Robinson 2011；Giddens 2013）。但不可否认的是，这一理论为发展中国家探索本国的社会发展道路提供了理论上的参考，有着重要的借鉴意义。

6.1.1.2 文化研究中的全球化理论

在全球化理论研究中，经济领域和政治领域的探讨早已成为研究热点，而随着交通更加便利、移民快速增长、网络传播和新媒体的发展，全球性的文化沟通和碰撞也成为了全球化发展中的一种常态。与经济全球化密切相关的文化全球化问题开始受到越来越多的关注，成为全球化理论研究学者们争论的焦点。文化全球化研究的一个重要目的是找到一种适应文化全球化发展的理论框架，从而更好地解读文化全球化的发展脉络及其复杂性，在全球化背景下为本国的文化发展提供一条可行的发展路径。在众多文化全球化理论中，印度文化人类学者Appadurai和西班牙社会学家Castells的理论影响深远。下面将分别介绍这两种代表性的文化全球化理论。

Appadurai的文化全球化理论的核心是他的全球文化景观理论，在其1996年出版的专著《消散的现代性：全球化的文化维度》(*Modernity at Large: Cultural Dimensions of Globalization*)中对这一理论进行了详细阐述。Appadurai认为全球文化的形态是以“流动性”(flow)为整体特征的，在这一条件下，他试图以人类学的研究方法，从文化角度来解读全球文化中的散裂(disjuncture)与差异(difference)。由于电子媒体的普及和人口大规模迁移的作用，全球化中的人们、影像、文字等要素出现了无规律的流动与组合，创造了一种复杂的、相互叠加的公共空间，Appadurai将这一现象称之为散裂。比如，在德国的公寓里，一群土耳其劳工在观看土耳其的电影；生活在费城的韩国人通过韩国的卫星电视观看1988年首尔奥运会；芝加哥的巴基斯坦出租车司机聆听在巴基斯坦或者伊朗录制的布道录音带(Appadurai 1996：4)。这些现象体现了移动的影像与去国界化(deterritorialized)观者的相遇，这种相遇形成了一种动态的、不可预测的关系(Appadurai 1996：4-5)。

Appadurai首先肯定了全球文化不仅具有同质性，同时也保持了异质性，全球文化是同质性和异质性共存的一种文化形态。一方面全球化的发展使得全球文化呈现出趋同的特征，特别是边缘文化对主流文化(如发达国家的资本主义文化)的趋同；另一方面，各个国家在全球化进程中也在极力保持自身文化的独立性，或是将外来文化吸收进本国文化中，使之呈现出一种新的文化形态。因此，文化同质性和异质性特征使得全球文化具有流动的、不规律的、散裂的复杂面貌；可以说全球文化的流动性特征就是文化同质性和异质性不断博弈的结果。

为了更好地解读全球文化的复杂特征，Appadurai（1996：43）提出可以从以下五个维度进行研究：（1）族群景观（ethnoscapes）；（2）媒体景观（mediascapes）；（3）技术景观（technoscapes）；（4）金融景观（financescapes）；（5）意识形态景观（ideoscapes）。这五种景观有着相互联系、相互影响的关系，它们共同构成了Appadurai的全球文化景观理论，为研究文化全球化问题提供了一个相对完整的理论框架。

在这五个维度中，族群景观是人类群体性存在的基本形态，包括民族国家、跨国团体、离散社群（diaspora）、亚民族团体、村庄、家庭等。Appadurai强调了移民在当今全球族群景观形成过程中的作用，认为移民促进了旧族群景观的更新和新族群景观的形成，是族群景观流动性的主要动力。技术景观是指全球技术的流动形态。随着科学技术的不断更新和发展，技术景观早已深入到人们生活的各个方面。跨国公司促进了技术的流动，使得技术景观成为全球化的一种常态。与技术景观联系密切的是金融景观，即由国家股市、证券交易和大宗商品构成的全球货币市场。随着资本与技术的紧密结合，资本的流动性早已超出了领土的边界，在全球范围内进行配置。Appadurai认为这种资本的全球配置呈现出了周期性泡沫趋势，越来越难以把握，甚至有资本失控的危险。媒体景观和意识形态景观是密切相连的两个景观形态。媒体景观一方面指生产和传播信息的媒介或载体，如报纸、杂志、电视和电影等；另一方面指人们利用这些信息媒介所构建的影像。随着数字信息技术的分享和传播，媒体在构建形象方面发挥了愈发重要的作用。媒体通过各种音、像、视、听等手段构建、调整、甚至操控人们对世界的想象，影响着人们的消费行为和自我认知。与之相应的，意识形态景观指的是一种持续性的政治文化，比如民主、平等、自由、主权等都属于意识形态的范畴。意识形态景观的形成跟媒体景观有很大关系，媒体内容通过一定的传播方式可以建构起人们的意识形态景观，使得人们在情绪上和心理上认同或者反对某种政治文化。

在Appadurai看来，以上五个维度的文化景观之间相互联系和影响，构成了全球文化互动的复杂和难以预测的局面。更重要的是，它为研究全球文化的发展方向提供了一种全新的研究方法，为文化全球化理论的发展作出了贡献。

全球化的发展以科学技术的发展为直接驱动力。20世纪80年代以后兴起的信息技术革命使人类进入了信息化时代，并加速了全球化在深度和广度上的发展。Castells敏锐地捕捉到了信息时代的到来以及它给人类社会带来的深刻变化，在1996—1998年间相继出版了其代表作《信息时代：经济、社会与文化》(*The Information Age: Economy, Society and Culture Vol. I*)三部曲:《网络社会的崛起》(*The Rise of the Network Society*)、《认同的力量》(*The Power of Identity*)以及《千年终结》(*End of Millennium*)，形成了他的流动空间理论。

Castells认为信息技术革命带来了人类生产方式和组织方式的又一次重组，原来的标准化生产和集中化管理组织模式已经发生巨大改变，以互联网为基础的网络空间逐渐形成，并拓宽了原来相对固定的城市社会活动空间，在此基础上Castells建立起了他的网络社会理论。该理论有以下几个作用。第一，网络社会产生了新的社会形态和新的社会模式。一方面，网络社会的出现标志着人类开始脱离传统的地理空间限制，网络化社群在信息技术的时空共享基础上得以形成，这是一种新的社会形态；另一方面，网络社会是一个动态、开放、无限扩展的系统，在这个系统中所有要素，包括人、资本、信息、管理等都以网络的形式被连接起来，因而形成了一种新的社会模式。在网络上人们按照不同的标准(职业、兴趣、生活方式等)而形成了不同的网络化社群，它使得“经济行为全球化，组织形式网络化，工作方式灵活化，职业结构两极化，以及生活方式碎片化”

(Castells 1997：354)。第二，网络社会的形成产生了新的社会认同。在现实社会中，人们需要面对来自家庭、工作、学习等各方面的压力，群体的身份认同感大大降低。信息化社会的到来使得原有的家庭、企业乃至社会的组织功能和意义都被消解，因此这些群体的认同感在一定程度上也越来越弱化。而网络的出现则为新社会群体的产生提供了物质基础。原本处在不同地点的成员通过网络彼此连接，并形成新的社会群体。这种组织方式是个体化的、去中心化的，它为新的群体认同感的产生提供了土壤，是网络社会得以形成的基础。第三，网络社会重新定义了空间的社会意义。网络化技术的普及使得人们摆脱了地理空间的限制，让信息在网络所构建的空间中流动起来。人类的社会活动范围不再局限于固定的城市空间，而是可以进行跨地域的沟通交流。Castells将这种在网络社会中信息流动所形成的社会空间叫作流动空间(space of flows)，并由此形成了流动空间理论。流动空间是一种"共享时间的社会实践，是信息流动的物质形式"(Castells 1996：442)。共享时间(time-sharing)指的是处于不同物理空间的个体借由网络得以在同一时间里进行某种社会活动，它是一种以网络为基础的特殊空间形态。在流动空间中，资本、信息、技术、管理等要素进行了跨区域和跨时间的组织、传播、重组、聚合等社会活动。在这一过程中，各种以网络为纽带，以封闭、半封闭和开放的流动空间为基础的社会群体得以产生。从这个意义上讲，流动空间超越了传统的时空概念，是一个无边际的城市社会活动空间。

在其1996年出版的《网络社会的崛起》一书中，Castells将流动空间分为三个层次，即电子信息技术、网络中的节点(node)与中心(hub)以及处于统治地位的社会精英。电子信息技术是网络社会的物质基础，包括电子通信、电脑以及信息高速公路等；网络节点和中心是构成网络空间的特定的地点(locale)，这些地点通常与物理意义上的城市空间相吻合，比如纽约、伦敦、巴黎、东京等全球化城市就是全球流动空间的中心节点。在主要的全球化城市之外，每个地区、国家和城市都有自己相应的节点和中心。不同的节点和中心具有不同的社会意义和功能，它们的相互联结构成了一个完整的流动空间；而流动空间的形成则是以占统治地位的社会精英为主导的。随着网络的普及，流动空间已经成为各种社会群体力量角逐的主要场所，而占统治地位的社会精英则成为这一空间中隐形的控制者和决策者。他们有着自己精英的社交网络，同时也影响着其他网络的形成与发展。全球社会精英所形成的"社交圈"是一种象征隔绝的社区，这种精英文化并未局限于任何特定的社会，而是跟全球信息网络所构成的流动空间有关。比如，"经常使用温泉健身设施(即使是旅行时也使用)和慢跑；烤鲑鱼和蔬菜沙拉的强迫性节食餐……无所不在的笔记本电脑和互联网连线；正式服装与运动休闲服的结合；单一性别的装扮风格，等等"(Castells 1998：511)。这些精英文化跨越了地理空间的限制，成为了一个全球性的相对隔绝的空间，对其他社会群体的文化和生活方式有着潜移默化的影响。从Castells对流动空间的层次解读看，流动空间尽管表面上是一种网络化的虚拟的社会空间，但它却是有着社会实践的物质形式，因此网络流动空间并非与传统的城市空间完全隔离，而是传统城市空间的延伸和扩展，代表了一种新的社会空间形态。

Appadurai的全球文化景观理论和Castells的流动空间理论都强调了跨地域性(translocality)的重要意义，这是全球化时代社会空间的新特征。在全球化背景下，由于新技术和新媒体的发展，一方面一些固有的社会观念被不断解构(如民族身份、文化、性别、种族、伦理等观念呈现出一定程度的不稳定性)人们开始出现身份认同转变，从而动摇原有的社会空间；另一方面，新的社会群体和身份认同开始形成，特别是以虚拟网络空间为基础的新的社会共同体正在逐渐形成，成为一种新的社会学分析单位。这些都对语言学领域的全球化理论具有启发意义。

6.1.2 语言全球化理论

全球化对语言本身、语言使用和语言使用者都产生了深远的影响。

语言、人类、社会这三者在全球化背景下的相互联系和影响推动了语言人类学和社会语言学的发展，产生了一些新的概念和新的研究领域，如语言意识形态（language ideology）、指向性（indexicality）以及互文性（intertextuality）等。

6.1.2.1 语言意识形态

作为一个独立的研究领域，语言意识形态研究是在交际民族志（ethnography of communication）研究基础上发展起来的（见2.3.5）。从20世纪80年代起，一些学者（如Friedrich 1989；Gal 1989；Irvine 1989；Silverstein 1979）开始关注到语言与政治经济行为之间的关系，特别是人们的社会意识行为在具体的语言结构中是怎样体现的。作为一个连接语言、语言使用者以及语言实践的概念，语言意识形态能够很好地解释人们所使用的语言形式和结构如何体现其背后的政治、思想和文化意识。一般来说，语言意识形态指的是在一定的社会文化环境中，人们潜意识里所持有的关于语言的认识或者看法。就像生活中必需的空气和水一样，我们生活在其中，却很少意识到它们的存在（当然在雾霾天气里，我们会变得非常关注空气）；同样，人们认为某种口音是“标准的”、“好听的”或是“彬彬有礼的”，而与之相比，其他口音就成为“不标准的”、“难听的”或是“粗鲁的”，人们常常觉得这种看法“很正常”、“理所应当”（self-evident），而很少对其进行反思。因此，原本仅仅是语言特征上的不同，通过语言意识形态的作用就产生了具有“好坏”之分的价值判断，导致了语言使用者地位上的不平等（Dong 2009）。语言意识形态与政治上的意识形态概念有着重要的区别。政治上的意识形态是与民族国家（nation-state）相关的一系列政治信仰和认识，而语言意识形态则是关于语言的一系列认识和看法。语言意识形态概念不仅分析语言结构本身，它还将语言与道德、审美、权利、认同以及认识论联系在一起。从这个意义上讲，语言意识形态是语言与文化、语言与政治之间的桥梁。

语言意识形态的内涵可以分为三个层次：(1)关于语言结构和语言使用的观念；(2)关于语言所象征的非语言意义的观念；(3)关于语言本身的观念和非语言因素的观念所构成的语言社会实践(Schieffelin *et al.* 1998; Silverstein 1979)。一方面，语言活动反映了语言实践背后的意识形态；另一方面，语言活动本身是社会实践的一部分，受非语言实践因素的制约。一个共同体由于对语言的结构和使用有着共同的观念和看法，因此也通常共享语言意识形态。从民族国家的形成过程看，语言的标准化过程是语言意识形态统一的表现，有利于文化上和思想上的统一。全球化背景下的语言意识形态既表现出语言纯洁观(purification)带有的语言支配和语言霸权(hegemony)的特征，同时也有语言杂交过程(hybridization)所产生的双语和多语现象(Bauman & Briggs 2003)。比如语言全球化使得英语成为了一种世界通用语，在国际政治、经济和文化交流中，使用英语已经成为一种共识。与一些地区性的通用语相比，英语占据了全球统治地位(dominant language)。一种语言意识形态并非是一成不变的，而是动态变化的。在全球化背景下研究语言意识形态，一方面有助于我们更好地理解语言的本质，正确地看待语言的"标准与非标准"、"正确与错误"问题，另一方面，也为国家语言政策的制定提供理论和实证研究的基础。

6.1.2.2 语言的指向性和层级

人们对一种语言的选择和使用不仅体现了潜在的语言意识形态，语言符号的使用更是一种身份、文化的象征，这种语言的符号象征作用与语言的指向性相关。正如本书第二章所探讨的，语言的指向性是一个语言符号(sign)所指向的情境中的另一个事物、其背后的社会文化意义以及相互关系，包括性别、身份、社会地位、阶级等。比如当我们使用you这一人称代词时，不仅指addressee这一单一的社会角色，同时也是指向addresser/addressee这一对应的社会关系。日常生活中，我们在不同社会情境中会使用不同的语言风格和语言特征，这些语言风格和特征所代表的指向性关系是不同的，这些指向性关系包括正式—非正式、上级—下级、地位高—地位低、关系亲近—关系疏远等。

指向性具有层级特征（order of indexicality）（Blommaert 2005）。第一层级的指向性是微观语言特征所代表的语用意义（pragmatic meaning）。第二层级的指向性跟语言变项和其元语用意义（metapragmatics）之间的联系相关。人们常常会根据一个人说话的口音去推断他或她的受教育程度、家庭背景、经济状况等，进而形成一些固有的刻板印象。这就是典型的第二层级的语言指向。比如人们通常将"黑人英语"和"受教育水平低、贫穷、暴力、犯罪"等非语言因素相关联，这种由语言指向性所产生的固有印象常常会造成语言使用者之间的误会和矛盾。

更高层级的语言指向性（higher orders of indexicality）所代表的是更宏观的社会文化语境。一个共同体内部有着一套固定的话语范式和社会行为准则。这些范式和准则具有排他性。共同体内部的人们对话语有着控制权和解释权，因此他们处于共同体权利关系中的有利位置，代表了共同体核心成员身份。比如Silverstein（2006）探讨的"葡萄酒话语"代表了一种全球精英阶层的文化。葡萄酒的评价和鉴赏有一套固定的、标准的话语体系，这一话语体系构成了少部分文化精英的共同体。由于这套话语体系比较难以掌握，因此如果一个人在评价和鉴赏葡萄酒时能够自然流畅地使用这套话语，就代表他已经或者有资格成为这一精英群体中的一员（见2.3.5）。"香水话语"和"法餐话语"也具有类似的精英文化的指向性。

随着全球化的发展，特别是互联网的普及，语言的使用呈现出了更为复杂的语言景观。不同语言的指向性影响着人们对语言的学习和使用。比如说一口标准的美式或者英式英语说明了一个人受教育程度高以及国际化程度高。这使得在全世界范围内兴起了学习英语的热潮；并且一些二语学习者在学习英语时表现出对"口音"的高度敏感，在英语教学和日常英语交流中，说话者会刻意纠正自己的口音，因为"口音"往往指向的是一个人的教育背景、经济状况以及社会地位等。语言的全球化使得一种语言的指向性可以影响更大范围内人们对语言的选择和使用，它既能形成一种新的全球性的共同体，同时也能破坏或者威胁原有的共同体语言生态。比如一些少数民族语言逐渐濒危，很大程度上是人们受到潜在的语言指向性的影响，刻意减少或者避免使用本民族语言，转而使用更为“有用”或美誉度更高的通用语或标准语。

6.1.2.3 互文性理论

语言意识形态和语言指向性都将语言使用与社会文化因素联系起来，而在全球化背景下，作为一种语言形式的文本本身也呈现出了新的特点。法国结构主义学者Christeva在20世纪60年代提出互文性理论，这一理论是对传统西方批评理论的一种革新。互文性这一概念受到众多领域学者的关注，并被不断借用和阐释，使得其理论内涵更加复杂和具有争议。简单来说，互文性指的是要理解一个文本的意义必须理解跟它在形式或内容上相关的另一个文本的意义，两个文本之间的这种关系叫作互文性，这两个文本为互文本(Silverstein & Urban 1996)。互文性理论的提出表明了“作者”不再是文本意义的唯一创造者，“读者”对文本的互文性理解也在不断重构和创造新的文本意义。互文性使得文本(text)和话语(discourse)超越了时空的限制而存在，形成了一个动态的互文性空间。特别是随着互联网的普及，文本存在的形式变得更加多样化，无论是在互联网上的虚拟空间还是线下的话语实践中，很难找到不存在互文性的文本了。从这个意义上说，整个世界就是一个文本的无限延伸，一切的语境，包括政治、经济、文化、社会等语境都被文本化了(entextualization)。文本化的过程也是一个话语实践(discourse practices)的过程，它能够反映不同的社会权利关系，比如性别、身份、种族、道德等，并且能够通过文本的阐释和创造重构这些关系(Silverstein & Urban 1996; Agha & Wortham 2005)。因此，互文性理论也被越来越多地引入语言人类学和社会语言学，特别是语言全球化的研究中。

语言全球化理论还有很多，如Chouliaraki & Fairclough (1999) 将批评性话语分析置于全球化背景下进行讨论，使之成为一种语言全球化理论；Heller (1999) 讨论了语言的商品化问题 (commodification)；Coupland (2003) 对语言全球化现象就行了实证研究；Kress (2003) 讨论了新媒体时代不同的读写方式 (literacy) 对语言、语言使用者以及社会的影响；De Swaan (2001) 在全球化框架下构建了一个语言研究的理论框架，即全球语言体系 (global language system)。这些研究都为我们从不同方面研究语言全球化问题提供了理论上和方法上的指导和启示。

6.1.3 语言全球化理论中的共同体

6.1.3.1 规范与共同体的重构

规范是构成言语共同体概念的要素之一 (见第二、三章)。在共同体概念之外，规范也是一个广泛使用的概念，通常用以检查和衡量一个人的行为是否“符合规范” (normative)，符合规范的就会被看作是“正常的” (normal)。自从第一次工业革命和机器化大生产以来，在自然科学和工业生产领域，绝大多数生产要素都被规范化了，科学的实验步骤和标准统一的机器生产都是规范化的体现。而人文科学领域和社会生活中规范也无处不在。人们的行为举止、机构的行政程序乃至整个社会的规则运作都是以“规范性” (normativity) 为基础的。规范性既是一套人们共有的行为模式，也是一种价值判断，是处于社会环境中的人们赖以生存的准则。

法国社会学家Foucault在《异常》(*Abnormality*) 一书中阐述了他的“规范”思想，对规范性的内涵和意义进行深入的探讨，使得规范思想成为了一种重要的社会批判理论。规范并非自发存在，也不是自然而然形成的，而是由“权威”所规定的，并在一定范围内具有合法性。这种合法性通常是隐性的 (covert) 或是不易为人所察觉的 (implicit legitimacy)，但有时也是显性的 (overt) 或者是带有强制性的 (explicit legitimacy)

(Foucault 2003)。因此在Foucault的理论中，规范常常和权力联系在一起。基于规范，权力才得以运作；权力通常是建立在一系列的规范之上，并通过规范来控制和制止那些“不规范”(abnormal)的行为，这也是权力得以实施的过程。由此可以看出，规范的确立是多重社会因素共同作用的结果，需要依靠个人、群体、机构以及权威的力量，而制定规范的这些力量又对规范具有解释权，以及要求、调整、纠正乃至惩罚的权力。Foucault的规范思想凸显了规范在人类社会发展中的作用，其意义不止在于对规范的反思与解读，而是对规范的揭露和批判，启发人们重新阐释规范的意义。

从这一角度重新审视共同体，我们可以看出虽然共享言语规范是言语共同体定义的重要组成部分，但是“规范”本身正在经历一个不断解构和重构的过程。一个国家或地区的标准语是语言规范的集中体现，但在全球化进程中，规范性这一概念并非是一成不变的，而是一个相对的概念，不同的个体或者群体对待语言规范的态度有所不同。英语作为一种全球化语言，在不同维度、不同地区或者不同文化中其所规范的内容是不同的。所谓的“标准英语”只是人们根据单一的语言规范所得出的评价。在通常情况下，美式英语或者英式英语被认为是标准英语，而其他地区的英语变体，比如印度英语、日本英语等则被认为是蹩脚英语。但是当我们把这些“标准英语”置于在全球化语境下审视时，就会发现一个共同体中的规范可能在另一个共同体中成为不规范的。比如Pennycook(2007)在《全球英语与跨文化流动》(*Global Englishes and Transcultural Flows*)中所讨论的嘻哈音乐人群体自有一套言语规范，在这一社群中使用“标准英语”反而是不合时宜，甚至是令人侧目的。同时，一个区域性的言语规范也可能被投射到另一个特定区域的人们身上，或者被更大范围的人们所接受。比如long time no see这种中式英语已经被英语母语者广泛接受。所谓的语言规范，在全球化中可能被进一步加强，也可能被逐渐淡化或者消解。因此，全球化背景下的规范具有“层级性”的特征，既表现出从高到低或者由低到高的纵向分布，也有同一水平阶段的平行分布。

6.1.3.2 言语共同体和语言共同体

语言全球化领域中的语言意识形态、指向性和层级概念挑战和重构了共同体理论，尤其对言语共同体概念起到了颠覆和重新定义的作用（Blommaert 2006）。言语共同体概念长期受到共同体边界和成员同质性（homogeneity）问题的困扰。这两个理论困扰主要是由于人们对“语言”和“言语”的混淆，以及人们通常所持有的一语言对应一文化，进而对应一个固有群体的误解而导致的。这个观点呼应了Hymes对语言和言语的相关论述（见第一章）。然而在现实生活中，这种一一对应关系非常少见，普遍状况是复杂多样的语言使用。比如一个言语共同体中的人们可以同时使用多种语言，多个言语共同体也可以共享一种语言。

从语言全球化的角度来看，两种通过语言而定义的共同体值得深入探讨（Silverstein 1998）。第一种是“语言共同体”（language community），指一个固有群体（比如一个国家或地区）的人们通常对于某种语言具有一定的忠诚度。这种忠诚主要体现在“我说某种语言”或“我的母语是某语言”以及类似的话语之中。这种话语中的“某语言”通常是那些人为定义的、具有指称意义的语言，如英语、法语等。这样定义的语言具有稳定的、客观的、边界清晰的形象。他们通常有明确的语言规范，而人们的语言是否符合这些语言规范，以及他们是否能够“正确地”使用这种语言对于其共同体身份认同具有重要意义。在语言共同体中，一个人“拥有”某种语言，并认为自己属于某个同质性母语共同体，由此就形成了语言、身份、共同体之间单一的、线性的对称（Blommaert 2006：514）。例如“某人说法语”（语言），对应“某人是母语为法语的人”（身份），并属于法语为母语的语言共同体（共同体）。

第二种通过语言使用而构建的共同体是言语共同体（speech community）。上述语言共同体所呈现的简单、线性、一一对应关系在现实生活中非常少见。为了描述和解释语言使用与共同体之间的复杂关系，语言全球化学者重新定义了言语共同体概念，提出言语共同体是指在一个多层次的价值评判体系中，人们的语言使用展现出共同的指向性，并通过这些指向性构建身份和共同体。比如前文提到的“葡萄酒话语”中，对葡萄酒的鉴赏和评价有一套特有的话语体系（Silverstein 2006）。当一个人经过多年的学习、实践和文化熏陶之后，在鉴赏和评价葡萄酒时能够熟练地使用这套话语，其语言特征反映出这个人拥有良好的文化品味和文化资本，这种语言特征指向全球精英共同体，他也就有资格成为这一精英群体中的一员。当这个人离开品酒语境，回到家中的时候，他可能会改用家乡方言来加强亲切感，这时候他的言语特征指向家庭话语和本地身份，他不再（仅）是全球精英群体中的一员，而同时是家人、本地人。可以看出，人们通过指向性而构建言语共同体，当他们的言语指向性发生了变化，他们所构建和归属的言语共同体也就发生了变换。因此言语共同体是规模可大可小、时间可长可短、打破时空间界限、动态且具有弹性的共同体。

这两种共同体之间有明显的关联性，可以说言语共同体是一个相对宽泛的概念，而语言共同体则是言语共同体中的一种特例。语言共同体是一个语言意识形态层面的概念，而言语共同体则是一个具有实践意义的概念。换言之，语言共同体是建立在人们认为“他们都说某一种语言”的意识形态之上的，而言语共同体则是建立在现实生活中的具体语言实践之上的。因此，言语共同体的形态、规模、持续时间长短都取决于共同体成员共享的指向意义和指向价值（indexical values）。在言语共同体中，多重身份是非常多见的，话语中展现出的细微的特征变化可以指向共同体身份的变化，因此人们可以同时属于多个言语共同体，具有多重共同体身份，也通过语言指向性的变化在不同共同体中“穿行”。

6.1.3.3 多模态、新媒体与共同体的重构

语言全球化进程中，共同体概念在被语言学家们不断地阐释和补充。

互联网的出现也使共同体的边界处于动态的变化之中，共同体成员共享的言语规范进一步呈现出新的形式和意义。互联网极大地丰富了人类的沟通交流方式，并且动摇了传统的“单模态”（monomodality）表意方式。Kress & Leeuwen（2001）在《多模态话语》（*Multimodal Discourse*）中讨论“单模态”话语在西方文化中的盛行。在前互联网时代，不论是写作、绘画，还是语言、音乐以及科学研究，都各自有一套规定的范式和方法，互不相关、互不干涉，有着自己特定的话语体系。但这种情况随着全球化的深入发展和互联网的普及发生了逆转。大众媒体、杂志以及公司、政府和学术机构等不同的社会群体开始使用不同的材料（materials）和符号（sign）来传达意义，文字、声音、图片、手势、表情被综合起来表达同一个意义。这种由多个符号模式（semiotic modes）组成的表意方式称为多模态（multimodality），而多模态的表意过程和结果也是一个多模态话语构建的过程（Kress & Leeuwen 2001）。多模态理论自提出以来在语言学、社会学以及新闻传播学等不同领域得到了广泛运用，成为了全球化背景下研究不同表意方式的重要研究方法。

单模态的表意方式已经无法满足人们沟通和交流的需要，特别是在线上社交网络中，多模态的交流方式成为了一种常态，并形成了新的共同体，如通过Facebook、Instagram等社交网络而连接在一起的人群。这些新的共同体之中又存在无数更小的共同体单位，他们处于封闭、半封闭或者开放等不同的状态中。比如在我国最大的线上体育社区“虎扑”中，人们按照不同的体育爱好组成了不同的共同体，共同体成员共享一套特定的体育话语、如篮球社区、足球社区等。其中有的体育社区需要严格的资格审核才能成为其中一员，而另外一些社区则是开放的。总体来看，与传统意义上的言语共同体相比，这些共同体的边界更为模糊，具有更强的不稳定性和流动性。这些以网络为媒介、以多模态为表意方式的共同体成为了近年来学者们研究的一个热点领域，主要的研究问题集中在多模态话语的使用与身份认同之间的关系方面。比如共同体中新成员如何构建自己新的身份，如何将现实中的身份表征映射到网络空间的共同体中，网络空间中的身份认同又是如何影响现实中的身份，以及不同表意方式对身份构建所产生的微妙影响等。

总的来说，语言全球化使得传统的共同体的概念边界不断扩展，而网络社交群体的出现也使共同体呈现出新的特征。在社会学、文化研究、语言人类学和社会语言学等领域都产生了不同的全球化理论，这为我们从不同维度研究语言全球化和共同体问题提供了新的理论基础。下面将重点介绍语言全球化研究中一些代表性的实证研究。

6.2 语言全球化代表性研究

近年来语言全球化领域涌现出许多优秀研究成果。由于篇幅所限，本节重点介绍Blommaert和近年来一些华人学者的语言全球化研究。这些研究与海外华人群体语言使用问题密切相关，因此作为本节主要讨论的内容。根据研究内容和范围的不同分为了国外和国内两个部分。其中国外部分主要包括Blommaert（2010）全球语境下言语交际互动的研究、Li Wei（2015）等对全球华人族群中多语现象（multilingualism）的研究、Li & Juffermans（2014）关于荷兰青少年华人移民的身份认同问题的研究以及Lee（2016）对新加坡潮州人言语共同体的研究等。国内的相关研究中，本节主要介绍董洁关于全球化背景下我国不同社会群体的社会移动性和群体身份构建问题的研究和高一虹等学者关于我国学生英语学习以及身份构建问题的跟踪研究。

6.2.1 Blommaert 与全球化语境下的交际互动研究

Blommaert是比利时当代社会语言学家和语言人类学家。他认为，随着社会流动性的增强和新技术的爆炸性出现，社会、文化和语言构造都失去了稳定性。Blommaert(2010)认为全球化对传统社会语言学的挑战来自两个方面：一是概念性的(conceptual)；二是实证的(empirical)。一方面，全球化背景下的社会语言学需要更新的和更准确的理论指导，以便更好地理解全球化进程中复杂多变的语言现象和社会现实；另一方面，这种复杂性也要求社会语言学家们进行不同水平、不同阶层、不同中心的实证研究和分析。全球化使得经济、文化、语言等众多要素在全球范围内流动，产生了新的社会现象和新的社会群体，已有的社会、政治、经济、文化理论中经典的概念已无法解释这些新的社会现象。Vertovec(2007)从移民的民族、语言、宗教、性别、就业等不同方面讨论了全球化的复杂现象，这些现象不仅给全球化的理论研究提出了新挑战，也给政策制定者提出了新要求。Vertovec将这种复杂多元的全球化现象叫作“超多元”(super-diversity)。这一概念启示我们，只有充分考虑影响全球移民现象的诸多因素，才能制定出合适的公共政策，更好地满足不同移民群体的社会需求(Vertovec 2007：1050)。要理解这样复杂的超多元社会现实，仅依靠传统社会语言学中已有的概念是不够的，因此Blommaert(2010)提出了“全球化社会语言学”(sociolinguistics of globalization)这一概念，将言语交际放在了全球化的大背景下，从语篇分析和民族志研究角度探讨语言和社会中存在的权利结构、不平等现象等问题。

在全球化社会语言学研究中，Blommaert引入了美国社会学家Wallerstein的世界体系理论(见6.1.1)。世界体系理论不再根据特定区域的社会文化历史去解释某些社会现象，而是把某国或者某一区域的社会现象放在全球化大背景下考量。这是因为全球化产生的社会现象及其背后的原因和解决办法也应该是全球化的，所以单纯地以地区性概念去理解和解释地区性的问题是行不通的。在Wallerstein提出的“中心—半边缘—边缘”的世界体系的基础上，Blommaert认为在语言全球化过程中也存在着这样的体系划分。全球化中不同语言及其背后所代表的象征性资源是有很大不同的。处于中心地位的语言(比如英语)在全球体系中拥有很大的话语权和对资源的掌控权，而处于半边缘和边缘地位的语言(比如地区性的或者部落的语言)则处于弱势地位。这样的差异是由全球体系中的结构性不平等造成的，这种不平等性会驱使人们去学习和模仿处于中心地位的语言，以便获得更多的语言资源和更高的社会地位。

Blommaert对在比利时寻求庇护的非洲难民语言进行研究，这是全球化社会语言学中具有代表性的研究之一(Blommaert 2001，2005)。非洲难民向包括比利时在内的欧洲国家寻求庇护，这一社会现象具有较长的历史。20世纪末，随着提交申请的难民的人数急剧增加，而且难民通常无法提供证据以证明他们要求庇护的典型动机，因此难民管理工作遇到了瓶颈。在过去需要花费数年时间来考虑一个庇护申请是否通过，彼时却只能将程序简化压缩，主要就是对难民所讲述的故事进行调查，来决定是否通过申请。这使得对寻求庇护者的安置和管理出现困难，而且警察在面对寻求庇护者时常常采取暴力。这些都导致了公众对难民庇护所和寻求难民庇护者产生了负面的刻板印象，认为寻求庇护者都是利用欧洲国家的慷慨来追逐经济利益的"投机者"和"罪犯"。1998年9月，一名尼日利亚女人的难民庇护申请被拒绝，因此被遣返回国。当她情绪失控时，负责遣返的警察将一片药丸塞到她嘴中，导致了她昏迷并最终死亡。这件事情使得公众对寻求庇护者的刻板印象由"投机者"和"罪犯"变为了"暴力的受害者"。随后，媒体和政客对寻求庇护者投以关注，而这个群体也渴望能够将他们的故事告诉公众。

在这样的时代背景下，在1998年10月到1999年4月之间，Blommaert等研究人员在比利时对40余名来自非洲的难民进行采访，其中大部分人的庇护申请都没有通过。研究采取开放的访谈形式，庇护者可以讲述他们的出逃故事、出逃原因、他们在比利时寻求庇护的经历以及他们作为寻求庇护者在比利时的生活。采访过程中使用的语言主要是法语和英语，有时也会使用荷兰语。荷兰语是采访者的母语，但在大多数时候，采访者和被采访者都需要依靠非母语来进行交流。

在采访的过程中，Blommaert和同事们认识到庇护申请者的语言能力会对申请结果产生影响。他将这种能力视为一种资源（resource），而语言资源和其他许多资源一样，在社会中都是不平等分配的。在申请过程中，申请人需要处理许多复杂的书面文件，这就要求他们具有一定的读写能力。在义务教育普及的比利时，具有读写能力被视为理所当然的，但是难民间读写能力的差别却很大。另外，在申请审核过程中，庇护申请者所讲述的自身经历也是一个重要的影响因素，他们讲述故事的能力同样也是一种重要的语言资源。这种资源又可以进一步分为两类：语言流利度和故事连贯性（ethnocoherence）。采访收集到的语料显示，受访者所讲述的故事往往有丰富的信息、复杂而完整的叙事结构和内在的连贯性，并且他们能够在讲述过程中很好地运用强调、关联、因果关系、论证等模式来表达观点。但是许多受访者都在用法语、英语或者荷兰语表达自己想法时存在不同程度的困难，讲述的过程往往时断时续，中间夹杂着自我修正，在句子中间转换对话策略或者话题，使用的词汇非常匮乏，在代词使用和动词的曲折变化上都存在问题。这些语言上的不足影响了受访者的表达，让故事的连贯性和感染力都大打折扣，并且很有可能遭到误解。

除了语言资源的使用外，寻求庇护者讲述的故事的内容同样重要。他们在讲述自己的故事的时候往往试图对自己祖国的生活、地方情况、政治和冲突进行详细的说明，这种话语被称为“家乡叙事”（home narrative）。寻求庇护者认为只有当对方了解了他们原来的社会和冲突产生的背景，他们的故事才能被完整地理解。但是当语篇在全球范围内进行移动时，语篇所携带的价值、意义和功能却不会一起移动。语言和叙事在一个社会中具有的价值、意义和功能在另一个社会中却可能发生非常大的变化。如非洲的一些人所掌握的英语在非洲是中产阶级地位的象征，但是当他们去往伦敦时，他们所说的英语就变成了社会底层的标志。所以，庇护申请者为了使申请审查者能够完整了解他们的故事，往往会花费大量时间讲述他们原来社会的基本状况，但这一叙事语篇的重要性通常没有得到审查者的认同，很多时候只是被当成了无关紧要的轶事，从而影响了审查者的判断。

不管是语言资源还是家乡叙事都说明采访者和被访者之间、难民和庇护申请审查者之间的交流必须在全球化的背景下进行理解。Blommaert指出西方社会往往认为语言资源是社会成员所普遍共享的东西，但事实上读写能力、交际技巧以及口音等语言资源在社会中的分布往往是不均匀的，而是呈现出一个分层的等级系统。人们在交际中所遵守的规范和规则同样也是分层的，它们从“中心机构”（centering institutions）向四周辐射。在全球层面上看，中心机构是那些“核心国家”（core nations），即在经济政治文化上处于优势地位的国家，以他们为中心，他们的语言、文化、价值观和规范等向“外围国家”（peripheral nations）辐射。在由非洲前往比利时寻求庇护的例子中，非洲处于这一系统中较低层级，而以比利时为代表的欧洲处于较高层级，较高层级的文化、意识形态、价值观等可以很快地被较低层级接受，但是较低层级要融入较高层级却十分困难。

这种层级不仅存在于全球层面，也存在于国家和地区等不同层次的共同体内部。不同层次的权力关系是不对等的，这对交际过程中的语言使用规范和相互理解都会产生重要影响。在全球化不断深入、不平等问题日益凸显的今天，这种视角显得尤为重要。Blommaert相较于前人的研究更加深刻地强调了共同体内部的差异性和层级结构，并且解释了这种差异性和层级结构如何相互影响。

此外，Blommaert也强调了“多中心”（polycentricity）在理解全球化进程中复杂社会现象的重要作用。全球化中的任何一个社会实践活动都不是线性的、单向的或者围绕单个中心进行的；相反，其在不同中心（centers）、不同层面（scales）或不同水平（levels）上都会产生作用。权利的不平等是在不同中心之间产生的，因此在分析具体社会现象时应该区分不同层面和中心的作用。Blommaert认为这些中心既包括个体（教师、父母、学生、模特等）和群体（班集体、亚文化群体）或者群体形象（朋克摇滚乐、哥特艺术等），也包括抽象的概念或者观念（比如教会、民族国家、中产阶级、消费文化以及自由、民族等概念)。"多中心"概念是全球化背景下社会宏观和微观结构相结合的体现，表明了全球化的复杂性，但这并不是说全球化是不可预测的或者是混乱的；相反，全球化在Blommaert的理论框架下可以理解为一个多层次（scalar)、多中心（polycentric)、有不同指向层级的社会系统。

为了说明全球化的这一特点，Blommaert(2005)及其团队调查了比利时Ghent市的一个以移民为主的工人阶级居住区。这个居住区大部分居民都是外来移民，包括土耳其人、马格里布人、北非人、阿尔巴尼亚人、斯洛伐克人。随着20世纪60年代开始大规模移民涌入，这一社区的社会结构发生了很大的变化。首先是社区居住空间分层现象：中下层中产阶级主要是当地比利时人，他们占据了这个社区的主要街道和购物中心，即中心区；而边缘地区则主要居住着以外来移民为主的工人阶级。Blommaert指出，这种民族—社会—空间（ethno-socio-spatial）的分层现象是欧洲城市的一个重要特征。其次，在这些以移民为主的工人阶级居住区内部，由于语言、民族及文化的差异而形成了众多不同的"次中心"。Blommaert根据其这些次中心语言状况的不同(如单语制和多语制)将它们分成了三类。第一类次中心主要是由一种语言占据"官方"主导地位构成的，比如教会、清真寺和公立学校。在公立学校中，荷兰语是官方的学习和沟通语言。学生的表现好坏跟其荷兰语的掌握情况有很大的关系，在课堂教学中和课后活动中，荷兰语也是主要的沟通语言。该居住区中的清真寺主要使用阿拉伯语进行宗教活动，因此使用阿拉伯语被看作是理所当然的（normative)，而其他语言(如荷兰语、土耳其语)则是一种补充性的沟通工具。

第二类次中心指那些出于各种目的有意识地使用多种语言的地方。比如在社区健康中心，由于社区居民很大一部分是外来移民，有自己的母语，为了减少健康咨询和医药治疗当中的沟通障碍，社区健康中心制作了双语医疗咨询手册，以便给每个病人提供及时的治疗。另外，当地一家报纸机构为了给社区移民提供基本读写能力的服务，也有意识地开展了一些双语活动，以便帮助外来移民更好地融入当地社会。第三类次中心指的是那些没有明确规定使用多种语言，但实际上习惯使用多语的地方。Blommaert及团队调查了一个保加利亚穆斯林经营的咖啡店。这个咖啡店的客户主要是土耳其人，但是也有不少马其顿人和阿尔巴尼亚人。因此在这样自发形成的多语环境中，人们使用多种不同的语言，形成了一个多语并存的环境。在这个咖啡店里不同种族的人也会使用荷兰语的当地方言进行交流。此外，Blommaert还提到了像公交车站和社区小广场这样的"公共区域"（public space）其实也存在着多个次中心。这些公共空间本来是供所有人使用的，但是它们经常成为当地青少年聚集的场地，而这些场地的公共设施则成为了他们玩耍的工具，比如公交车站旁的座位，广场上的锻炼设施，甚至停车场上的设施。也就是说，不同人对同一空间功能的使用有很大差异。由于他们从各自不同的次中心出发而赋予公共空间不同的功能意义，因此成年人对这些公共空间的"正常"使用有时会被年轻群体看作是"入侵"。

通过对这三种类型中心的分析，Blommaert重新审视了语言霸权（linguistic hegemony）、语言同质性（linguistic homogeneity）等语言全球化研究中的热点问题。他指出语言全球化的突出特征并非语言同质性，而是语言的"超多样性"（superdiversity）。从"多中心性"的角度可以理解语言全球化进程中的一些复杂的语言现象，不同的中心（比如地区性的中心、全球性的中心）在全球化体系中有着不同的指向层级，因此有着不同的功能。从这个角度看，语言全球化的复杂模式也是有序的、分层的，由不同中心在不同的层级水平上同时运转着。

6.2.2 海外华人学者的语言全球化实证研究

海外华人移民一直是世界移民的重要部分。华人移民人口众多，分布广泛，移民原因、身份认同和未来期待等各个方面都显现出多样性，因此吸引了不少学者的关注。对华人移民社区和共同体研究是这一领域的重点。随着我国经济的快速发展，华人的国际人口迁移模式和路线都发生了很大改变，这一改变对海外华人共同体的语言景观和语言实践产生影响，催生出新的语言使用方式和多语混杂现象；家庭语言政策的变化和标准语的社会化也对原来的语言态度和语言意识形态造成了冲击（Li Wei 2015）。

Li & Juffermans（2014）考察荷兰青少年华人移民如何在线上交流和课堂面对面交流中构建自己的华裔荷兰人身份。早在1911年，荷兰就出现了华人社区。这是荷兰最早建立的移民社区，并且华人在经济、文化和语言上都很好地融入了当地社区，因此成为了移民社区中的典范。最早到达荷兰的华人主要是来自浙江一带和广东沿海地区的水手。二战后是华人移民的高峰，很多家庭经由中国香港、越南、苏门答腊岛等国家和地区，长途跋涉后最终定居荷兰。在这一时期，粤语和温州话是荷兰华人移民群体的主要语言。但自1978年以来，尤其是20世纪末和21世纪初，随着我国经济实力的不断提升，越来越多的学生和知识移民（knowledge migrant）来到荷兰。尽管他们中大多数人都只是暂居于此，但是他们的到来还是为荷兰的华人移民群体带来了经济、文化和语言方面的巨大改变。进入21世纪以来，华人社区中普通话逐渐取代了粤语的地位，成为了这一群体的主要语言。

Li & Juffermans（2014）以荷兰中部城市Eindhoven为主要研究地点。在这个城市中，既有长居于此、以粤语和温州话为主要语言的企业家群体，也有近期才来的、主要使用普通话的学生和知识移民群体，这些学生和知识移民大多数是在Eindhoven技术大学以及Eindhoven高新技术企业里学习和工作。Li & Juffermans（2014）使用民族志研究方法，通过参与式观察方法收集了互联网（线上）和面对面（线下）语料数据。线下语料数据主要来自Eindhoven的一个中文补习学校的课堂，但同时他们也关注学生课后和校外的交际互动行为。线上数据收集工作主要包括三个网络平台：一个以使用中文为主的海外中文平台（GogoDutch）；一个以使用荷兰语为的主社交网站（Hyves）上的青少年社区；和一个青少年活动平台（jonc.nl）。Li & Juffermans（2014）对收集到的语料中能够反映多语身份构建的关键片段进行了分析。

在Eindhoven中文补习学校，当老师通过一则中国民间故事来传达传统文化和价值观时，学生们不同意老师对故事的解读，并用荷兰价值观来反驳老师所讲的传统中国价值观。对于他们而言，身为华裔荷兰人并不意味着他们要全盘接受中国和荷兰的所有文化和价值观，而是可以有选择地进行甄别和接受，从而构建自己的身份。在线上研究部分，当有人发帖提问“你们多久去一次中国？能说好中文吗？”，学生们的回复传递了多种多样的信息。第一，他们的回复中多使用粤语、客家话、官话等方言变体。第二，大多数人的中文都只能满足特定场合的需要，而没有达到他们期望的水平。第三，大部分人的中文都带有口音，与中文母语者有明显的区别，因此他们被当作外国人。第四，也是最耐人寻味的是，这些对话都是用荷兰语进行的，这表明荷兰语是他们日常交流最常用的语言，绝大多数交际互动是在荷兰语的语境框架中完成的。对于这些学生来说，他们既能够说中文，但又不能完全掌握中文；既有华人这一身份特征，又不是完全意义上的华人。线上和线下研究都展现了华裔荷兰人这一身份的复杂性。学生们在交流的过程中积极构建和协商他们的身份；为此，他们运用了多种文化资源，并使用了多种身份构建方式。这个过程是主动的和选择性的；他们接受了一部分中国文化，从而构建自己的华裔荷兰人身份。

Lee（2016）关注新加坡华人移民群体的语言使用问题。新加坡有四种官方语言：英语、马来语、中文和泰米尔语。英语是主要的工作语言，马来语、中文和泰米尔语被官方视为马来人、华人和印度人这三个族群的母语。但是只有马来语才被作为家庭语言，而中文和泰米尔语不一定是华人和印度人的第一语言。华人群体是新加坡这一多民族、多文化、多语言国家中最大的族群，而潮州人是新加坡第二大的华人群体，他们中的很多人都在商界或者政界很有作为。最早来到新加坡的潮州人使用潮州话方言，不过现在新加坡华人使用的潮州话中掺杂了许多来自印度语、马来语和英语的借词。而且随着“推广华语运动”的开展，使用潮州话的机会日益减少，许多年轻人都不能用潮州话交流，有些甚至已经不能听懂这一方言了。他们对这一群体的认同感也逐渐减弱。

在这一过程中，新加坡潮州人共同体中也发生着从潮州话到普通话、从普通话到英语这两种语言转变。前者发生的主要政策背景是新加坡政府认为汉语方言会妨碍双语教育，并分裂华人共同体。因此新加坡政府禁止在广播、电视、电影等大众传媒中使用潮州话、粤语、客家话等方言，并从1979年开始开展“推广华语运动”来鼓励华人在各种生活场景中都使用普通话。从普通话到英语转变的主要原因则是英语教育能为孩子提供更好的工作前景，为此父母在英语教育上进行投资，甚至在家庭中优先选择使用英语，学校的各科教育语言也都是英语。因此近年来，许多新加坡年轻人都以英语为第一语言，同时能够用普通话进行交流，但是有相当一部分青年人都不能够使用普通话或者方言了，可以用中文读写的人也在逐年减少。

通过对53个潮州话使用者的民族志研究，Lee（2016）对新加坡潮州人共同体中语言变化现象进行了深入调查和分析。受访者年龄在13到86岁之间，每十岁的年龄段中都至少有两个男性和两个女性受访者。他们的教育程度也是“从没上过学”到“获得博士学位”不等，并且从事着不同的职业，所以他们具有较强的代表性。访谈一般为时一个半小时左右，也有少数几个超过这个时间。访谈围绕以下几个问题展开：（1）他们对谁会说潮州话？（2）他们怎样看待在今天的新加坡社会中的潮州话使用？（3）他们是否认为潮州话是有价值的？（4）潮州人是只需要说普通话就够了还是有必要会说潮州话？（5）潮州话是否有可能在新加坡消失？（6）他们是否认为有必要保护潮州话，如果是的话，应该怎样保护？在访谈过程中，如果受访者可以说潮州话，采访者也使用潮州话，其他情况下则使用普通话或者英语。整个访谈过程有录音和笔记。

结果显示，年龄是语言选择和使用中的一个重要影响因素。13—49岁的年轻一代（28人）和50—86岁的长者一代（25人）在语言使用上存在显著差异。在多种不同语境下，两代人之间都存在明显的语言差异。长辈们更常使用潮州话，而年轻人们则更常使用英语和普通话，在40岁以下的受访者中，很少有人能够使用潮州话回答访谈者的提问。而在语言态度方面，多数受访者认为潮州话有其存在的必要性。24岁的David认为潮州话是家庭的纽带，可以增加他与父母和祖父母之间的亲密感。而且家庭和文化的价值观可以通过方言传递，潮州话能够帮助潮州人理解他们的根、他们的生活方式、他们的性格和品味。因此，潮州话在他们的身份认同中扮演重要角色。一个名为Jonathan的受访者还提出，如果失去了潮州话，新加坡华人就失去了亚洲人的身份认同，而变得与西方人没有区别。但与此同时，受访者们也认为，潮州话在社会生活中没有经济价值，他们对潮州话能否在新加坡的华人社区中保留下去持悲观态度。

6.2.3 我国语言全球化代表性研究

我国是一个幅员辽阔、历史悠久、人口众多的统一的多民族国家。东部、中部和西部之间，城乡之间，不同民族之间，不同社会阶层之间都在经济发展状况和文化习俗等方面呈现出巨大差异性。我国的语言使用情况同样复杂。根据学术界通常的看法，我国有80种以上语言，30种左右文字。汉语是我国使用人口最多的语言，现代汉语又有标准语（普通话）和方言之分。普通话是国家通用语言。方言通常分为七大方言区：北方方言、吴方言、湘方言、赣方言、客家方言、粤方言、闽方言。各方言区内又分布着若干次方言和许多种土语。改革开放以来，我国的对外交往不断增多，国际化程度日益提升，许多外国人前来旅游、工作和生活，国人学习外语也成为一种时尚，英语被列为了中小学必修课程，这使得我国的语言环境愈加复杂。

我国在全球化进程中，经济社会文化等各个方面都发生着很大变化，这影响着国内以及海外华人华侨的语言景观和语言使用。其一，近年来，人口迁徙越来越频繁。不管是地理意义上还是社会意义上的迁徙，迁徙人口都要融入新的共同体并遵守其言语规范。而且在融入过程中，他们还需要在原有文化和新文化的共同作用下重新构建自己的身份认同。在内化规范、融入人群和重建身份认同的过程中，言语交际都发挥着不可或缺的作用。以打工群体为例，在高速城市化进程中，他们深度参与了国际劳动分工，并成为全球化不可分割的一部分。许多农村人口来到城市，他们往往都掌握家乡方言，但是对普通话这一标准语以及城市当地所使用的方言的掌握程度却存在很大差别，这在一定程度上影响他们融入城市的过程。类似的迁徙群体还有很多，如异地求学的大学生、留学生和跨国公司工作的职员等。其二，随着我国经济政治地位的提升，越来越多的外国人来到我国学习、工作和生活。不少外国人会聚集在一起形成相对独立的社交圈。在这些由外国人所构建的共同体中，不同语言文化之间的碰撞交流以及我国的言语规范对他们的影响也是值得研究的课题。其三，伴随着我国国际地位的提升，在海外华人共同体中，普通话的社会地位逐渐提升，普通话教育日益得到重视，对许多华人社区的语言生态造成了很大冲击。在这种城市乡村紧密连接、国内国际互相影响的新形势下，华人社区和共同体中的语言运用和语言态度值得进一步探索。

语言全球化是全球化研究中的热点话题，我国的语言全球化研究侧重从语言、身份、移动性（mobility）、阶级等不同的角度关注复杂多变的语境和发生于其中的言语交际，比如城市打工人群及其子女的身份认同问题、城市中产阶级的移民问题、方言与普通话的使用问题、英语学习与意识形态教育、文化融合与冲突问题等。下面将重点讨论董洁（Dong 2009，2010，2017a，2017b，2018）和高一虹等（2009，2010，2013）对语言全球化这一问题的实证研究。

董洁对城乡移民以及打工子弟城市融入问题投以了深切的关注（Dong 2009，2010）。2006—2008年间，她在北京市一所公立小学展开了民族志田野调查。作为调查田野的学校位于北京市内的一条胡同内。这里的主要居民曾经是北京本地人，但是随着城市化进程，经济条件较好的北京本地人纷纷搬离这些胡同平房。现在，这附近居住的主要是城镇低收入者和租住在平房里的打工家庭。这些打工人群往往从事低收入低技术含量的工作，如做保洁、卖早餐或是在附近农贸市场中卖菜和卖水果等，他们的孩子便就近在这所小学就读。这所小学由区教育局拨款，并归其管理，负责接收一部分在附近居住但没有当地户口的打工子弟就学，在该校的约200名在校生中，有一半为打工子弟。董洁通过参与式观察打工子弟和北京本地儿童以及老师之间的互动，选择重点对象，进行深度访谈，在这过程中收集大量的访谈录音和田野日志。

打工子弟对自己"农村人"和"外来人口"的身份的回避体现在他们对待普通话和方言的态度上。他们和城市孩子的交流互动反映了他们对方言的复杂情感。一方面，回到家中，孩子们就会自然地使用方言和家人交谈，这可以加强家人之间的亲密感。但另一方面，在学校的环境中，当他们说到方言的时候，他们却用"难听"、"逗"等词语来评价家乡话，并且不太情愿说家乡话。孩子们的行为反映出不同语言变体在社会中的不同地位。语言本身是中性的，但是社会现实赋予了语言不同的价值和意义。

这种现象在其他语料中也得到很好的体现。在宁波的一个小学课堂，当一个学生用四川口音回答老师的提问时，其他学生爆发出笑声。在宁波，四川口音相较于普通话来说是一种边缘口音，同时标志着城市外来人口的身份。中小学校尤其强调标准语，使用普通话是"常态"，因此四川口音就显得更加"非常态"。与上面的例子相呼应，在我国的大中城市，方言和口音都或多或少被边缘化；而对于打工子弟来说，学习普通话至少在语言层面为他们提供了社会和空间移动的可能性，让他们能够从农村进入城市，从家庭等私人场合进入公共场合，从社会的底层向上移动。而对于在大城市谋生的打工人群来说，语言资源的缺乏对他们的影响尤为明显。在与城市人交流的过程中，一方面他们的口音本身就造成了理解困难；另一方面，由于他们的口音是受教育不充分、社会层次不高的象征，他们想要表达的内容也会受到轻视。在我国这样复杂的社会中，人口在不同地域、不同文化、不同阶层之间的移动已经非常普遍，城市中的外来人口只是多种形态移动中的一个例子。在移动的过程中，个体所掌握的语言资源会对他在新环境中的身份认同和人际交流起到重要影响作用。

以打工群体为代表的劳动力移民（labor migrant）只是全球化背景下社会移动性（social mobility）研究的一个方面。随着全球化的深入发展，其他新的社会群体也在形成，新的阶层文化也在逐步建立。其中，以知识精英为代表的教育移民（educational migrant）、中产阶层的跨大洲移动（transcontinental mobility）以及网络虚拟移动（virtual mobility）成为近年来全球化中新的突出的社会移动现象。教育移民指那些已经生活在大中型城市或正在向这些城市移动、受过良好教育的知识精英。这一群体数量巨大，具有很强的多样性，是当今中国正在崛起的中产阶层的主要力量。董洁（Dong 2017a，2017b）对生活在一线城市的非本地知识精英进行了跟踪访谈，收集了其语言使用和身份认同等语料数据。其中一位受访者来自大连，曾在英国留学，回国后在上海从事金融行业的工作。语料分析表明受访人对学习上海方言有一定的排斥倾向，也不太愿意使用家乡方言；更有趣的是，他不像城乡移民及其子女一样，将普通话视为标准。在随后的语料分析中，董洁发现受访人的普通话中也带有中国香港和台湾地区口音（所谓的“港台腔”），受访人说可能是因为在英国留学期间与中国香港和台湾地区的学生一起生活、学习的缘故。我国香港和台湾地区流行文化在20世纪八九十年代在内地（大陆）深受年轻人的喜爱，其音乐、电影曾经影响了一代年轻人。“港台腔”也因此成为我国香港和台湾地区文化的代表，在很长一段时间，中国台湾或者香港地方口音特征被认为是富有、时尚、流行的象征。随着中国经济的高速发展，这一语言意识形态已经逐渐淡化。不过这说明一部分当下的城市精英群体并不把自己局限在某一个特定的城市，使用唯一特定的语言，代表唯一特定的身份。他们所掌握的语言资源及其所代表的移动潜势（mobility potential）使得他们可以不局限于某个特定的地点，而是在全国甚至全球范围内移动。因此，他们已经超越了方言和标准语（普通话）所规定的范畴（norms）。从这个意义上说，对于在全球范围内移动的知识精英，普通话不再是一个被清晰定义的标准，它是多中心的、多重定义的，并且在不同社会群体中有着不同的体现（Dong 2017b）。

与知识精英在国内的移动不同，跨国的移动要求更多“硬”资源（hard resources，比如经济资源）以及“软”资源（soft resources，比如语言、教育背景、社会关系）。无论是长期的跨国移民还是短期的跨国留学、旅行，跨国移动已经成为一种普遍的全球化现象。具有跨国移动能力的中上层群体比国内知识精英掌握更多的资源，这些资源赋予了他们更大的移动潜势。他们不仅拥有国际化的教育背景，精英的消费模式，而且还掌握了丰富的语言资源，比如方言、普通话、英语以及其他语言。高跨国移动潜势是他们区别于其他普通中产阶级的重要标准，形成了明显的区隔（distinction，Bourdieu 1984）。他们具有相近的行为习惯和价值取向，根据消费模式形成小众群体，某汽车品牌（本文中称为S车）的追捧者就是其中一例。S车是一款来自北欧的著名轿车，在世界范围内受到一部分小众精英的喜爱，我国的S车追捧者也不例外。他们认为该车具有独特的精英气质，虽然外表不出众，但是机械性能卓越，低调却表现超凡。他们进而将S车的这一特点与自己的性格特征联系起来，并由基于这一共同的消费品位（taste）和相关话语自发形成了共同体（Dong 2017a）。这种共同体不是由传统的民族、国家等因素形成的，而是以共同的消费模式和行为习惯为基础构建的。

网络虚拟移动（virtual mobility）是全球化进程中的另一个普遍现象。与基于国家、民族、宗教等传统因素形成的社会群体不同，网络群体的形成具有自发性，是以共同的行为习惯和实践模式为基础的。在对网络虚拟移动性的研究中，董洁（Dong 2017a）否认了传统线上—线下（online-offline）的简单二分法，认为线上和线下的社会活动具有紧密的联系；在今天这个网络技术普及的时代，想要全面地理解和研究一个人的社会行为，就必须将虚拟的网络空间也考虑在内，因为网络空间并不是虚假或者虚无的，而是已经成为新的社群形成的重要场所。一方面网络社群活动可以从线上延伸到线下，有助于形成稳定的线下社会群体，这是线上的网络力量对线下的社会活动带来的影响；另一方面，线下的社会活动进一步加强和深化了线上社会群体内部的凝聚力，这是线下的社会活动对线上社会群体的形成带来的影响。比如，董洁对“S车主共同体”的研究发现，共同体内成员利用线上讨论S车全球品牌活动的机会，组织线下成员的活动，同时将线下活动的结果在线上进行汇报和传播。这一过程遵循了从线上开始，扩展到线下，最后再回到线上的移动路径，同时在这一过程中共同体不再是一个固定的或者稳定的社会实体。由于网络虚拟社区的形成，共同体被重新定义了，并具有了新的移动性（mobility）特征，呈现出新的共同体或者阶层文化。

网络技术不仅改变了人们的交际方式，而且对人们的学习模式和消费模式也产生了一定影响（Dong 2018）。这种学习和消费模式是个体重新建立、调整或者改变身份的一个重要的软指标（soft indicator）。通过对一位知识精英的网络民族志研究，董洁（Dong 2017a）发现该研究对象在网络空间构建自己全球中产阶级精英身份。比如他在一条微博推送上写道“不懂酒”，后面是他所品尝的红酒品牌名称，并配了红酒照片。正如Silverstein（2006）讨论的，作为一种高端消费品，法国红酒一直是全球精英阶层的身份和文化象征之一。虽然研究对象谦逊地自称“不懂酒”，但这一条微博暗示出他的消费水平和文化品位，而他对全球精英身份的追求也不言而喻。通过网络构建的身份认同通常是不稳定的。因此正如上文在讨论S车主共同体时所述，网络环境中的个体身份和社会群体认同也需要线下互动的物化过程（materialized），从而形成较为稳定的线下社群。比如有的网络共同体也需要定期组织成员进行线下聚会和交流，以形成更为稳定的社会关系，最终可以反过来加强线上共同体的身份认同感。

除了普通话和方言以外，英语也是我国人们语言生活中的重要部分。在英语成为全球通用语的大背景下，英语教育在我国的基础教育和高等教育中都占据重要地位，而英语学习也成为一股热潮。对于英语学习者来说，学习英语的过程同时也是学习另一种文化的过程，这对他们的文化认同和价值观提出了一系列新问题，给他们提供了重新构建身份的机会。高一虹等学者对这一现象进行了深入研究。

对英语学习过程中的身份重建的研究主要涉及以下三个概念。其一是Norton（2001）提出的"投资"（investment）的概念（见第五章）。学习者对语言的投资意味着他们认识到通过学习目标语言，他们能够获得更多的资源。这些资源可能是物质上的，也可能是象征性的，这些资源又能够帮助他们进一步获取文化资本。学习者对语言的投资其实就是对个体身份的投资。其二是想象的共同体和想象的身份。在Norton（2001）的定义中，想象的共同体是语言学习中学习者们所期待的能够为他们的未来提供更多身份选择的可能性的共同体。与想象的共同体紧密联系的是想象的身份，它意味着"理想自我"。其三是"具象化"（reification）与"参与"（participation）。参与是作为一个共同体的成员积极参与到社会活动中去，而与之相对的物化是通过制造物品将个体的经验凝固物化，二者共同构建了复杂的身份（Wenger 1998）。

高一虹等（2010）对16位英语专业的大学生进行了长达四年的跟踪研究。在学生即将升入大二时，精读老师布置了写关于英文名的英语学习日志。这个任务不是作业，也与成绩无关，没有字数要求。具体来说，学生可以围绕"是否拥有一个英文名？如果有，在什么时候会使用英文名，在被叫英文名的时候又是否会有和叫中文名不一样的感觉？如果没有，为什么，是否计划取一个？选择取或者不取的理由分别是什么，以及当中国朋友使用他们的英文名时会有什么感受？"这一系列问题进行写作。在学习日志以外，四年中的每个学期，八位学生接受采访。采访的主要问题是他们的英语学习经历，偶尔会提及与英文名有关事情。在大三第一学期的采访中，提到英文名相关问题的次数会增多。调查显示，16位学生中，四位进入大学后起了英文名，12位上大学以前就已经有英文名，这其中有四人拥有过不止一个英文名。而在收集到的英文名学习日志中，十位学生只署了中文名，一位学生只写了英文名，三位学生同时写了中英文名字。学生所起的英文名字反映了多种多样的想象自我。学生们倾向于选取明星、运动员或者小说、电影乃至神话中的人物或者是现实生活中自己所敬佩的人的名字作为自己的英文名。这些人物身上往往具备着学生所钦佩和渴求的特质。学生们通过取名获得与这些人物的共鸣感，并从其中反映出他们理想的自我。这一理想的自我有时和现实的自我有所重合，但也有时候是具备某些现实自我完全不具备的品质。而随着英语学习经历不断丰富，关于英语国家文化了解和理解的不断深入，有些学生对自己的本国文化身份的意识越来越强烈，有些则感受到了英语国家文化对本国文化的威胁，这在一定程度上影响了他们的英文名使用。部分学生选择在非必要场合避免使用英文名，从而保护自己的本国文化身份不受目标文化的侵蚀，而其他学生则选择放弃现有的英文名，另取一个和自己的中文名有所关联的名字，从而将英语使用者的身份融入本国文化身份中去。通过英文名，学生使自己想象的身份具象化了。当他们在具体的交际中使用英文名时，他们经历着细微的身份改变乃至再创造。比如在跨文化交际中，英文名可以减少文化差距；而在英语课堂上，英文名可以创造出非正式的、平等的、自由表达的课堂氛围。

高一虹等（2013）从英文歌曲和英文电影的角度探讨了英语学习者的身份构建问题。这个研究和上面所提到的研究同属于那个长达四年的跟踪调查，但学习日志的内容由英文名相关变为了英文歌曲和电影。学生按要求需要回答以下问题："你们是否喜欢英文歌曲和电影？为什么？说出你最喜欢或者最讨厌的一首歌或者一部电影。你是如何接触到它的？当你观看或者听它的时候你的感受如何？"结果表明，英文歌曲和电影都非常受到学生的喜爱。12位学生中，八位选择电影，四位选择歌曲，四位既选择电影相关也选择歌曲。在他们对歌曲和电影的描写中，他们全都将之与“文化”联系在了一起。有些人将英文歌曲和电影与外国文化或西方文化等同起来，在他们的作文中，反复出现了“外国人”和“中国人”，以及“西方文化”和“中国文化”的二元对立。而另一部分学生则清楚地区分了不同的目标语言共同体，在这部分学生的论文中，同属于英语国家的美国和英国等国家也被明确区分。就如同对英文名一样，学生对英文歌曲和电影也存在着矛盾的态度。一方面，他们对此怀有热情，但另一方面，他们又感受到了他们对本土文化身份的冲击，造成了文化身份的困惑和冲突。此外，在提名自己喜欢或讨厌的歌曲时，学生们同样反映出多样的想象自我。这种想象自我是与现实相联系的，而学习者身份构建的过程是想象和现实互动的结果。

在学习外语的过程中，学习者所接触的不仅是语言，还有来自另一个共同体的文化冲击，这种文化的碰撞是全球化的一个缩影。学习者在这一过程中面临着自我身份的重构，这种重构既在交际中得到体现，也会发过来影响交际和互动。类似的研究还有很多，比如“语言全球化：一体化与多元化”(张杰 2002)、“语言全球化：趋同与多元”(王颖 2003)、“全球化背景下英语教学的理性思考”(钱建成 2011)以及“语言全球化背景下大学英语教育问题探析”(李卓阳 2016)等。

6.3 小结

语言全球化研究自其出现以来，一直是国际学界的研究热点。语言全球化理论对传统的共同体概念提出了挑战，对其定义起到了重新阐释和重新构建的作用。随着全球化的深入发展，共同体概念的边界和内涵不断调整和更新，以期更好地阐释全球化所带来的新的、复杂的语言现象。社会学、人类学和语言学等不同学科中的全球化理论都为语言全球化和共同体研究作出了贡献。

同时，语言全球化也使学者们从全球视野讨论语言本身以及与语言密切相关的身份、阶级、移民、社会移动性等社会语言学问题。一方面全球化进程中语言的使用出现了同质性特征，通用的标准语(比如英语)成为了一种全球性的语言资源，这种语言资源同时也是一种象征资源，代表着语言使用者的家庭背景、教育经历、社会地位、国际化程度等。更重要的是，它还代表了个体在全球范围内移动的可能性，这是由语言资源和其他象征资源所赋予的。另一方面，全球化进程中的语言使用又具有多样性、多中心性和层级性的特点，是不同力量在不同维度中共同作用的结果。语言、资本、文化、意识形态等诸多要素主要由处于较高层级的中心向处于低层级的边缘地区辐射，这是由全球化体系的结构性不平等造成的。但随着全球化进程的深入，处于低层级地位的共同体并非简单地被动接受外来影响，而是将其本地化，并融入当地的社会文化和语言实践中。这种本地化实际也通过全球化的层级体系对中心区域产生影响，进而影响全球化的发展进程。随着语言全球化理论的日臻成熟，言语共同体概念也得到重构和拓展。语言全球化学者提出运用语言的指向性来定义言语共同体，通过这一理论框架定义的言语共同体在规模大小、时间长短，时空间界限等方面都具有很强的弹性，可以充分解释现实生活中复杂的、动态的语言、身份和共同体问题。

另外，语言全球化也给共同体中人们的交际互动模式带来了巨大的改变，使交际互动相关的实证研究再次成为热点研究课题。它既关注已经发生了的交际互动现象，也更多地关注正在发生的言语交际活动；既看重发生在学校、村庄等相对稳定的、同质性高的、传统的共同体中的语言使用，也关注变化的、异质的、现代的大都市中发生的言语交际；既从区域视角对交际规范等进行分析，也从全球高度来探讨跨文化交际的问题。正是多种多样的研究兴趣与实证研究的调研对象，为交际互动理论提供了支撑。同时，交际互动实证研究的发展也得益于理论的进步。除了交际民族志和互动语言学等理论以外，语篇分析和会话分析等语言学理论，乃至符号学、社会学、民俗学等学科的理论都对交际互动研究有所启发。

最后，国内外学者们从不同角度和不同侧重点研究了国内以及全球华人中不同的共同体，对其语言景观进行描写，并对语言形式和交际互动进行分析，同时也分析了言语交际互动与身份认同、社会阶级等其他非语言因素之间的关系。这些研究既关注共同体内部同一的文化认知、交际规范和价值取向，也重视共同体成员语言景观和语言使用的差异性和层次性，并且运用同一性和差异性来完整地理解共同体内部的交际互动与群体特征。

随着全球化进程不断加深以及我国日益参与到国际事务中去，外语和外国文化对我国影响越来越大，全球化的视角也越来越重要。在与国际人士交际的过程中，在外语学习的课堂上，在国际化企业和机构中，在家庭生活和社区生活中，以及国内的和国际的移民群体中，全球化的视角对理解和分析共同体中的言语交际问题都是不可或缺的。国际学界对语言全球化研究方兴未艾，国内语言全球化研究在系统深入的理论构建和扎实的田野调查、大规模实证研究方面，还有很大的发展空间。随着互联网信息化的普及，语言全球化中的网络新媒体研究已经成为一个热点研究命题，网络新媒体中的语言问题也成为一个不可忽视的研究趋势。

第七章 共同体研究趋势与展望

社会语言学者们对共同体的关注由来已久。通过概述，我们可以看出共同体概念经历了一个大体上从结构向构建转变的过程。当然，这一过程并不是绝对的，也不是以线性轨迹发展的。比如交际互动研究中的构建视角和变异研究中的结构视角几乎是同时出现的（Gumperz 1964；Hymes 1962；Labov 1972）。在本书探讨的共同体概念中，言语共同体是伴随社会语言学的诞生而出现的，其理论先驱也是社会语言学的重要奠基人。社会网络共同体探讨人们在不同的社会网络中形成的关系，以及他们通过这些关系构建的共同体，实践共同体则是人类通过学习和实践而构建的共同体。全球共同体概念依托世界体系理论，并吸取言语共同体概念的理论精华，提出全球不同层级上通过语言的指向性构建的动态且具有弹性的共同体。这些概念的产生各有其语境，不过它们之间的共同之处在于都关注人们如何通过语言实践构建群体认同、确立成员身份、定义成员关系。这一共同关注呼应了本书开篇所言人类的社会属性，以及语言在实现人类社会属性中所发挥的重要作用。

共同体概念经历了几轮定义和再定义的过程。理论先驱们对自己给出的定义一再修正，新一代社会语言学者也不局限于学术流派传统，而是吸纳多个领域中的重要理论，对共同体进行更加准确的阐释，使其不断发展完善，并对当代社会语言新现象进行更贴切的分析。在这个知识迅速更新的时代，共同体概念不仅没有过时，而且始终具有旺盛的生命力，吸引一代又一代学者的目光，引领未来的研究方向。本章探讨共同体概念之间的关系，并基于这些概念间相互关系展望其理论发展趋势和未来研究方向。

7.1 共同体概念之间的关系

7.1.1 言语共同体与社会网络共同体

变异视角下的言语共同体和社会网络共同体联系最为紧密。变异言语共同体研究通常以年龄、性别、阶层、民族等社会属性为变项划分共同体。然而言语共同体往往非常复杂，常见的社会变项并不能全面、准确地分析言语共同体边界、成员身份以及主体能动性等共同体核心问题。而社会网络研究从个体出发，分析个人与他人建立的所有社会关系，因而可以更加全面地考虑到多种社会因素的叠加影响。此外，社会网络研究以小群体内部的语言使用和社会关系为基础，关注微观、个体的社会意义，从而很好地弥补语言变异视角下言语共同体研究的不足。

从研究方法上看，变异言语共同体和社会网络研究都以量化分析为重要研究工具。变异研究认为量化分析能从总体上把握共同体的音系结构，从而研究语言变项与社会变项的相关性。一般而言，社会变项是自变量，语言变项是他变量。在对变项进行分类以后，研究者关注变项出现的环境以及平均值，并且对语言变项在不同言语环境下的显著性进行分析。不过由于变异社会语言学通常从社会变项出发，分析语言变项与社会变项之间的相关性；而在某些情况下，语言特征也成为社会变项的一部分，最后得出语言使用与社会因素相关的结论，因此有时会出现循环论证现象（如 Trudgill 1974）。

社会网络研究的量化分析侧重于将社会结构看作是一张由多个点（社会行动者）和各点之间的连线（行动者之间的关系）组成的人际关系网，并将一个人的社会网络按照关系亲疏分为不同层区。这样以网络为模型的量化方法可以避免变异研究中的循环论证现象。此外，社会网络的定量(融合性)测度采用密度、复合度和聚合圈三个指标，来衡量社会网络成员之间关联的紧密程度、任意两个行动者之间的社会关系数量以及社会网络对其成员产生的凝聚力。根据这些指标，研究人员将社会网络分成紧密型网络和松散型网络。社会网络的实证研究显示，松散型网络通常是高流动人群和城市中产阶层；由于没有强有力的社会网络对他们的语言使用进行规范，他们容易受到外界影响，因而他们的语言使用多变，并呈现扩散形态。同样，当人们处于社会网络的边缘时，语言规范对他们的约束作用比较弱，因此他们更容易接触到其他语言变体。这样的语言接触有利于变体之间的融合，继而形成新的语言变异现象。可以说，社会网络研究以更加细腻的量化方法，揭示了处于不同社会网络以及在同一社会网络共同体中处于不同位置的人们对语言接触、语言变异和语言创新的贡献，弥补了传统的变异研究对研究对象过于简单化的不足。

7.1.2 言语共同体与实践共同体

作为实践的一种形式，语言在实践共同体概念中一直占据重要地位。Wenger(1998)的共同参与、联合组织和共享话语库三方面，与言语共同体中的频繁交际互动、共有的语言规范和共享话语符号有紧密联系。第一，实践共同体中的共同参与在言语共同体中就体现为共同体成员通过频繁的交际互动，参与到共同体的语言实践中。第二，实践共同体中的联合组织，也即共同体成员通过互动而产生的相互理解以及对共同体的理解，具体到言语共同体中，可以看作是语言变异视角下的言语共同体成员共有的语言规范。第三，实践共同体中的共享话语库，可以看作是Hymes(1972)所说的至少一种共有语言变体，Gumperz(1964)的共享话语符号以及Labov(1972)的"语言一致性"的综合体现。

此外，实践共同体研究将语言放在与其他社会实践的相互关系中进行分析。实践理论强调，基于文本的研究可能误导读者，这些文本需要在真实的社会生活中、通过真实的实践得到印证，否则有可能不准确，甚至会背离社会现实。实践共同体研究批评变异言语共同体过分强调核心成员的语言规范而忽略边缘成员，强调共性而忽略个性，强调共同体内部共享语言规范、而忽略外部影响。这些批评对于言语共同体概念，尤其是变异视角下的共同体概念的发展起到积极作用。实践共同体强调动态的构建研究，关注人们的主体能动性，这些都与交际互动视角下的言语共同体非常相似，与其形成呼应。

7.1.3 言语共同体与全球共同体

传统的言语共同体擅长研究村落、学校、城市社区等相对小型、固定、有清晰边界的共同体。但是，全球化进程将本地社区与全球政治经济生态紧密联结起来。因此人们的生活不仅受到周围人和社会的影响，而且会被远隔万里大洋彼岸的人和社会所影响。比如全球金融危机不仅打击跨国企业和投资人，而且最终会作用到每一个工人身上。因此共同体不再是一个地域性概念，而是一个兼具本土性与全球性的概念。

语言全球化研究为共同体理论提供了两个重要分析工具：指向性和层级。当人们的语言使用方式具有相同的指向性时，即同一个语言特征指向同一意义的时候，他们就可以被看作是属于同一个言语共同体；人们语言的指向性可以分为不同层级，他们在这些层级上通过使用语言来构建不同的身份认同，也构建不同的言语共同体。这两个概念的引入，使得言语共同体概念的定义得到了一次突破性发展。在此之前，言语共同体有诸多定义，社会语言学者们对这些定义也莫衷一是。指向性和层级概念可以将言语共同体的诸多定义融汇成为一个具有更强概括能力的定义。同时，指向性和层级也可以更准确地描述人们同时属于多个共同体，在不同层面构建共同体身份的现实情况。

7.2 共同体研究趋势与展望

7.2.1 概念之间的融合

基于共同体概念之间的相互关系，我们可以看到在未来的发展中，多个共同体概念的融合是主要趋势。不同流派视角下的概念在一定程度上取长补短、互相影响，但是概念之间还有许多进一步融合的空间。从本书第二和第三章可以看到，不同流派的共同体概念并没用本质上的冲突，而是在研究侧重点和研究方法上有差异。比如交际民族志强调共享解释言语行为所遵循的准则，互动社会语言学强调频繁互动，变异社会语言学认为共同的语言规范是判定言语共同体的标准。这些定义并非在本质上相互否定，而是描述和分析共同体的不同侧面。

当然，不同流派的共同体概念确实有很大不同。比如交际民族志中的共同体是话语使用方式的集合；互动研究中的共同体是话语使用者的集合；而变异研究中的共同体是语言规范和内部一致性。因而它们的研究方法和研究范式也存在很大差异。不过，随着研究方法的进一步创新，民族志研究与大数据技术日臻完善，语料处理的大规模精细化成为可能，以语言使用、语言使用者和语言使用规范为导向的研究有望被高度整合起来，不同流派的共同体研究就会呈现出更多交叉互补的发展趋势。

7.2.2 动态特征

主体性与共同体结构之间的关系一直是共同体概念需要解决的问题。新一代学者侧重共同体构建的动态特征，从而缓解了主体性与结构之间的矛盾。在社会网络共同体中，社会网络属于中观社会结构，介于宏观社会结构和微观社会个体之间。社会网络将微观的社会个体连接起来，形成社会生活中的关系网，众多的关系网共同构成了宏观社会。这一构建过程具有很强的动态特征。人们通过他们的社会实践不断扩大、改变和重构他们的关系网络，在强关系和弱关系之间切换，根据所处的社会网络调整其语言使用方式。

实践共同体概念一直强调共同体是在动态中不断构建的。人们的身份在同体内部和共同体之间形成了动态轨迹，包括外围轨迹、向心轨迹、局内人的轨迹、边界轨迹、离心轨迹，以描述人们如何接近一个共同体，进入共同体，成为其边缘成员、核心成员，离开共同体，以及共同体之间的相互引力和斥力。共同体身份构建是多重轨迹相互影响、相互妥协的过程，其中的新老碰撞比线性的发展更加复杂。同时，一个实践共同体是动态和不断构建的，是一个从过去贯穿到现在并延伸到未来的实践集合。

言语共同体概念的动态构建趋势也越来越明显。从早期的交际互动、语言变异理论，到后来的语言意识形态理论中层级和指向性概念，动态的构建视角贯穿言语共同体概念的发展脉络。在语言全球化视角下，言语共同体是通过人们对话语的指向性构建的，即微观的语言特征指向宏观的社会意义。当人们对于一个语言特征的指向意义达到一定程度的认可时，他们就构建起一个言语共同体。如此定义的言语共同体几乎可以囊括所有社会变项，比如性别、年龄、社会阶层，乃至于动态轨迹，比如移民、代际传承、个人发展。这一定义与Bourdieu的区隔理论相呼应，也满足了人们同时属于多个共同体的解释需求：当人们在不同变体间转换时，他们也在不同的共同体身份以及不同的言语风格之间进行切换。言语共同体概念发展到目前水平，静态、固化的视角已经被淘汰，未来趋势是如何更加动态、深入、多维度描述和分析共同体，使之更加贴近社会现实，对真实发生的语言与社会现象给出更准确的解释和分析。

7.2.3 共同体边界

传统的共同体概念将共同体定义为一个特定人群的集合，因此共同体一般具有可辨认的边界。变异研究中的言语共同体是共享语言规范，并且展示出语言内部一致性的人们，因此集合特征明显。Labov的纽约研究和马萨葡萄园岛研究中的共同体，都是具有清晰的地域边界和人群特征的集合。早期的交际民族志对言语共同体边界的定义也比较清晰，主要的研究田野是稳定的社区，因此研究对象一般是有固定命名、明确边界的集合，如学校、庆典、传统仪式等。相比而言，互动研究更强调说话人的主动性、社会边界的变化以及在交际过程中浮现出的社会意义。因此互动研究中的共同体集合特征相对模糊。

社会网络研究为共同体概念带来了新视角。社会网络是一个人与他人建立的所有社会关系，一个社会网络共同体是成员之间关系的集合。社会关系可以扩大和缩小，成员之间随时可能建立新的社会关系，因此社会网络共同体更加开放。尤其是在松散型网络中，共同体的关系强度弱、边界模糊，人们的语言融合和创新更为普遍。同样，共同体边界也是实践共同体概念的重要部分。实践共同体理论认为成员不断以多种方式参与共同实践。有些成员从边缘地位逐步成为共同体核心成员。也有的成员沿着外围轨迹、边界轨迹或是离心轨迹在共同体边缘或不同共同体之间移动，因此实践共同体边界也相对模糊。

随着共同体概念不断发展、不同概念之间相互融合，共同体的动态趋势越来越明显，边界也越来越弱化。社会语言学者关注全球化进程中语言变化，发展出多模态、多中心、层级、指向性等分析工具，消解传统共同体概念中的边界特征，从而更精准地对共同体的动态构成进行描述和解释。尤其是在移动互联环境下，大洋两岸的人们可以通过多模态话语表达意义、构建认同；在不层级、不同中心的系统中，人们可以通过不同的指向性构建不同的共同体。因此全球共同体具有很高的弹性和可塑性，可以是长期存在的，也可以是即时的，可以是本地人群，也可以是通过互联网或其他通信技术而进行互动的人们，同时人们可以构建多个共同体，并在不同共同体身份之间进行转换。

7.2.4 符号资源库

共享话语库是实践共同体概念的三要素之一。在实践共同体概念中，共享话语库是共同体成员在形成联合组织的过程中获得并且共享的话语资源，以及其他具有象征意义的知识。在未来研究中，共享话语库可以和社会语言学中的语言库（linguistic repertoire）概念相结合，形成符号资源库（semiotic repertoire）概念。语言库是指一个人所能调动和使用的全部语言资源的总和(董洁、布龙马特 2011)。在当今全球化时代，人们在全球范围内频繁移动。语言库中的资源在全球移动中起到重要作用，使他们的空间移动乃至社会阶层移动成为可能。比如当一位方言使用者习得普通话时，普通话就成为他的语言库中一种重要的资源，使他有可能走出方言区，到大城市工作和生活。当一个人的语言库中有英语这样全球广泛使用的语言时，他就具有在全球范围内移动的可能性（mobility）。当他们的可移动范围扩大，学习和工作的机会增加，他们的社会阶层也有可能随之提高（Dong 2017b）。

语言库中的资源不局限于语言和方言，也包括语域和语体风格。比如Silverstein的葡萄酒话语研究中，品酒师需要掌握葡萄酒品评的专业话语，他们的品评报告才具有说服力。再比如Dong(2018)对某品牌车友会的调查显示，人们对私家车的品位话语，以及他们对其他相关文化产品的品位话语，结合他们的文化实践，成为他们跻身中产阶层的"软资源"。从这一角度来看，语言资源不局限于语言、方言或是语体风格，而是一种符号资源，与实践中的非语言符号一道，形成符号资源库。当人们在言语交际互动以及在其他实践中共享符号资源库，并共享符号的指向意义，就可以形成共同体。符号资源库是如何在共同体的构建中发挥作用的，还需要实证研究进一步论证。

7.2.5 全球共同体视角下的新媒体研究

全球化进程，尤其是移动互联的新媒体环境对人们的语言使用、沟通方式和社会关系都有很大影响，共同体也在这一新环境中展现出新形的态和特征。当人们可以更加自由、更便捷地移居到世界其他国家和地区，他们如何与祖国、与家乡的亲人朋友保持联系？如何关注家乡的社会变化？如何让自己的后代与母语文化保持一种亲近感？互联网为这些交际需求提供了快速且低成本的沟通平台。此外，当人们可以通过互联网穿越虚拟空间，与世界各地的人们进行互动，他们如何跨越屏幕构建身份？如何解读对方的身份？如何通过屏幕上显示的语言识破身份真伪？线上与线下身份构建有本质上的不同吗？再如，当微博、微信替代电话，成为主要沟通手段时，人们的语言产生了怎样的变化？微博、微信语言应当属于口语还是书面语？它们对共同体的构建、保持、重组有着怎样的影响？人们在线上组成的言语共同体与线下有什么区别？网络新词是怎样传播开来，成为广泛使用的词汇，又是如何渐渐淡出人们的视野的？这些都是国际学术界的持续热点。虽然国内外学术界从不同视角对语言在新媒体中的使用进行实证研究，但是移动互联技术对人们的交际互动，身份认同，乃至生活方式的深刻改变还有进一步研究的空间，是今后的重要发展趋势之一。

总之，共同体研究方兴未艾。共同体概念，尤其是言语共同体，自诞生之日起就是社会语言学领域的重要概念，这一领域的开创者们都对共同体概念进行过重要的论述。虽然近年来“后现代”主义成为一种潮流，在其解构之下“共同体”似乎显得不够“时尚”（Rampton 1998）。但是社会语言学视角下的共同体概念始终探讨个人、语言、群体和社会之间最本质的问题，即人们如何通过语言实践构建社会群体并成为群体中的一员。随着共同体概念的不断创新和延伸，尤其是对社会网络、实践共同体和语言全球化领域理论精华的吸收和不断融合，社会语言学视角下的共同体概念已经超越了学科界限和传统的理论困境，以更加包容、更加多元、更加富有弹性的方式诠释语言与社会之间的关系，不仅可以解决共同体结构和主体性、成员身份同质性、共同体的动态特征等一系列理论难题，而且能够更加准确和深入地分析当代全球化进程中人们面临的社会语言命题，如语言和移动性问题、新媒体环境中的语言身份认同问题、符号资源库问题等，并为未来的研究方向提供了多种可能性。

参考文献

Agha, A. & S. Wortham. 2005. Discourse across speech events: Intertextuality and interdiscursivity in social life. *Journal of Linguistic Anthropology* 15(1): 1-150.

Anderson, B. (ed.). 1991. *Imagined Communities: Reflections on the Origin and Nationalism*. London: Verso.

Appadurai, A. 1996. *Modernity at Large: Cultural Dimensions of Globalization*. Minneapolis: University of Minnesota Press.

Ash, S. 2002. Social class. In J. K. Chambers, P. Trudgill & N. Schilling-Estes (eds.). *The Handbook of Language Variation and Change*. Malden, MA: Blackwell. 402-422.

Bandura, A. 1969. *Principles of Behavior Modification*. New York: Holt, Rinehart and Winston.

Bandura, A. 1977. *Social Learning Theory*. Englewood Cliffs, NJ: Prentice-Hall.

Barnes, J. A. 1954. Class and committees in a Norwegian island parish. *Human Relations* 7(1): 39-58.

Bauman, R. & C. L. Briggs. 2003. *Voices of Modernity: Language Ideologies and the Politics of Inequality*. Cambridge: Cambridge University Press.

Bergs, A. 2006. Analyzing online communication from a social network point of view: Questions, problems, perspectives. *Language@Internet* 3(3): 1-17.

Blom, J. P. & J. J. Gumperz. 2000. Social meaning in linguistic structure: Code-switching in Norway. In Li Wei (ed.). *The Bilingualism Reader*. London: Psychology Press. 111-136.

Blommaert, J. 2001. Investigating narrative inequality: African asylum seekers' stories in Belgium. *Discourse & Society* 12(4): 413-449.

Blommaert, J. 2005. *Discourse: A Critical Introduction.* Cambridge: Cambridge University Press.

Blommaert, J. 2006. Language ideology. In K. Brown (ed.). *Encyclopedia of Language and Linguistics. Volume of Linguistic Anthropology.* Elsevier. 510-522.

Blommaert, J. 2010. *The Sociolinguistics of Globalization.* Cambridge: Cambridge University Press.

Blommaert, J. & J. Dong. 2010. *Ethnographic Fieldwork: A Beginner's Guide.* Bristol: Multilingual Matters.

Blommaert, J. & B. Rampton. 2011. Language and superdiversity. *Diversities* 13(2): 1-21.

Bloomfield, L. 1933. *Language.* New York: Henry Holt.

Bortoni-Ricardo, S. M. 1985. *The Urbanization of Rural Dialect Speakers: A Sociolinguistic Study in Brazil.* Cambridge: Cambridge University Press.

Bott, E. 1957. *Family and Social Network: Roles, Norms, and External Relationships in Ordinary Urban Families.* London: Tavistock Publications.

Bourdieu, P. 1972/1977. *Outline of a Theory of Practice.* Cambridge: Cambridge University Press.

Bourdieu, P. 1977. The economics of linguistic exchanges. *Social Science Information* 16(6): 645-668.

Bourdieu, P. 1978/1991. *Language and Symbolic Power.* (J. B. Thompson, G. Raymond & M. Adamson trans.). Cambridge: Polity Press.

Bourdieu, P. 1984. *Distinction.* Cambridge: Harvard University Press.

Bourdieu, P. & L. Boltanski. 1975. Le fétichisme de la langue. *Actes de la recherche en sciences sociales* 1(4): 2-32.

Brown, J. S. 1991. Research that reinvents the corporation. *Harvard Business Review* 69(1): 102-110.

Brown, J. S. & P. Duguid. 1991. Organizational learning and communities of practice: Toward a unified view of working, learning, and innovation. *Organization Science* 2(1): 40-57.

Brown, J. S., A. Collins & P. Duguid. 1989. Situated cognition and the culture of learning. *Educational Researcher* 18(1): 32-42.

Bucholtz, M. 1999. "Why be normal?": Language and identity practices in a community of nerd girls. *Language in Society* 28(2): 203-223.

Cameron, D. 1990. Demythologizing sociolinguistics: Why language does not reflect society. In J. E. Joseph & T. J. Taylor (eds.). *Ideologies of Language*. London: Routledge. 79-93.

Cameron, D. 1992. *Feminism and Linguistic Theory* (2nd Edition). London: Palgrave MacMillan.

Castells, M. 1996. *The Rise of the Network Society, The Information Age: Economy, Society and Culture* (Vol. I). London: Blackwell.

Castells, M. 1997. *The Power of Identity, The Information Age: Economy, Society and Culture* (Vol. II). London: Blackwell.

Castells, M. 1998. *End of Millennium, The Information Age: Economy, Society and Culture* (Vol. III). London: Blackwell.

Certeau, M. 1984. *The Practice of Everyday Life*. Berkeley: University of California Press.

Chambers, J. K. 1995. *Sociolinguistic Theory*. Oxford: Blackwell.

Chambers, J. K., P. Trudgill & N. Schilling-Estes. 2002. *The Handbook of Language Variation and Change*. Malden, MA: Blackwell.

Chen, M. & H. Hsieh. 1971. The time variable in phonological change. *Journal of Linguistics* 7(1): 1-13.

Chen, M. Y. & W. S. Wang. 1975. Sound change: Actuation and implementation. *Language* 51(2): 255-281.

Cheshire, J. 1982. *Variation in an English Dialect: A Sociolinguistic Study*. Cambridge: Cambridge University Press.

Chomsky, N. 1965. *Aspects of the Theory of Syntax*. Cambridge: The MIT Press.

Chouliaraki, L. & N. Fairclough. 1999. *Discourse in Late Modernity: Rethinking Critical Discourse Analysis*. Edinburgh: Edinburgh University Press

Coates, J. 1986. *Women, Men, and Language*. London: Longman.

Collins, A., J. S. Brown & S. E. Newman. 1989. Cognitive apprenticeship: Teaching the craft of reading, writing, and mathematics. In L. B. Resnick (ed.). *Knowing, Learning, and Instruction: Essays in Honor of Robert Glaser*. Hillsdale, N.J.: Lawrence Erlbaum Associates. 423-465.

Cook, V. 1999. Going beyond the native speaker in language teaching. *TESOL Quarterly* 33(2): 185-209.

Couper-Kuhlen, E. & M. Selting. 2001. Introducing interactional linguistics. In M. Selting & E. Couper-Kuhlen (eds.). *Studies in Interactional Linguistics*. Amsterdam: John Benjamins. 1-22.

Coupland, N. 2003. Introduction: Sociolinguistics and globalisation. *Journal of Sociolinguistics* 7(4): 465-472.

Cox, A. 2005. What are communities of practice? A comparative review of four seminal works. *Journal of Information Science* 31(6): 527-540.

De Saussure, F. 1916/2011. *Course in General Linguistics*. New York: Columbia University Press.

De Swaan, A. 2001. *Words of the World: The Global Language System*. Cambridge: Blackwell.

Dewey, J. 1902. *The Child and the Curriculum, The School and Society*. Chicago: The University of Chicago Press.

Dong, J. 2009. "Isn't it enough to be a Chinese speaker": Language ideology and migrant identity construction in a public primary school in Beijing. *Language & Communication* 29(2): 115-126.

Dong, J. 2010. Neo-Liberalism and the evolvement of China's education policies on migrant children's schooling. *Journal for Critical Education Policy Studies* 8(1): 137-160.

Dong, J. 2017a. Chinese elite migrants and formation of new communities in a changing society: An online-offline ethnography. *Ethnography* 18(2): 221–239.

Dong, J. 2017b. *The Sociolinguistics of Voice in Globalising China*. London: Routledge.

Dong, J. 2018. Taste, global mobility, and elite identity construction: How Chinese new urban migrants construct elite identities with lifestyle discourses. *Journal of Sociolinguistics* 22(4): 432-453.

Eckert, P. 1989a. *Jocks and Burnouts: Social Categories and Identity in High School*. New York: Teachers College Press.

Eckert, P. 1989b. The whole woman: Sex and gender differences in variation. *Language Change and Variation* 1: 245-267.

Eckert, P. 2000. *Linguistic Variation as Social Practice: The Linguistic Construction of*

Identity in Belten High. Malden, MA: Blackwell.

Eckert, P. & S. McConnell-Ginet 1992. Think practically and look locally: Language and gender as community-based practice. *Annual Review of Anthropology* 21: 461-490.

Eckert, P. & S. McConnell-Ginet 2003. *Language and Gender*. Cambridge: Cambridge University Press.

Ernest, P. 2002. Book review on communities of practice: Learning, meaning, and identity. *British Journal of Educational Psychology* 72: 460-463.

Ethnologue: Languages of the World. https://www.ethnologue.com/

Etzioni, A.1995. *New Communitarian Thinking: Persons, Virtues, Institutions, and Communities*. Charlottesville: The University Press of Virginia.

Fasold, R. 1990. *The Sociolinguistics of Language*. Oxford: Blackwell.

Feagin, C. 1979. *Variation and Change in Alabama English: A Sociolinguistic Study of the White Community*. Washington D. C.: Georgetown University Press.

Ferguson, C. A. 1959. Diglossia. *WORD* 15(2): 325-340.

Fishman, J. A. 1971. *Sociolinguistics*. Rowley, MA: Newbury House.

Ford, C. E. 1993. *Grammar in Interaction: Adverbial Clauses in American English Conversations*. Cambridge: Cambridge University Press.

Foucault, M. 1980. *Power/Knowledge: Selected Interviews and Writings, 1972-1977. Edited by Colin Gordon*. New York: Pantheon.

Foucault, M. 2003. *Abnormal: Lectures at the Collège de France, 1974-1975* (Vol. 2). London: Verso.

Freeman, L. C. 2000. Social network analysis: Definition and history. In A. E. Kazdan (ed.). *Encyclopedia of Psychology*. New York: Oxford University. 350-351.

Friedrich, P. 1989. Language, ideology, and political economy. *American Anthropologist* 91(2): 295-312.

Gal, S. 1978. Peasant men can't get wives: Language change and sex roles in a bilingual community. *Language in Society* 7(1): 1-16.

Gal, S. 1979. *Language Shift: Social Determinants of Linguistic Change in Bilingual Austria*. New York: Academic Press.

Gal, S. 1989. Language and political economy. *Annual Review of Anthropology* 18: 345-367.

Giddens, A. 1979. *Central Problems in Social Theory: Action, Structure and Contradiction in Social Analysis*. London: Macmillan Education.

Giddens, A. 1984. *The Constitution of Society: Outline of the Theory of Structuration.* University of California Press.

Giddens, A. 2013. *The Consequences of Modernity.* Oxford: Wiley.

Golombek, P. & S. R. Jordan. 2005. Becoming "black lambs" not "parrots": A poststructuralist orientation to intelligibility and identity. *TESOL Quarterly* 39(3): 513-533.

Granovetter, M. S. 1973. The strength of weak ties. *American Journal of Sociology* 78: 1360-1380.

Gumperz, J. J. 1955. The phonology of a North Indian village dialect. *Indian Linguistics* 16: 283-295.

Gumperz, J. J. 1958. Dialect differences and social stratification in a North Indian village. *American Anthropologist 60*(4): 668-682.

Gumperz, J. J. 1964. Linguistic and social interaction in two communities. *American Anthropology* 66 (6, Part II): 137-153.

Gumperz, J. J. 1968. The speech community. In D.L. Sills (ed.). *International Encyclopedia of the Social Science*. New York: Macmillan. 381-386.

Gumperz, J. J. 1972. Types of linguistic communities. (Reprinted in J. A. Fishman (ed.). *Readings in the Sociology of Language*. The Hague: De Gruyter Mouton. 460-472.)

Gumperz, J. J. 1982. *Discourse Strategies*. London: Cambridge University Press.

Gumperz, J. J. 1989. Contextualization Cues and Metapragmatics: The Retrieval of Cultural Knowledge. In C. Wiltshire, B. Music and R. Graczyk, (eds.). *CLS 25: Papers from the Parasession on Language in Context*. Chicago: University of Chicago. October 1989.

Gumperz, J. J. 1992. Contextualization and understanding. In A. Duranti & C. Goodwin (eds.). *Rethinking Context: Language as an Interactive Phenomenon.* Cambridge: Cambridge University Press. 229-253.

Gumperz, J. J. 1996. Introduction to part IV. In J. Gumperz & S. C. Levinson. *Rethinking Linguistic Relativity.* Cambridge: Cambridge University Press. 359-373.

Gumperz, J. J. 2006. Interactional sociolinguistics. In K. Brown (ed.). *Encyclopedia of*

Language and Linguistics (2nd Edition) Oxford: Elsevier. 724-729.

Gumperz, J. J. & S. C. Levinson, (eds). 1996. *Rethinking Linguistic Relativity.* Cambridge: Cambridge University Press.

Habib, R. 2016. Parents and their children's variable language: Is it acquisition or more?. *Journal of Child Language* 44(3): 1-22.

Heller, M. 1999. *Linguistic Minorities and Modernity: A Sociolinguistic Ethnography.* London: Longman.

Herzog, M. I. 1965. The Yiddish language in northern Poland: Its geography and history. *Publication of the Research Center in Anthropology, Folklore, and Linguistics, No. 37.* Bloomington: Indiana University Press.

Holmes, J. & M. Meyerhoff. 1999. The community of practice: Theories and methodologies in language and gender research. *Language in Society* 28: 173-183.

Horvath, B. 1985. *Variation in Australian English.* Cambridge: Cambridge University Press.

Hughes, J., N. Jewson & L. Unwin. 2007. (eds.). Communities of Practice: Critical perspectives. London: Routledge.

Hymes, D. 1962. The ethnography of speaking. In T. Gladwin & W. C. Sturtevant (eds.). *Anthropology and Human Behavior.* Washington. D.C.: Anthropology Society of Washington. 13-53.

Hymes, D. 1964. Introduction: Toward ethnographies of communication. *American Anthropologist* 66 (6): 1-34.

Hymes, D. 1971. The contribution of folklore to sociolinguistic research. *The Journal of American Folklore* 84(331): 42-50.

Hymes, D. 1972. On communicative competence. In J. B. Pride & J. Holmes (eds.). *Sociolinguistics: Selected Readings.* Harmondsworth: Penguin. 269-293.

Hymes, D. 1974a. Ways of speaking. *Explorations in the Ethnography of Speaking* 1: 433-452.

Hymes, D. 1974b. *Foundations in Sociolinguistics: An Ethnographic Approach.* Philadelphia: University of Pennsylvania Press.

Hymes, D. 1981. *"In Vain I Tried to Tell You": Essays in Native American Ethnopoetics.* Philadelphia: University of Pennsylvania Press.

Hymes, D. 1985. Two types of linguistic relativity (with examples from Amerindian ethnography). In W. Bright (ed.). *Sociolinguistics*. The Hague: De Gruyter Mouton. 114-167.

Hymes, D. 1996. *Ethnography, Linguistics, Narrative Inequality: Toward an Understanding of Voice*. New York: Taylor & Francis.

Hymes, D. 2003. *Foundations in Sociolinguistics: An Ethnographic Approach*. London: Psychology Press.

Hymes, D. & J. Fought. 1981. *American Structuralism*. The Hague: De Gruyter Mouton.

Irvine, J. T. 1974. Strategies of status manipulation in the Wolof greeting. In R. Bauman (ed.). *Explorations in the Ethnography of Speaking*. London: Cambridge University Press. 167-191.

Irvine, J. T. 1989. When talk isn't cheap: Language and political economy. *American Ethnologist* 16(2): 248-267.

Jackson, J. 1974. Language identity of the Colombian Vaupés Indians. In R. Bauman (ed.). *Explorations in the Ethnography of Speaking*. Cambridge: Cambridge University Press. 50-64.

Johnstone, B. 1995. Sociolinguistic resources, individual identities, and public speech styles of Texas women. *Journal of Linguistic Anthropology* 5: 183-202.

Johnstone, B. & W. Marcellino. 2010. Dell Hymes and the ethnography of communication. In *The SAGE Handbook of Sociolinguistics*. 57-66.

Keenan, E. 1974. Norm-makers, norm-breakers: Uses of speech by men and women in a Malagasy community. In R. Bauman (ed.). *Explorations in the Ethnography of Speaking*. London: Cambridge University Press. 125-143.

Kerswill, P. 1993. Rural dialect speakers in an urban speech community: The role of dialect contact in defining a sociolinguistic concept. *International Journal of Applied Linguistics* 3(1): 33-56.

Kerswill, P. E. 1994. *Dialects converging: Rural Speech in Urban Norway*. Oxford: Clarendon.

Kerswill, P. E. 1996a. Children, adolescents, and language change. *Language Variation and Change* 8(2): 177-202

Kerswill, P. E. 1996b. Divergence and convergence of sociolinguistic structures in Norway and England. *Sociolinguistica* 10(1): 90-104.

Kerswill, P. E. & A. Williams 1992. Some principles of dialect contact: Evidence from the New Town of Milton Keynes. In I. Philippaki-Warburton & R. Ingham (eds.). *Working Papers 1992*. Department of Linguistic Science, University of Reading. 68-90.

Kerswill, P. E. & A. Williams. 1999. Mobility versus social class in dialect levelling: Evidence from new and old towns in England. *Cuadernos de Filologia Inglesa* 8: 17-57.

Kerswill, P. E. & A. Williams. 2000. Creating a new town koine: Children and language change in Milton Keynes. *Language in Society* 29(1): 65-115.

Kinney, D. A. 1993. From nerds to normals: The recovery of identity among adolescents from middle school to high school. *Sociology of Education* 66(1): 21-40.

Kress, G. 2003. *Literacy in the New Media Age*. London: Routledge.

Kress, G. R. & T. Van Leeuwen 2001. *Multimodal Discourse: The Modes and Media of Contemporary Communication*. London: Arnold.

Labov, W. 1963. The social motivation of a sound change. *Word* 19(3): 273-309.

Labov, W. 1966. *The Social Stratification of English in New York City*. Washington, D. C.: Center for Applied Linguistics.

Labov, W. 1972. *Sociolinguistics Patterns*. Philadelphia, PA: University of Pennsylvania Press.

Labov, W. 1973a. *Language in the Inner City: Studies in the Black English Vernacular (Conduct and Communication)*. Philadelphoa, PA: University of Pennsylvania Press.

Labov, W. 1973b. The linguistic consequences of being a lame. *Language in Society* 2 (1): 81-115.

Labov, W. 1989. The exact description of a speech community. In R. W. Fasold & D. Schiffrin (eds.). *Language Change and Variation*. 1-57.

Labov, W. 1994. *Principles of Linguistic Change. Vol. I: Internal Factors*. Oxford: Blackwell.

Labov, W. 2010[2001]. *Principles of Linguistic Change: Social Factors (Vol. 2)*. Malden, MA: Wiley-Blackwell. 3-34.

Labov, W. 2012. What is to be learned: The community as the focus of social cognition. *Review of Cognitive Linguistics* 10(2): 265-293.

Labov, W., P. Cohen, C. Robins & J. Lewis. 1968. *A Study of the Non-standard English of Negro and Puerto Rican Speakers in New York City. Phonological and Grammatical*

Analysis. Philadelphia: U.S. Regional Survey.

Labov, W. & W. A. Harris. 1986. De facto segregation of black and white vernaculars. In D. Sankoff (ed.). *Diversity and Diachrony*. Amsterdam: John Benjamins. 1-24.

Laferriere, M. 1979. Ethnicity in phonological variation and change. *Language* 55(3): 603-617.

Lee, C. L. 2016. Learning Mandarin in Singapore preschools: Laying the foundation for multilingualism. *Global Chinese* 2(2): 213-240.

Lave, J. 1988. *Cognition in Practice: Mind, Mathematics, and Culture in Everyday Life*. Cambridge: Cambridge University Press.

Lave, J. & E. Wenger. 1991. *Situated Learning: Legitimate Peripheral Participation*. Cambridge: Cambridge University Press.

Li, J. & K. Juffermans 2014. Learning and teaching Chinese in the Netherlands: The metapragmatics of a polycentric language. In X. L. Curdt-Christiansen & A. Hancock (eds.). *Learning Chinese in Diasporic Communities: Many Pathways to Being Chinese*. John Benjamins Publishing. 97-115.

Li Wei (ed.). 2015. *Multilingualism in the Chinese Diaspora Worldwide: Transnational Connections and Local Social Realities*. New York: Routledge.

Lyons, J. (ed.). 1970. *New Horizons in Linguistics*. Harmondsworth, England: Penguin Books.

Makoni, S. & A. Pennycook. 2012. Disinventing multilingualism: From monological multilingualism to multilingual francas. In *The Routledge Handbook of Multilingualism*. London: Routledge. 439-453.

Marshall, J. 2004. *Language Change and Sociolinguistics: Rethinking Social Networks*. Basingstoke: Palgrave Macmillan.

Merriam, S. B. 2001. *The New Update on Adult Learning Theory*. New Directions of Adult and Continuing Education. San Francisco: Jossey-Bass.

Meyerhoff, M.2002. Communities of practice. In J. K. Chambers, P. Trudgill & N. Schilling-Estes (eds.). *The Handbook of Language Variation and Change*. Malden, MA: Blackwell. 526-548.

Milardo, R. M. 1988. Families and social networks: An overview of theory and methodology. In R. M. Milardo (ed.). *Families and Social Networks*. Newbury Park, CA: Sage. 13-47.

Milroy, J. 1982. Probing under the tip of the iceberg: Phonological "normalization" and the shape of speech communities. In S. Romaine (ed.). *Sociolinguistic variation in speech communities*. London: Edward Arnold. 35-48.

Milroy, J. 1992. *Linguistic Variation and Change*. Oxford: Blackwell.

Milroy, J. & L. Milroy. 1985. Linguistic change, social network and speaker innovation. *Journal of Linguistics* 21: 339-384.

Milroy, J. & L. Milroy. 1993. Mechanisms of change in urban dialects: The role of class, social network and gender. *International Journal of Applied Linguistics* 3(1): 57-77.

Milroy, L. 1980a. *Language and Social Networks*. Oxford: Blackwell.

Milroy, L. 1982. Social network and linguistic focusing. In S. Romaine (ed.). *Sociolinguistic Variation in Speech Communities*. London: Edward Arnold. 141-153.

Milroy, L. 1987. *Language and Social Networks* (2nd Edition). Oxford: Blackwell.

Milroy, L. 2000. Social network analysis and language change: Introduction. *European Journal of English Studies* 4(3): 217-223.

Milroy, L. 2002. Social networks. In. J. K. Chambers, P. Trudgill & N. Scilling (eds.). *The Handbook of Language Variation and Change*. Oxford: Blackwell. 549-572.

Milroy, L. & M. Gordon. 2003. *Sociolinguistics: Method and Interpretation*. Oxford: Blackwell.

Milroy, L. & Li Wei. 1995. A social network approach to code-switching: The example of a bilingual community in Britain. In L. Milroy & P. Muysken (eds.). *One Speaker, Two Languages: Cross-Disciplinary Perspectives on Code-Switching*. Cambridge: Cambridge University Press. 136-157.

Milroy, L. & S. Margrain 1980. Vernacular language loyalty and social network. *Language in Society* 9(1): 43-70.

Milroy, L. & J. Milroy. 1992. Social network and social class: Towards an integrated sociolinguistic model. *Language in Society* 21(1): 1-26.

Mitchell, J. C. 1969. The concept and use of social networks. In J. C. Mitchell (ed.). *Social Networks in Urban Situations: Analyses of Personal Relationships in Central African Towns*. Manchester: Manchester University Press. 1-50.

Murillo, E. 2008. Searching Usenet for virtual communities of practice: Using mixed methods to identify the constructs of Wenger's theory. *Information Research* 13(4): 1-36.

Neisser, U. 2003. Cognitive psychology. In M. P. Munger (ed.). *The History of Psychology: Fundamental Questions*. New York: Oxford University Press. 447-466.

Neisser, U. & D. A. Jopling. 1997. *The Conceptual Self in Context: Culture, Experience, Self-Understanding.* New York: Cambridge University Press.

Nichols, P. C. 1984. Networks and hierarchies: Language and social stratification. In C. Kramarae, M. Schulz & W. O'Barr (eds.). *Language and Power.* Beverly Hills, CA: SAGE. 23-42.

Norton, B. 2001. Non-participation, imagined communities, and the language classroom. In M. Breen (ed). *Learner Contributions to Language Learning: New directions in Research.* Harlow, England: Pearson Education: 159-171.

Ortner, S. B. 1974. Is female to male as nature is to culture?. In M. Z. Rosaldo & L. Lamphere (eds.). *Woman, Culture, and Society.* Stanford, CA: Stanford University Press. 67-88.

Ortner, S. B. 1996. *Making Gender: The Politics and Erotics of Culture.* Boston: Beacon.

Patrick, P. L. 2002. The speech community. In J. K. Chambers, P. Trudgill & N. Schilling-Estes (eds.). *The Handbook of Language Variation and Change.* Oxford: Blackwell. 573-597.

Pavlenko, A. 2003. "I never knew I was a bilingual": Reimagining teacher identities in TESOL. *Journal of Language, Identity, and Education* 2(4): 251-268.

Peirce, C. S. 1877. The fixation of belief. *Popular Science Monthly* 12(1): 1-15.

Pennycook, A. 2007. *Global Englishes and Transcultural Flows.* London: Routledge.

Pieterse, J. N. 1988. A critique of world system theory. *International Sociology* 3(3): 251-266.

Polanyi, M. 1951. *The Logic of Liberty: Reflections and Rejoinders.* London: Routledge.

Poplin, D. E. 1979. *Communities: A Survey of Theories and Methods of Research.* New York: Macmillan.

Radcliffe-Brown, A. R. 1940. On social structure. *The Journal of the Royal Anthropological Institute of Great Britain and Ireland* 70(1): 1-12.

Rampton, B. 1998. Speech community. In J. Verschueren, J.-O. Ostman, J. Blommaert & C. Bulcaen (eds.). *Handbook of Pragmatics.* Amstedam: John Benjamins. 1-30.

Rickford, J. R. 1986. The need for new approaches to social class analysis in sociolinguistics. *Language and Communication* 6(3): 215-221.

Robinson, W. I. 2011. Globalization and the Sociology of Immanuel Wallerstein: A Critical Appraisal. *International Sociology* 26(6): 723-745.

Romaine, S. 1982. *Socio-historical Linguistics: Its Status and Methodology.* Cambridge: Cambridge University Press.

Sacks, H., E. A. Schegloff & G. Jefferson. 1974. A simplest systematics for the organization of turn-taking for conversation. *Language* 50(4): 696-735.

Sankoff, D. & S. Laberge. 1978. The linguistic market and the statistical explanation of variability. In D. Sankoff (ed.). *Linguistic Variation: Models and Methods.* New York: Academic Press. 239-250.

Sapir, E. 1912. *The Takelma Language of Southwestern Oregon.* Washington: Government Printing Office.

Sapir, E. 1921. *Language: An Introduction to the Study of Speech.* New York: Harcourt, Brace.

Sarhimaa, A. 2009. Social Network Theory as a framework for studying minor Finnic languages with special reference to Karelian.In J. Ylikoski (ed.). *The Quasquicentennial of the Finno-Ugrian Society.* Suomalais-Ugrilaisen Seuran Toimituksia = Mémoires de la Société Finno-Ougrienne 258. Helsinki: Tiedekirja.

Saville-Troike, M. 2008. *The Ethnography of Communication: An Introduction.* Manhattan: Wiley-Blackwell.

Schieffelin, B. B., K. A. Woolard & P. V. Kroskriy (eds.). 1998. *Language Ideologies: Practice and Theory.* Oxford: Oxford University Press.

Scribner, S. & M. Cole 1981. *The Psychology of Literacy.* Cambridge: Harvard University Press.

Shields, P. M. 2003. The community of inquiry: Classical pragmatism and public administration. *Administration & Society* 35(5): 510-538.

Shuy, R. W., W. A. Wolfram & W. K. Riley. 1968. *A Study of Social Dialects in Detroit.* East Lansing, MI: Michigan State University.

Silverstein, M. 1976. Shifters, linguistic categories, and cultural description. In K. H. Basso & H. A. Selby (eds.). *Meaning in Anthropology.* Albuquerque: University of New Mexico Press. 11-55.

Silverstein, M. 1979. Language Structure and Linguistic Ideology. In P. Clyne, W. Hanks & C. Hofbauer (eds.). *The Elements.* Chicago: Chicago Linguistic Society.

193-248.

Silverstein, M. 1996. Monoglot "standard" in America: Standardization and metaphors of linguistic hegemony. In D. Brenneis & R. Macaulay (eds.). *The Matrix of Language.* Boulder: Westview. 284-306.

Silverstein, M. 1998. Contemporary transformations of local linguistic communities. *Annual Review of Anthropology* 27: 401-426.

Silverstein, M. 2003. Indexical order and the dialectics of sociolinguistic life. *Language & Communication* 23(3-4): 193-229.

Silverstein, M. 2006. Old wine, new ethnographic lexicography. *Annual Review of Anthropology* 35: 481-496.

Silverstein, M. & G. Urban (eds.). 1996. *Natural Histories of Discourse*. Chicago: University of Chicago Press.

Simmel, G. 1908. *Soziologie: Untersuchungen über die Formen der Vergesellschaftung.* Duncker & Humblot.

Simmel, G. 2009. *Sociology: Inquiries into the Construction of Social Forms.* Translated and edited by A. J. Blasi, A. K. Jacobs & M. Kanjirathinkal. Brill.

Simon, H. A. 1967. Motivational and emotional controls of cognition. *Psychological Review* 74: 29-39.

Simon H. A., J. R. Anderson, L. M. Reder, K. A. Ericsson & R. Glaser 1998. Radical constructivism and cognitive psychology. *Brookings Papers on Education Policy* 1: 227-278.

Snyder, W. M., E. Wenger & X. Briggs. 2003. Communities of practice in government: Leveraging knowledge for performance. *The Public Manager* 32(4):17-21.

Tannen, D. 2007. *Talking Voices: Repetition, Dialogue, and Imagery in Conversational Discourse (Vol. 26).* Cambridge: Cambridge University Press.

Tolone, W. L. & C. R. Tieman 1990. Drugs, delinquency and "Nerds": Are loners deviant?. *Journal of Drug Education* 20(2): 153-162.

Tonnies, F. 1887, translated 1957. *Gemeinschaft und Gesellschaft (Community and Society).* East Lansing: Michigan State University Press.

Trudgill, P. 1974. *The Social Differentiation of English in Norwich.* Cambridge: Cambridge University Press.

Trudgill, P. 1986. *Dialects in Contact.* Oxford: Blackwell.

Trudgill, P. 2000. *Sociolinguistics* (4th Edition). London: Penguin Books.

Van Herk, G. 2012. *What Is Sociolinguistics?* Oxford: Wiley Blackwell.

Vertovec, S. 2007. Super-diversity and its implications. *Ethnic and Racial Studies* 30(6): 1024-1054.

Villena-Ponsoda, J. A. 2005. How similar are people who speak alike? An interpretive way of using social networks in social dialectology research. In P. Auer, F. Hinskens & P. Kerswill (eds.). *Dialect Change: Convergence and Divergence in European Languages.* Cambridge: Cambridge University Press. 303-334.

Vygotsky, L.1978. *Mind in Society: Development of Higher Psychological Processes.* Cambridge: Harvard University Press.

Wallace, D. P. 2007. *Knowledge Management: Historical and Cross-Disciplinary Themes.* Westport, Connecticut: Libraries Unlimited.

Wallerstein, I. 1974. *The Modern World System I: Capitalist Agriculture and the Origins of the European World-Economy in the Sixteenth Century.* New York: Academic Press.

Wallerstein, I. 1980. *The Modern World-System II: Mercantilism and the Consolidation of the European World-Economy, 1600-1750.* New York: Academic Press.

Wallerstein, I. 1989. *The Modern World-System III: The Second Era of Great Expansion of the Capitalist World-Economy, 1730s-1840s.* New York: Academic Press.

Wallerstein, I. 1991. *Geopolitics and Geoculture: Essays on the Changing World-System.* Cambridge: Cambridge University Press.

Wallerstein, I. 2011. *The Modern World-System IV: Centrist Liberalism Triumphant, 1789-1914.* Berkeley: University of California Press.

Wang, C. & C. Lai. 2006. *Knowledge Contribution in the Online Virtual Community: Capability and Motivation.* Berlin Heidelberg: Springer-Verlag. 442-453.

Wardhaugh, R. 1998. *An Introduction to Sociolinguistics* (3rd Edition). Oxford: Blackwell.

Wardhaugh, R. 2002. *An Introduction to Sociolinguistics* (4th Edition). Oxford: Blackwell.

Weinreich, U. 1953. *Languages in Contact: Findings and Problems.* Publications of the Linguistic Circle of New York, No. 1.

Weinreich, U., W. Labov & M. Herzog. 1968. *Empirical Foundations for a Theory of Language Change.* Austin: University of Texas Press.

Wellman, B. 1997. Structural analysis: From method and metaphor to theory and substance. *Contemporary Studies in Sociology* 15: 19-61.

Wenger, E. 1998. *Communities of Practice: Learning, Meaning, and Identity*. Cambridge: Cambridge University Press.

Wenger, E. 2000. Communities of practice and social learning systems. *Organization* 7(2): 225-246.

Wenger, E. 2010. Communities of practice and social Learning systems: The career of a concept. In C. Blackmore (ed.). *Social Learning Systems and Communities of Practice*. London: Springer. 179-198.

Wenger, E., R. McDermott & W. M. Snyder. 2002. *Cultivating Communities of Practice*. Boston: Harvard Business School Publishing.

Wenger-Trayner, E., M. Fenton-O'Creevy, S. Hutchinson C. Kubiak & B. Wenger-Trayner (eds). 2015. *Learning in Landscapes of Practice: Boundaries, Identity, and Knowledgeability in Practice-based Learning*. London: Routledge.

Whitney, W. D. 1875/1979. *The Life and Growth of Language: An Outline of Linguistic Science*. New York: D. Appleton and Company.

Williams, G. 1992. *Sociolinguistics: A Sociological Critique*. London: Routledge.

Wolfram, W. & C. Dannenberg. 1999. Dialect identity in a tri-ethnic context: The case of Lumbee American Indian English. *English World-Wide* 20(2): 179-216.

Wolfram, W. & R. W. Fasold. 1974. *The Study of Social Dialects in American English*. New York: Prentice-Hall.

Wolfson, N. 1976. Speech events and natural speech: Some implications for sociolinguistic methodology. *Language in Society* 5(2): 189-209.

Zentella, A. C. 1997. *Growing Up Bilingual: Puerto Rican Children in New York*. Oxford: Blackwell.

柏拉图，2019，《理想国》。北京：商务印书馆。

陈家刚、张静然，2009，认知学徒制、技术与第二次教育革命——美国西北大学Allan Collins教授访谈，《中国电化教育》(04)：1-5。

陈松岑，1999，《语言变异研究》。广州：广东教育出版社。

陈松岑、徐大明、谭慧敏，1999，新加坡华人的语言态度和语言使用情况的研究报告。载李如龙(编)《东南亚华人语言研究》。北京：北京语言文化大学出版社。48-90。

乔纳森，D. H.（编）2002，《学习环境的理论基础》（*Theoretical Foundations of Learning Environment*），郑太年、任友群译。上海：华东师范大学出版社。

董洁、布龙马特，2011，语言的空间移动，《中国社会语言学》16：1-9。

高文，2001，情境学习与情境认知，《教育发展研究》（08）：30-35。

Downes, W，1998/2011，《语言与社会》第二版（*Language and Society*）。北京：外语教学与研究出版社。

高一虹，2007，“想象共同体”与语言学习，《中国外语》（05）：47-52。

高一虹等，2013，《大学生英语学习动机与自我认同发展：四年五校跟踪研究》。北京：高等教育出版社。

高一虹，刘璐，修立梅，丁林棚，2009，大学生基础阶段英语学习与认同变化跟踪——综合大学英语专业样本报告，《中国外语教育》（2）：3-17。

高一虹，修立梅，匡伟，2010，“我想成为心的船长”——综合大学英语专业学生的英语名字与认同建构（英文），*Chinese Journal of Applied Linguistics*，33（02）：3-17。

江华，2007，《世界体系理论研究：以沃勒斯坦为中心》。上海：上海三联书店。

李荣刚，2016，社会网络理论视角下的方音变化——以连岛社区的（f）音变为例，《合肥学院学报》33（2）：123-127。

李卓阳，2016，语言全球化背景下大学英语教育问题探析，《外语教育教学》（8）：169-171。

林大津、谢朝群，2003，互动语言学的发展历程及其前景，《现代外语》（4）：410-418。

刘宏宇、李玉琪，2012，社会网络与达斡尔族语言的使用与保持——以内蒙古自治区莫力达瓦达斡尔族自治旗为例，《中南民族大学学报（人文社会科学版）》（2）：50-53。

刘英，2009，阶层、语体和语言变异——以昆区北方话鼻韵尾变异为例，《南京社会科学》（6）：114-121。

刘永厚，2015，实践共同体：一个日臻成熟的社会语言学研究范式，《山东外语教学》36（04）：9-14+47.

卢梭，2011，《社会契约论》。北京：商务印书馆。

马晔，2014，“在线实践社区中的教师实践性知识获取策略研究”。硕士学位论文。北京：首都师范大学。

曼纽尔·卡斯特，2001，《网络社会的崛起》（*The Rise of the Network Society*），夏铸九等译。北京：社会科学文献出版社。

苗力田（主编），1993，《亚里士多德全集》（第九卷）。北京：中国人民大学出版社。

谬静霞，2010，促进在线实践共同体深度互动的策略研究——以师范生实习支持平台为例。硕士学位论文。上海：上海师范大学。

曲强，2012，布迪厄社会实践观解读。硕士学位论文。长春：吉林大学。

孙咏梅，2007，互动社会语言学的发展历程：理论和方法的批判性继承与发展，《广西社会科学》(10)：154-157。

田莉、田贵森，2017，变异社会语言学的研究方法论，《外语学刊》(1)：25-30。

佟秋妹，2018，三峡移民社区内部网络与语言使用情况分析，《语言文字应用》(2)：82-88。

钱建成，2011，全球化背景下英语教学的理性思考，《教学与管理》(6)：87-88。

王利敏，2016，"实践共同体"研究综述，《上海教育科研》(12)：28-36。

王玲、徐大明，2009，合肥科学岛言语社区调查，《语言科学》(1)：13-22。

王逊、张艺凡，2019，"实践共同体"(CoP)：一种后现代教育语境中的学习理论，《教育现代化》(7)：110-112。

王琼，2019，从想象共同体到实践共同体：师范生英语教师身份认同转变的研究。硕士学位论文。济南：山东师范大学。

王亚非、周云彩，2012，互动社会语言学与交际民族志学的渊源探究，《北方工业大学学报》24(2)：65-68。

王颖，2003，语言全球化：趋同与多元，《山东社会科学》(2)：109-110。

吕叔湘、朱德熙，2013，语法修辞讲话。北京：商务印书馆。

文静敏，2009，从"一头雾水"到"恍然大悟"——一位小学数学教师在实践共同体活动中的成长与收获，《全球教育展望》(01)：91-93.

徐大明，1999，新加坡华社双语调查——变项规则分析法在宏观社会语言学中的应用，《当代语言学》(3)：25-35。

徐大明，2001，北方话鼻韵尾变异研究。载董燕萍、王初明(编)，《中国的语言学研究与应用》。上海：上海外语教育出版社。394-412。

徐大明，2002，约翰·甘柏兹的学术思想，《语言教学与研究》4(1)：1-6。

徐大明，2004，言语社区理论，《中国社会语言学》(1)：18-28。

徐大明，2006，《语言变异与变化》。上海：上海教育出版社。

徐大明，2008，语言的变异性与言语社区的统一性——北方话鼻韵尾变异的定量分析，《语言教学与研究》(5)：78-86。

徐大明，2010，《社会语言学实验教程》。北京：北京大学出版社。

徐其涓，2011，探究职前英语教师的想象共同体。硕士学位论文。重庆：西南大学。

徐晓军，2000，论我国城市社区的阶层化趋势。硕士学位论文。武汉：华中师范大学。
张际平、张丽，2011，“在线实践共同体”成员参与动机研究，《现代远程教育研究》（02）：22-26。
张杰，2002，语言全球化：一体化与多元化，《上海外国语大学学报》（6）：56-60。
张平，2009，校本教师实践共同体的构建策略与基本经验，《全球教育展望》1：88-90。
张平、朱鹏，2009，教师实践共同体：教师专业发展的新视角，《教师教育研究》21（02）：56-60。
郑立华，2012，《交际与面子博弈：互动社会语言学研究》上海：上海外语教育出版社。
祝畹瑾，1992，《社会语言学概论》。长沙：湖南教育出版社。
祝畹瑾，2013，《新编社会语言学概论》。北京：北京大学出版社。

推荐文献

Appadurai, A. 1996. *Modernity at Large: Cultural Dimensions of Globalization*. Minneapolis: University of Minnesota Press.

Bauman, R. & C. L. Briggs. 2003. *Voices of Modernity: Language Ideologies and the Politics of Inequality*. Cambridge: Cambridge University Press.

Blommaert, J. 2005. *Discourse: A Critical Introduction*. Cambridge: Cambridge University Press.

Blommaert, J. 2010. *The Sociolinguistics of Globalization*. Cambridge: Cambridge University Press.

Bourdieu, P. 1984. *Distinction*. Cambridge: Harvard University Press.

Castells, M. 1996. *The Rise of the Network Society, The Information Age: Economy, Society and Culture Vol. I*. London: Blackwell.

Dong, J. 2017b. *The Sociolinguistics of Voice in Globalising China*. London: Routledge.

Eckert, P. 1989a. *Jocks and Burnouts: Social Categories and Identity in the High School*. New York: Teachers College Press.

Foucault, M. 1980. *Power/Knowledge: Selected Interviews and Writings. Edited by Colin Gordon*. New York: Pantheon.

Gee. J. P. 2004. *Situated Language and Learning: A Critique of Traditional Schooling*. London: Routledge.

Giddens, A. 2013. *The Consequences of Modernity*. Oxford: Wiley.

Gumperz, J. J. 1982. *Discourse strategies*. London: Cambridge University Press.

Heller, M. 1999. *Linguistic Minorities and Modernity: A Sociolinguistic Ethnography.* London: Longman.

Hymes, D. 1996. *Ethnography, Linguistics, Narrative Inequality: Toward an Understanding of Voice.* New York: Taylor & Francis.

Wallerstein, I. 1974. *The Modern World System I: Capitalist Agriculture and the Origins of the European World Economy in the Sixteenth Century.* New York: Academic Press.

索引

层级 14, 51-52, 54-56, 65, 69, 90, 175, 182-183, 186-187, 194-196, 209, 211, 214, 216-217
超多元 191
多模态 14, 188-189, 217
多中心 175, 194-196, 204, 209, 217
方言混杂 80
复合度 9, 97, 100-102, 106-110, 121, 128-129, 213
共同变异关系 79
共识模型 119
共享知识库 11-12
观察者悖论 66, 109
惯习 11, 139, 150-151
规范性 150, 185-186
合法性 56, 185
互动中的交谈 24
互文性 171, 181, 184
话语实践 157, 184
会话策略 23, 26, 29, 44
交际表现 17
交际民族志 6-7, 16-18, 20-23, 28-31, 33, 38, 44, 48, 181, 210, 215, 217
交际能力 17, 162
矫枉过正 61, 73, 75
紧密型网络 101, 106-107, 213
聚合圈 97, 100-102, 106, 109-110, 128, 213
均变论 64, 91
刻板印象 50, 64, 183, 192
克里奥尔化 122
柯因内化 122-124
联合组织 130, 135-137, 150, 213, 218
民族国家 48, 50, 159, 171-174, 177, 181-182, 194, 200
皮钦化 122
品位 205
葡萄酒话语 51, 183, 188, 218
强关系 8-9, 96, 107, 110, 114, 127, 215
情境认知理论 10, 130, 145-146
区隔 35, 204, 216
弱关系 8-9, 96, 107, 114, 122, 127-128, 215

社会网络 2, 6, 8-10, 15, 30, 40, 84, 89-90, 92-115, 118-122, 124-129, 134, 139, 151, 170, 211-213, 215-217, 219
身份认同 12, 42, 55, 57, 116, 140-142, 144, 150, 154-155, 158, 160-163, 166-168, 179-180, 187, 189-190, 196, 200-201, 203, 205-206, 210, 214, 219
实践共同体 2, 10-12, 15, 130-150, 152-155, 158-160, 162-170, 211, 213-214, 216-217, 219
世界体系理论 55, 57, 171-172, 175, 191, 211
双言制 86, 90
松散型网络 102, 107, 213, 217
土语 81, 89, 97, 104, 110, 127, 200
网络流动空间理论 14
文本化 28, 184
文化景观理论 13, 171, 176-177, 180
污名化 75-76, 79, 88, 117
显像时间 64
想象的共同体 159-163, 166, 168, 206
虚拟移动 203-204
言谈民族志 4, 6, 17, 33
移动性 89, 190, 201, 203-205, 209, 219
音位变项 97, 103, 109-110, 125-126
隐性威望 104
语境提示 7, 26, 28, 30
语码转换 26, 41, 43, 54, 114
语言霸权 48, 182, 196
语言纯洁观 182
语言市场 65, 120-121
语言同质性 196
语言意识形态 48, 50-52, 56, 171, 181-182, 184, 187-188, 197, 203, 216
语言杂交 182
元音央化 58, 62, 72-73, 75
元语用 28, 51, 183
指向层级 51-52, 54-55, 195-196
主体间性 1
主体性 30, 106, 149, 152, 154, 161, 215, 219
主体能动性 141, 150-152

KEY TOPICS

外语学科核心话题前沿研究文库

"十三五"国家重点出版物出版规划项目

语言学核心话题系列丛书 （总主编：王文斌）

■ **普通语言学（主编：袁毓林）**

焦点与量化理论及其运用（黄瓒辉）
韵律语法理论及其运用（周韧）
词汇化与语法化理论及其运用（张秀松）
语义解释的生成词库理论及其运用（李强、袁毓林）
叙实性与事实性理论及其运用（李新良、袁毓林）
语言的深度计算理论与技术应用（王璐璐、袁毓林）
手语的词汇语法研究与教育应用（倪兰）

⬟ **句法学（主编：司富珍）**

句法制图理论研究（司富珍）
分布形态理论研究（刘馨茜）
句法类型学研究（待定）
轻动词研究（冯胜利）
名词性短语的生成语法研究（龚锐）

▲ **语义学（主编：蒋严）**

词汇语义学（王文斌、邬菊艳）
句子语义学（周家发）
推理语用学（王宇婴、蒋严、李琳）
语篇语义学（蒋严）
跨语言语义学（沈园）

● **音系学（主编：马秋武）**

节律音系学（宫齐）
韵律音系学（朱立刚、马秋武）
优选论：从并行模式到串行模式（马秋武）
手语音系研究（邓慧兰）

◆ **语音学（主编：朱磊）**

元音研究（胡方）
辅音研究（凌锋）
声调研究（朱磊）

⬢ **认知语言学（主编：张辉）**

隐喻与转喻研究（张炜炜）
构式语法研究（牛保义、李香玲、申少帅）
心理空间与概念整合研究（杨波）
批评认知语言学（张辉、张天伟）
认知社会语言学（张天伟、周红英）

▼ **对比语言学（主编：王文斌）**

论英汉的时空性差异（王文斌）
英汉语篇对比研究（杨延宁）
英汉句法对比研究（何伟）
英汉认知语义对比研究（刘正光）
英汉词汇对比研究（邵斌）
英汉音系对比研究（张吉生）
英汉语音对比研究（许希明）

应用语言学核心话题系列丛书 （总主编：文秋芳）

■ **语言习得（主编：蔡金亭）**

二语词汇习得研究（张萍）
语言迁移研究（蔡金亭）
二语学习同伴互动研究（徐锦芬）
二语的外显学习和内隐学习（陈亚平）

⬟ **社会语言学（主编：高一虹）**

社会语言学视角下的共同体（董洁 等）
社会语言学视角下的言语交际（肖琳）
从世界英语到国际通用英语（李文中）
语言态度与语言认同（李玉霞）

▲ **心理语言学（主编：董燕萍）**

词汇加工研究（乔晓妹、张北镇）
句子加工研究（吴芙芸）
口译加工研究（董燕萍、陈小聪）

● **语料库语言学（主编：许家金）**

语料库与话语研究（许家金）
语料库与双语对比研究（秦洪武、孔蕾）
语料库与学术英语研究（姜峰）

◆ **语言测评（主编：韩宝成）**

语言测评效度验证研究（罗凯洲）
语言测评反拨效应研究（待定）
Rasch 测量理论在语言测评中的应用研究（范劲松）

● **二语写作（主编：王立非）**
二语写作课堂教学研究（杨鲁新）
二语写作认知心理研究方法与趋势（王俊菊）
二语写作测评方式研究（梁茂成）
二语写作身份认同研究（徐昉）
体裁与二语写作研究（邓鹂鸣、肖亮）

▼ **外语教师教育（主编：徐浩）**
外语教师学习（康艳）
外语教师能力（徐浩）
外语教师共同体（张金秀）

外国文学研究核心话题系列丛书 （总主编：张剑）

■ **传统·现代性·后现代研究（主编：张剑）**
经典（张剑）
现代性（宋文）
后现代主义（陈世丹）
改写（陈红薇）
解辖域化（张海榕）
战争文学（胡亚敏 等）
新维多利亚小说（金冰）

⬟ **社会·历史研究（主编：杨金才）**
权力（杨金才）
乌托邦（姚建彬）
文化资本（许德金）
公共领域（李成坚、任显楷）
霸权（郭英剑）
文化唯物主义（赵国新、袁方）
文学性（李颖）
原始主义（浦立昕）
元小说（丁冬）

▲ **种族·后殖民研究（主编：谭惠娟）**
民族（孙红卫）
空间（陈丽）
身份（张柏青）
跨国主义（潘志明）
杂糅（谭惠娟、王荣）
他者（张剑）
科幻（聂涛）

● **自然·性别研究（主编：陈红）**
身体（张金凤）
性别（刘岩 等）
男性气质（隋红升）
生态女性主义（韦清琦、李家銮）
田园诗（陈红、张姗姗、鲁顺）

◆ **心理分析·伦理研究（主编：刁克利）**
作者（刁克利）
伦理（杨国静）
崇高（陈榕）
传记（待定）
书写（王涛）
成长小说（沈宏芬）

翻译学核心话题系列丛书 （总主编：王克非）

■ **理论翻译研究（主编：王东风）**
国外翻译理论发展研究（王东风 等）
翻译过程研究：理论、方法、问题（郑冰寒）
译学方法论研究（蓝红军）
翻译认知过程研究（谭业升）

⬟ **应用翻译研究（主编：王克非）**
翻译教学研究（马会娟）
翻译测试与评估研究（杨志红）
实务翻译研究（范武邱）
翻译能力研究（赵秋荣）
翻译技术研究（王华树）

▲ **翻译文化史研究（主编：许钧）**
中国翻译文学史研究（王建开）
西方翻译文化史研究（谭载喜）
翻译史研究方法（黄焰结）
中华典籍外译研究（范祥涛）
中文小说英译研究（王颖冲）

● **语料库翻译研究（主编：秦洪武、黄立波）**
语料库翻译学理论研究（黄立波）
双语语料库的研制与应用（秦洪武）
基于语料库的文学翻译研究（胡开宝、李翼）
基于语料库的应用翻译研究（戴光荣）
基于语料库的语言接触研究（庞双子）
语料库文体统计学方法与应用（胡显耀）

◆ **口译研究（主编：张威）**
口译理论研究（王斌华）
口译教学研究（任文、郑凌茜、王洪林）
语料库口译研究（张威）

■ **跨文化研究核心话题丛书 （总主编：孙有中）**

跨文化能力研究（戴晓东）
跨文化商务话语研究（吴东英、冯捷蕴、梁森 等）
跨文化适应研究（侯俊霞）
跨文化外语教学研究（孙有中、廖鸿婧、郑萱、秦硕谦）
跨文化传播研究（单波）